内蒙古历史文化

（图文版）

主　编　侯世忠　斯热文

总撰稿　杨道尔吉

民族出版社

图书在版编目(CIP)数据

内蒙古历史文化：图文版/侯世忠，斯热文主编；杨道尔吉著.—北京：民族出版社，2011.7
ISBN 978-7-105-11635-5

Ⅰ.①内… Ⅱ.①侯…②斯…③杨… Ⅲ.①文化史—内蒙古 Ⅳ.①K292.6

中国版本图书馆CIP数据核字(2011)第159926号

出版发行：民族出版社出版发行
地　　址：北京市和平里北街14号　邮编：100013
网　　址：http://www.mzcbs.com
印　　刷：民族印刷厂印刷
经　　销：各地新华书店经销
版　　次：2011年8月第1版　2011年8月北京第1次印刷
开　　本：787毫米×1092毫米　1/16　字数：300千字
印　　张：20.25
定　　价：68.00元
ISBN 978-7-105-11635-5/K·2051（汉1140）

该书若有印装质量问题，请与本社发行部联系退换
编辑室电话：010-64271909　发行部电话：010-64224782

顾　问：伏来旺　董恒宇

主　编：侯世忠　斯热文
副主编：刘志军　田蒙绥　张学军　塔　拉
　　　　钱灵犀　杨道尔吉
编　委：特木勒　赵　甡　杜　欣　何钢战
　　　　于宝东　陈　岩　张连升　王日荣
　　　　张建虎　李　伟

总撰稿：杨道尔吉
撰　稿：于宝东　郝继忠　张　弛　李　勇
图　片：赵文耀

《内蒙古历史文化（图文版）》编写说明

内蒙古自治区地处我国北部边疆，总土地面积118.3万平方千米，占全国陆地总面积的12.3%。内蒙古自治区历史的挖掘和研究，无论对内蒙古自治区的经济社会发展，还是对充实完善中国历史的内容，都有极其重要的意义。改革开放以来，蒙古史、北方民族史研究逐渐复苏，并进入繁荣。新世纪以来，随着民族文化大区建设战略的实施，草原文化工程的启动，使内蒙古自治区（中国北方草原）的历史文化研究得到了长足发展。

近年来，内蒙古自治区各地区文化旅游、城市有形文化建设正处于全面启动阶段。内蒙古自治区迫切需要将近年来内蒙古区域历史研究成果大众化。运用通俗易懂、易于传播的方式进行推广应用。鉴于此，内蒙古社会主义学院、内蒙古中华文化学院组织力量编写了一部适用于自治区内各级干部、党校（行政学院）、社会主义学院学员学习阅读的《内蒙古历史文化（图文版）》。

一、编写坚持历史唯物主义基本原则，维护祖国统一，加强民族团结，客观真实地再现内蒙古自治区域历史文化。

二、内容包括：以内蒙古自治区现行行政区划范围为地理空间，讲述自远古（旧石器时代）到鸦片战争以前的历史，基本包括中国史前和中国古代史中内蒙古区域的历史。其间分专题表述文化内容。

三、全书共20万字，约500幅图片。行文采用科普叙述和文学描写相结合的方式，在强调基本历史脉络的前提下，注重运用生动丰富的语言传递历史文化知识信息，增强可读性。

四、各章注重对历史主线的把握，同时注重历史文化遗存与现代旅游文化之间的关系。

五、章节之间之后设立相关栏目，使内蒙古历史在中国历史、世界历史知识框架中易于被读者接受。如"同时期中国境内"、"同时期全球视野"、"历史百科"、"人物故事"、"延伸阅读"、"魅力草原"等。

六、除选录历史文物、历史文化遗存景观图片外，还选录部分地理环境景观图片。

目录

地理导读

第一章 远古希声

- 2　第一节　大窑文化
- 8　第二节　萨拉乌苏文化
- 15　第三节　扎赉诺尔文化

第二章 红山文化

- 24　第一节　前红山文化
- 30　第二节　红山文化

第三章 中部先民

- 42　第一节　岱海石虎山文化
- 46　第二节　海生不浪文化群
- 51　第三节　老虎山石城

第四章 青铜时代

- 56　第一节　夏家店下层文化
- 60　第二节　朱开沟文化
- 63　第三节　夏家店上层文化
- 66　第四节　游牧缘起

第五章　匈奴建国

- 72　第一节　匈奴崛起
- 77　第二节　朔漠风暴
- 83　第三节　汉匈相争
- 88　第四节　昭君出塞
- 94　第五节　秦汉郡治

第六章　鲜卑迁徙

- 102　第一节　悠远的嘎仙洞
- 106　第二节　乌桓及东部鲜卑
- 110　第三节　拓跋鲜卑的足迹
- 114　第四节　十六国风云
- 120　第五节　北魏政权

第七章　民族叠现

- 130　第一节　契丹与库莫奚
- 132　第二节　乌洛侯与室韦
- 134　第三节　漠南敕勒
- 138　第四节　柔然汗国

第八章　隋唐统一

- 144　第一节　隋朝疆治
- 148　第二节　突厥汗国
- 154　第三节　盛唐胸怀
- 159　第四节　羁縻府州
- 164　第五节　塞外诸族

目录

第九章 契丹建辽

- 172 第一节 晚唐割据
- 176 第二节 契丹兴起
- 181 第三节 辽代五京
- 185 第四节 壮丽的辽塔

第十章 西夏与金

- 192 第一节 西夏立国
- 196 第二节 神秘的黑水城
- 200 第三节 女真建金
- 204 第四节 金长城故事

第十一章 蒙元时代

- 210 第一节 成吉思汗
- 216 第二节 金莲川的元上都
- 225 第三节 汪古部与赵王城
- 233 第四节 达里湖畔的应昌府

第十二章 明蒙互市

- 242 第一节 明初战争
- 246 第二节 达延汗重整漠南
- 250 第三节 波折互市
- 254 第四节 隆庆议和
- 258 第五节 塞外青城

第十三章　后金崛起

- 268　第一节　林丹汗西迁
- 274　第二节　满蒙联姻
- 278　第三节　会盟编旗

第十四章　大清一统

- 286　第一节　乌兰布统之战
- 291　第二节　康熙的足迹
- 296　第三节　旅蒙行商

304　**参考文献**

地理导读

内蒙古自治区是一片神奇而美丽的狭长高原，从东北向西南一路斜贯下去。最北端为北纬53°20′，最南端为北纬37°20′，南北直线距离为1700多千米。最东端为东经126°29′，最西端为东经97°10′，东西直线距离为2400多千米。全区总土地面积为118.3万平方千米，占全国陆地总面积的12.3%。东南西与黑龙江、吉林、辽宁、河北、山西、陕西、宁夏、甘肃等省区毗邻，北与蒙古国及俄罗斯接壤，国境线长4221千米。

森林、草原、山脉、沙漠、戈壁、河流、湖泊、平原是内蒙古这片土地的主要色块，它们构成了内蒙古自治区的雄浑和美丽。

内蒙古自治区行政区划简表

呼伦贝尔市
海拉尔区　满洲里市　牙克石市　扎兰屯市　额尔古纳市　根河市　阿荣旗　鄂伦春自治旗　莫力达瓦达斡尔族自治旗　鄂温克族自治旗　陈巴尔虎旗　新巴尔虎左旗　新巴尔虎右旗
兴安盟
乌兰浩特市　阿尔山市　科尔沁右翼前旗　科尔沁右翼中旗　扎赉特旗　突泉县
通辽市
科尔沁区　霍林郭勒市　科尔沁左翼中旗　科尔沁左翼后旗　开鲁县　库伦旗　奈曼旗　扎鲁特旗
赤峰市
红山区　元宝山区　松山区　阿鲁科尔沁旗　巴林左旗　巴林右旗　林西县　克什克腾旗　翁牛特旗　喀喇沁旗　宁城县　敖汉旗

锡林郭勒盟

锡林浩特市　二连浩特市　阿巴嘎旗　苏尼特左旗　苏尼特右旗　东乌珠穆沁旗　西乌珠穆沁旗　太仆寺旗　镶黄旗　正镶白旗　正蓝旗　多伦县

乌兰察布市

集宁区　丰镇市　卓资县　化德县　商都县　兴和县　凉城县　察哈尔右翼前旗　察哈尔右翼中旗　察哈尔右翼后旗　四子王旗

呼和浩特市

回民区　新城区　玉泉区　赛罕区　土默特左旗　托克托县　和林格尔县　武川县　清水河县

包头市

昆都仑区　东河区　青山区　石拐区　白云矿区　九原区　土默特右旗　固阳县　达尔罕茂明安联合旗

巴彦淖尔市

临河区　五原县　磴口县　乌拉特前旗　乌拉特中旗　乌拉特后旗　杭锦后旗

鄂尔多斯市

东胜区　达拉特旗　准格尔旗　鄂托克前旗　鄂托克旗　杭锦旗　乌审旗　伊金霍洛旗

乌海市

海勃湾区　海南区　乌达区

阿拉善盟

阿拉善左旗　阿拉善右旗　额济纳旗

森林

第七次全国森林资源清查结果显示，截至2008年底，内蒙古自治区森林面积为2366.67万公顷，占全国森林面积的12%，居全国第一位。但从总体来看，森林覆盖率仅为20%(同期我国森林覆盖率为20.36%)。内蒙古森林在区域分布自东北向西南逐渐减少，绝大部分森林分布在呼伦贝尔市、赤峰市。内蒙古自治区的森林资源以优势树种统计，依次为落叶松、白桦、黑桦、山杨、樟子松、油松、柳树、榆树、云杉、沙枣、杜松、柞木、械树、刺槐、胡杨。

草原

辽阔的草原几乎就是内蒙古自治区的地理标志。然而，地理景观意义上的草原只有内蒙古东北部的呼伦贝尔草原，属于草甸草原类型；锡林郭勒大草原，属于典型草原，或称干草原或真草原。内蒙古西部另有荒漠草原和草原化荒漠两种植被景观类型。

山脉

内蒙古自治区最主要的山脉有两支，其一是东部的大兴安岭山脉；其二是中部的阴山山脉。

大兴安岭北起黑龙江南岸，南至西拉木伦河上游谷地，长约1400千米，总面积32.72万平方千米。内蒙古境内的大兴安岭长约1300千米，宽70~450千米，海拔1000~1600米，北低南高，是内蒙古高原与松辽平原之间的一条地理界线。大兴安岭是中国最重要的原始林区之一。

阴山山脉横亘内蒙古中部，北界大致在北纬42°，南至河套平原北侧和大同盆地北缘，东南部与河北省的坝上高原相连。西端在东经106°附近，东端在多伦以东的滦河上游谷地。阴山山脉东西长约1000千米，面积12万平方千米，是草原自然景观与农业区域的一道天然分界线。

两大山脉之外，另有燕山山脉插入内蒙古东部赤峰市南部的七老图山；阿拉善荒漠草原与宁夏平原分界的贺兰山及其跨河支脉桌子山；阿拉善高原中部的雅布赖山、宗乃山、北大山；阿拉善高原与河西走廊分界的合黎山和龙首山等。

沙漠

内蒙古自治区的沙漠主要分布在中西部。巴丹吉林沙漠位于内蒙古高原西南边缘，阿拉善盟西部，处于三面被包围的巨型盆地内，面积约443万公顷，是内蒙古最大的沙漠、中国第三大沙漠、世界第四大沙漠，也是全世界最高大沙丘所在地。腾格里沙漠位于阿拉善盟东南部，在内蒙古境内的面积近300万公顷，是内蒙古的第二大沙漠。库布齐沙漠位于鄂尔多斯高原脊线的北部，西、北、东均以黄河为界，面积约为145万公顷，是内蒙古的第三大沙漠。乌兰布和沙漠分布于阿拉善盟东部、河套平原的西南部，面积115.3万公顷，是内蒙古的第四大沙漠。

内蒙古另有3个著名的沙地。科尔沁沙地散布于西辽河中下游主干及支流沿岸的冲积平原上，是中国面积最大、人口密度最高、交通最方便的沙地.它在内蒙古境内的部分面积约为506万公顷。毛乌素沙地位于鄂尔多斯高原东南部乌审洼地，海拔1200米~1500米，在内蒙古境内的面积为275万公顷，是内蒙古的第二大沙地。浑善达克沙地位于锡林郭勒高原中部，东起大兴安岭南段西麓达里诺尔，向西延伸到苏尼特右旗。它分布于内蒙古境内的部分，总面积237.8万公顷，是内蒙古第三大沙地。

戈壁

荒漠与半荒漠区域内，地面以砾石和碎石覆盖的广大地区，称为戈壁。戈壁气候干旱少雨，风力强劲，光照充足；植被为旱生和超旱生的灌木、半灌木及小灌木等植物构成的荒漠植被。内蒙古戈壁面积为1880万公顷，占全区土地总面积的15.89%，占中国戈壁总面积的33%，仅次于新疆，居全国第二位。主要分布于阿拉善盟的西部和北部，其次巴彦淖尔市、锡林郭勒盟和鄂尔多斯市西北部也分别有小片戈壁分布。

河流

　　内蒙古自治区流域面积大于1000平方千米的河流有107条，分属外流和内流水系。外流水系自东向西有额尔古纳河、嫩江、辽河、滦河、永定河和黄河6个水系，均泄入太平洋水域的鄂霍次克海和渤海，流域总面积61.34万平方千米，占全区总面积的52.5%，是内蒙古主要水网分布区。内流水系分布比较零星，自东而西有达里诺尔、乌拉盖尔河、查干诺尔、黄旗海、岱海和内蒙古西部的塔布河、艾不盖河、额济纳河等水系，河川径流均消失于各自封闭的湖盆或洼地内，流域总面积11.41万平方千米，为全区总面积的9.8%。

内蒙古自治区境内主要外流水系河流(表)

水系	河流	河长 (千米)	流域面积 (万平方千米)
额尔古纳河水系	额尔古纳河干流	970	15.77
	海拉尔河	708	5.42
	哈拉哈河	399	0.87
	乌尔逊河	223	1.05
	克鲁伦河	206(国境)	0.72
	根河	428	1.58
嫩江水系	甘河	1188	1.97
	诺敏河	441	2.55
	绰尔河	552	1.73
	洮儿河	595	2.88
	霍林河	595	2.21
辽河水系	西辽河干流	830	13.88
	老哈河	425	3.31
	西拉木伦河	380	3.22
	教来河	559	1.49
	乌力吉木伦河	598	3.34
滦河水系	闪电河	254	0.69
永定河水系	大洋河		0.69
	御河		
黄河水系	黄河内蒙古段	830	
	乌加河	260	
	大黑河	236	1.37
	浑河	200	0.25
	纳林河	72	0.29
	乌兰木伦河	63	0.47
	无定河(红柳河)	110	0.75
	鄂尔多斯北侧十大孔兑，大青山、乌拉山、狼山等南侧山洪沟		1.88

湖泊

内蒙古自治区共有大小湖泊1000余个，主要分布在年降水量200毫米~400毫米之间的呼伦贝尔高原、西辽河平原、锡林郭勒高原、乌兰察布高原丘陵区、河套平原和鄂尔多斯高原等广大地区。其远离海洋，降水少，气候干旱，水蚀作用微弱。全区湖泊80%以上属盐湖，是中国现代盐湖的主要分布区。

内蒙古主要湖泊有：

呼伦湖　位于呼伦贝尔市西部，水域面积2339平方千米。

贝尔湖　中蒙国际淡水湖，位于呼伦贝尔西南部，水域面积609平方千米。

达里诺尔　位于赤峰市西北部，水域面积238平方千米。

查干诺尔　位于锡林郭勒盟阿巴嘎旗，水域面积110平方千米。

黄旗海　位于乌兰察布市察哈尔右翼前旗，水域面积107平方千米。

岱海　位于乌兰察布市凉城县，水域面积160平方千米。

哈素海　位于呼和浩特市土默特左旗，水域面积约30平方千米。

乌梁素海　位于巴彦淖尔市乌拉特前旗，水域面积295平方千米。

红碱淖　位于鄂尔多斯市与陕西交界，水域面积41.8平方千米。

居延海　位于阿拉善盟额济纳旗，水域面积54.02平方千米。

平原

内蒙古的平原面积仅占自治区土地总面积的8.5%，主要有三大块，即嫩江西岸平原、西辽河平原、土默特—后套平原，分别由嫩江、西辽河和黄河冲积而成。内蒙古的平原一般都是农牧经济区域，工业及交通开发较早，是内蒙古人口密度最高、经济最繁荣的地区。

第一章　远古希声

人类的起源是一个世界性课题。诸多学科当中，了解和研究人类起源最重要的就是考古学。考古学为我们打开了一扇又一扇了解远古人类生活面貌的窗，拧开了让我们能够倾听远古希声的旋钮。中国各地发现的二百余处人类化石和旧石器遗址，代表了人类进化和旧石器文化发展的各个阶段。内蒙古地区有3处具有特别意义的旧石器时代文化遗址：首府呼和浩特市北的大青山南坡、西南部的无定河流域、东北端的满洲里。

第一章 远古希声

第一节　大窑文化

呼和浩特（蒙古语，意为"青城"）是内蒙古自治区首府，是自治区政治、经济、文化中心。这座美丽的城市与另一座被称为草原钢城的包头市，像两颗明珠镶嵌在阴山中部的大青山胸前。

呼和浩特市的近边有两条河：大黑河和小黑河。两条河的上游流域是大青山前的低丘陵。在山前的低丘陵中，有属于呼和浩特市新城区的保合少镇大窑村。1973年开始，在这个小小的山村周围，内蒙古博物馆考古队发现了距今约70万—1万年前人类活动的痕迹。

我们知道，所谓旧石器时代，在考古学上是以使用打制石器为标志的人类文化发展阶段，是石器时代的早期阶段。一般认为，这时段距今约250万—1万年。地质时代属于上新世晚期至更新世。大窑村发现的人类活动遗址就是旧石器时代文化遗址，考古界称其为"大窑文化"。

那么，在大窑文化遗址发现了什么呢？石器制作场。石器制作场肯定是人类所为，但是在这里发现了人类化石了吗？没有。只有寂静的石器制作场。因为年代跨度大，大窑文化遗址包括早期石器制作场和晚期石器制作场。

大窑早期石器制作场遗址位于大窑村村南的四道沟，其时代可测定距今70万—50万年前。早期制作场的石器遗物出土于中更新世红土层的底部，有许多大型燧石块。大型燧石块周围密布着人工打制的石屑、石块和石片；其中从两块大燧石上剥落小石器的痕迹十分明显。而在这两块大燧石周围5平方米的范围内，分布着560件长2厘米、宽1厘米以上的小石器；另有3件大石片散落在另一块燧石的周围，可以同燧石块复合在一起，显然是从大燧石上锤打下来的。通过对这些遗物的整理，可以想象出当时人们开采石料、制作石器的情形。

● 大窑四道沟剖面

大窑晚期石器制作场遗址位于大窑村村南的二道沟和前乃莫板村的垴包梁上，其时代可测定大约距今3万—1万年前。晚期制作场的遗物位于晚更新世的黄土和黑垆土底部。遗物特点是典型的石片和石核数量很多，石器较少，制作石器所遗留的半成品和废品占绝大多数。大部分石核是盘状和多面体状的，数量最多的是中小型长石片，还有手斧和石球。石器类型比较简单，有砍斫器、尖状器和刮削器等几种。刮削器数量最多，其中龟背形刮削器为典型器物，这种刮削器的形式和制作在这里比较固定，可用于剥兽皮、刮兽肉和加工皮革等。

大窑文化遗址远眺 ●

第一章 远古希声

从大窑文化遗址出土的石器和古人用火后留下的灰烬，以及大量与古人类同期的哺乳动物化石，如啮齿动物、鸵鸟、羚羊、原始牛、赤鹿、披毛犀、虎、古棱齿象等可以看出，早在70万年前，现今呼和浩特市一带就有人类活动、生息和繁衍。从遗迹和遗物很容易联想到当时这一带气候温和，土地肥沃，草木丰茂，各种动物出没于林间草丛。

大窑遗址是旧石器时代早期就已有远古人类开始开采的大型石器制造场，历经旧石器时代早、中、晚期，前后达几十万年之久。大窑石器制作场的发现，揭示出早期人类从原生岩中开采石料、就地制作工具的情形，在中国乃至世界上都是较重要的发现；尤其是旧石器时代早期的石器制作场，迄今在中国境内是唯一的发现。大窑遗址的发现，把内蒙古地区人类活动的历史上推到旧石器时代早期，证明远古人类曾经在这里开采石料、制作石器工具，过着以狩猎为主、采集为辅的生活；证明内蒙古阴山南麓一带也是远古人类劳动和生息的地方，内蒙古地区也是我国远古文明的摇篮之一。

大窑文化遗址的早期石器制作场所处时代约与北京猿人同期，但是在大窑文化遗址区仅发现了许多古生物化石，至今尚未发现古人类化石。大窑文化遗址与北京周口店遗址的许多石器工具的功用相同，但典型器物则独具特点，说明大窑遗址是不同于北京周口店遗址的独立的古人类文化遗存。

同时期中国境内

◆ 距今约80万年前，蓝田人生活在今陕西蓝田一带。
◆ 距今约70万—20万年前，北京猿人生活在北京周口店一带。
◆ 距今约70万年前，旧石器时代早期人类化石（郧县人），发现于今湖北郧县。
◆ 距今约30多万年前，盘县大洞遗址，位于今贵州省盘县。
◆ 距今约28万年前，旧石器时代早期人类化石（金牛山人），位于今辽宁营口市金牛山洞穴。

同时期全球视野

◆ 距今180万—20万年前,直立人是这一阶段人类进化的代表,属于旧石器时代早期。
◆ 距今70万—50万年前,瓜哇直立猿人生活时期,瓜哇直立猿人属于旧石器时代早期人类。
◆ 距今约20万—约4万年前,旧石器时代中期人类化石(尼安德特人),发现于德国。

历史百科

◇ 旧石器时代

依据时期划分的方法,考古学上,旧石器时代是这样定义的:人类以石器为主要劳动工具的早期泛称旧石器时代。从距今260万年延续到1万多年以前,相当于地质年代的整个更新世。

其时期划分为旧石器时代早期、中期和晚期,大体上分别相当于人类体质进化的能人和直立人阶段、早期智人阶段和晚期智人阶段。

◇ 中更新世

中更新世是第四纪冰川(地球史上最近一次大冰川期)更新世中间的一个时期。大约在距今100万—10万年,相当于旧石器时代早期的中、晚阶段。

◇ 龟背形刮削器

龟背形刮削器属早期石器,是用石块做成,劈裂面平坦,背面隆起如龟背,遍布加工痕迹,型式和制法比较固定,是大窑石器制作场的典型器物,可用于剥兽皮、刮兽肉和加工皮革等。

● 龟背形刮削器

延伸阅读

● 大窑文化遗址的发现

大窑文化遗址位于内蒙古自治区呼和浩特市东郊,是世界上发现年代最早的古人类石器制造场,其遗存对研究我国北方古人类的发生、发展和石器工业的演变具有极高的文物价值。1979年,国家文化部把这一石器制造场所代表的文化命名为"大窑文化"。1988年,国务院将大窑文化遗址列为第三批全国重点文物保护单位;北京大学考古系将该遗址定为旧石器文化考古教学基地。

大窑文化遗址发现于1973年10月,当时考古工作者发现了石核、石片、石斧等石器387件,引起国内外许多专家学者的重视。

1976年和1983年,考古人员又连续两次在此进行发掘,先后出土大量石器。根据古地磁、放射性碳素、石器型制等考古学断代方法测定,大窑遗址年代为距今70万—1万年前,分旧石器时代早期、中期、晚期3个阶段。依据石器类型,经过分析考证,认为早在70万年前,在呼和浩特市周边就有古人类活动了。

2003年,内蒙古自治区博物馆与中国文物研究所合作,共同编制了《大窑遗址保护规划》,并将《规划》呈报给国家文物局,该规划于2005年5月26日批复。

● 周口店北京猿人遗址

周口店遗址属全国重点文物保护单位,位于北京市西南房山区周口店镇龙骨山北部,是世界上材料最丰富、最系统、最有价值的旧石器时代早期的人类遗址。

1929年中国古生物学家裴文中在此发现原始人类牙齿、骨骼和一块完整的头盖骨,并找到了"北京人"生活、狩猎及使用火的遗迹,证实50万年以前北京地区已有人类活动。考古学家开始在这里发掘,发现了距今约60万年前的一个完整的猿人头盖骨,定名为北京猿人。以后陆续在龙骨山上发现一些猿人使用的石器和用火遗址。这一发现和研究,奠定了这一遗址在全世界古人类学研究中特殊的地位。

魅力草原

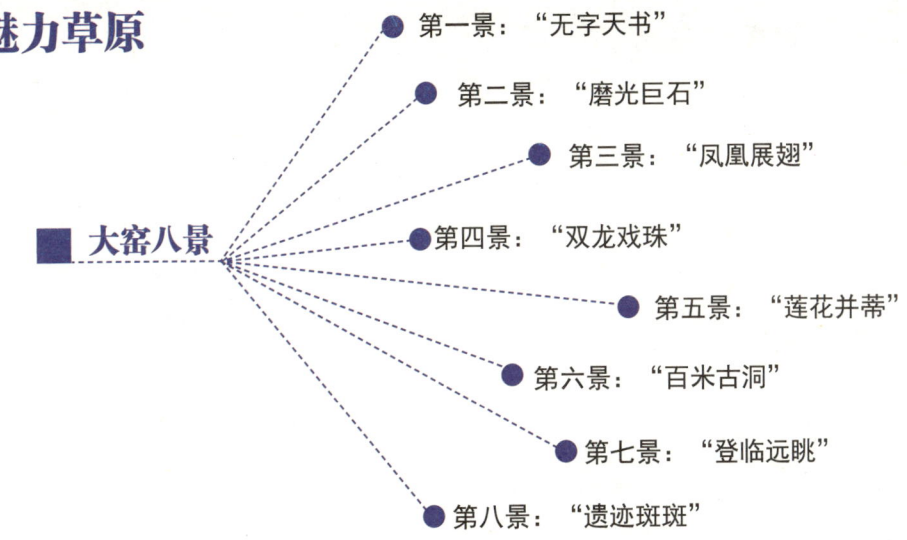

- 大窑八景
  - 第一景："无字天书"
  - 第二景："磨光巨石"
  - 第三景："凤凰展翅"
  - 第四景："双龙戏珠"
  - 第五景："莲花并蒂"
  - 第六景："百米古洞"
  - 第七景："登临远眺"
  - 第八景："遗迹斑斑"

■ 阴山

阴山山脉横亘于内蒙古自治区中部，东段进入河北省西北部，连绵1200多千米，南北宽50千米~100千米，是黄河流域的北部界线。

阴山南北气候差异显著，是草原与荒漠草原的分界线。山区植被稀疏，仅在东段的阴坡有小片森林，有白桦、山杨、杜松、侧柏、油松、山柳等树种。中段和西段山地散布有大小不等的山地草场，历史上曾是重要的牧区。

阴山山脉是农耕区与游牧区的天然分界线。山区本身是农牧交错地带。条件较好的山间盆地中有旱作农业，种植春小麦、莜麦、马铃薯等作物，产量低而不稳。山区地质矿产资源丰富，大青山的煤矿、白云鄂博的铁矿和稀土矿都以品位高、储量大而著名。

阴山地区人类活动的历史非常悠久，是内地汉族与北方游牧民族交往的重要场所。近年在山脉西部发现大批上自青铜时代、下迄明清时期的众多岩画，皆由匈奴、突厥、蒙古等民族绘画凿刻而成，以艺术形式表现了古代游牧民族的社会生活及与汉族的交流活动，具有极高的文物价值。

第一章 远古希声

第二节 萨拉乌苏文化

　　内蒙古自治区西南部，鄂尔多斯高原与陕北黄土高原接壤处，有一条穿行于毛乌素沙海中的河流，当地蒙古族人称其为"萨拉乌苏"（意为"黄色的水"）。萨拉乌苏这条河流并不出名，它只是黄河一级支流无定河上游的一小部分。但当你走近这条河流时，就会被它的神奇所震撼：在一望无际的毛乌素沙海里，可以看到新月形的移动沙丘星罗密布；突然间出现了一个深深下切的河谷，竟有3000米之宽，河谷下面是潺潺流水环绕的绿洲。这里绿树葱郁，水稻扬花；这里炊烟袅袅，碧水长流。你可知道这样一条神奇的小河流里隐藏了多少久远的生命信息啊！

萨拉乌苏沟湾

1923年夏天，两位法国科学家出现在萨拉乌苏河流过的大沟湾里，他们清晨走来，傍晚离去。这两位法国人中，身材修长的是古生物学家德日进，而体态壮实的是博物馆学家桑志华，桑志华在头一年曾来过这里。他们来到萨拉乌苏大沟湾是要寻找远古人类的足迹。在近一个月的发掘寻找中，他们在萨拉乌苏旧石器时代层中清理出200多件人工打制的石制品和骨角器，还有大量的破碎动物骨骼。在后来进行的实验室整理过程中，于一堆羚羊牙齿和驼鸟蛋化石碎片中，意外地发现了一枚人类幼儿的左上外侧门齿。这枚门齿经北京协和医学院解剖学系主任步达生研究，命名为"The Ordos Tooth"（鄂尔多斯人牙齿）。

　　20世纪40年代，中国古人类学家裴文中先生将萨拉乌苏河流域发现的"The Ordos Tooth"译为"河套人牙齿"，在考古学界约定俗成。但是关于"河套人"究竟何时踏上这片土地？"河套人"究竟生活在怎样一个年代？这是一个在困扰着考古学家的难题。过去认为"河套人"生活在晚更新世晚期，属于旧石器时代晚期的古人类文化遗存。但是到21世纪初，根据中国科学院寒区旱区环境与工程研究所（原中国科学院兰州沙漠研究所）等单位的测试结果证明，埋藏"河套人"化石及其遗存的地层，形成于距今14万—7万年间，属于全球末次冰期来临前的间冰期堆积。

人物故事

◇ 桑志华

　　法国地质学家、古生物学家、考古学家。1914年，以法国天主教耶稣会神甫的身份来到中国，从事田野考察和考古调查工作。在中国25年的考古生涯中，足迹遍及中国北方各省，行程5万多千米，采集地质、古生物标本达几十万件。1922年踏上鄂尔多斯大地，发现和发掘了萨拉乌苏文化遗址，对中国的史前考古做出了重大贡献。此外，他还创建了北疆博物馆（天津自然博物馆前身）。

◇ 德日进

　　有这样一个人，他被誉为"继达尔文之后世界上最伟大的古生物学家"、"法国的达尔文"，他就是德日进。1956年，联合国教科文组织召开大会，纪念爱因斯坦和德日进这两位伟大的科学家、思想家，授予德日进"世界名人"称号。德日进，法国天主教神父、古生物学家。1923年来到中国，首先参与了萨拉乌苏等遗址的科学发掘工作，随后加盟北京周口店等许多地区的考察研究工作，研究成果涵盖第四纪地质、岩石、古脊椎动物、古人类和旧石器考古等方面，为中国古人类学、古生物学的发展起了卓越作用。

◇ 裴文中

　　我国著名的考古学家、古生物学家，中科院院士，在国际学术界素享盛名。为我国旧石器考古学和第四纪哺乳动物学的奠基人，中国古人类学创始人之一。是中国猿人头盖骨的第一个发现者以及中国第一位独立研究旧石器的学者，对中国第四纪生物地层的划分和中国新石器时代考古做出了重大贡献。

　　1927年，裴文中毕业于北京大学地质系，次年参加周口店发掘工作。1935年留学法国，师从著名考古学家布日耶专攻旧石器时代考古学，1937年获得巴黎大学理学博士学位。归国后任实业部地质调查所技正兼周口店办事处主任、新生代研究室主任。

第一章 远古希声

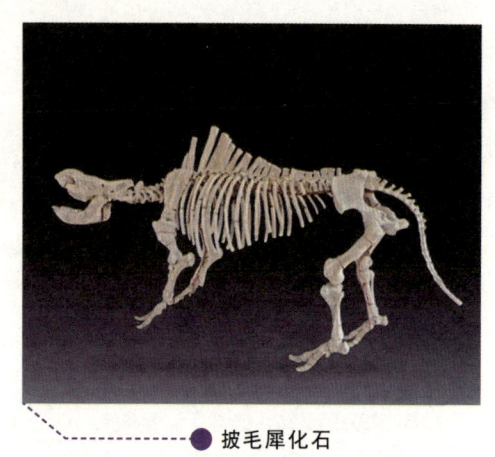

● 披毛犀化石

如果你到了法国，在巴黎国家古生物博物馆的展览大厅里，你就会看到一具来自遥远东方、饱经沧桑的动物骨骼。这就是从萨拉乌苏大沟湾发现的披毛犀化石。这具披毛犀化石从头到尾长约4米，脊背至地面的高度约2.5米。如果附着上肌肉、皮毛，它的实际身躯要比现在大出好多。它的头颅硕大、肚子圆鼓鼓的，四肢异常健壮。凡是来这里参观的人，无不怀着好奇的心情，在它面前驻足观望。

1923年，桑志华等人在萨拉乌苏发现古人类化石的同时，还发现了包括34种哺乳动物和11种鸟类在内的庞大动物群，被学术界命名为"萨拉乌苏动物群"。作为晚更新世华北地区黄土堆积典型代表性动物群，它与早更新世的泥河湾动物群、中更新世的周口店动物群，共同构成华北更新世三大代表性动物群，成为研究更新世古地理、古气候、古生物的经典标尺。

萨拉乌苏河的水流量很小，而且还是一条形成不超过两千年的年轻河流，但因为其所流经的区域地层结构较为松散，因此它的侵蚀作用十分强烈。每当夏秋雨季到来，河水就会对河岸形成侵刷。河岸的塌落，使埋藏在地下的各类物质逐渐撩开神秘面纱，清晰地展现在明媚的阳光下。河谷两侧高高的断面，便成为我们窥探远古历史的天然窗口。综合科学家们关于萨拉乌苏地质调查、勘查、考古发掘等研究成果，我们可以大致勾画出当时的情景：

14万—7万年前，萨拉乌苏一带，既有绵延不断的沙漠，又有广布的河流湖泊，相伴着河流湖泊的是广袤的沙地绿洲和森林。随着冷暖期的交替变幻，河流湖泊以及绿地森林的范围不时发生着变化。诺氏驼、巨鸵鸟们奔驰在无垠的沙漠中，河套大角鹿、马鹿、原始牛、野马、野驴、普氏羚羊等在草原上或奔跑跳跃，或静静地觅食；几只窜出树林的狼和尾随其后的鬣狗，惊扰起隐匿在草丛中的狗獾、野兔及其他啮齿类小动物四处乱窜；老虎在森林中时隐时现，窥视着草原上的一举一动；王氏水牛把全身都浸在湖泊中，尽情地享受着湖水的凉爽；野鸭、翘鼻麻鸭在湖面上漫游；兀鹰展开巨大的翅膀，在天空中缓缓移动；披毛犀顶着一只尖尖的独角和诺氏象一起在森林边悠闲地漫步……古老的"河套人"也是其中一员，由于缺乏像山洞这样的自

河套人顶骨化石

然巢穴，他们就在靠近湖岸的地方搭起用兽皮围挂的"帐篷"，帐篷的周围燃起了熊熊的火堆，这样既可以御寒、烧烤食物，也可以防止猛兽的袭击。远处的湖对岸，一群身强力壮的男子们围住了一头陷入沼泽中的披毛犀，用手中的鹿角锤、鹿角矛等武器向这头庞然大物发起了一轮又一轮的攻击；岸边一群小孩或手舞足蹈，或跃跃欲试，高声地喊叫着；帐篷周围的老年男性以及妇女们，有的在打制石器或修整工具，有的在忙着拾捡树枝，以便烘烧美味，有的则用石片仔细刮除猎物皮革上的油脂，或用锋利的薄石片切割兽皮。

夜幕降临了，紧张了一天的人们围坐在火堆旁开始分享劳动的果实：人们用树枝挑着肢解开的犀牛肉在火堆上烧烤。在吃干净骨头上的肉后，又用鹿角锤砸坚硬的肢骨，吸食里面的骨髓，随后把吃剩的骨头扔进火堆中，火焰腾起来，映红了人们的脸庞。

当暖期来到时，人们随着河水的上涨，把生活的营地移到较高的地带，重复着同样的生活。淤泥渐渐埋没了人们原来的营地，掩埋了残留在那里的灰烬、烧骨和石片等生活品。当寒期来临时，人们又追逐着回落的河水，来到了新的营地。寒暑更迭，时光荏苒，随着地壳的不断下沉，封尘的大地把不同历史时期人们的生活遗址永久地埋在了几十米深的地下。

同时期中国境内

◆ 距今约15万—8万年前，丁村人生活在今山西襄汾一带。
◆ 距今约10万年前，旧石器时代中期人类化石（许家窑人），位于今山西阳高许家窑村。
◆ 距今约5万—3.5万年前，鸽子洞遗址，旧石器时代中期文化遗址，位于今辽宁喀喇沁左翼蒙古族自治县。
◆ 距今约5万—约1万年前，鸡公山旧石器时代遗址，旧石器时代中晚期文化遗址，位于今湖北江陵鸡公山。
◆ 距今约4万年前，柳江人活动在今广西柳江一带，旧石器时代晚期人类化石，该地发掘有中国乃至东亚最早的晚期智人化石。

同时期全球视野

◆ 距今约12万年前，旧石器时代中期人类化石（莱托里人），发现于坦桑尼亚。
◆ 距今约10万年前，马德拉斯文化，南亚旧石器时代早期文化，因发现于印度马德拉斯而得名，主要分布于印度半岛中部和南部。
◆ 距今约20万—约4万年前，旧石器时代中期人类化石（尼安德特人），发现于德国。
◆ 距今4万年前，晚期智人阶段，人类的分布范围从旧大陆到达了大洋洲和美洲。

历史百科

◇ 晚更新世

晚更新世年代也称上更新世。

测定为12万—1万年，是第四纪更新世的最后阶段，之后全新世开始。

晚更新世大部分时期，冰川成为这一时期的主宰，包括在北美洲的威斯康辛冰期、欧亚大陆冰川时期。而许多巨型动物在此期间灭绝，并且这一趋势一直持续到全新世。此外，现代人类物种淘汰了其他人类物种。除南极洲以外，晚更新世人类传播的足迹已到达世界各大洲。

◇ 智人

"智人"即"智慧的人"的。人类发展史上的第二个阶段。按照发展过程，分为早期智人和晚期智人两个阶段。

早期智人，原称"人属尼安德特种"，简称"尼人"，相当于以前划分的古人阶段。其生存年代大约距今二三十万年到五万年前，属于地质学上更新世中期后一段到更新世晚期前一段，相当于考古学上的旧石器时代中期。这个时期的人类与现代人更为接近，但仍带有许多原始性质。不仅会保存天然火，还学会了人工取火。

晚期智人，通常也叫做现代人，但现代人的概念，还是以指新石器时代以后的人类，即距今约1万年前至现在的人类为宜。时期相当于以前划分的新人阶段。这个时期的人类除有某些原始性之外，基本上和现代人相似。文化上已有雕刻和绘画艺术，出现了装饰品。生存年代大约从5万年前开始，直到现代。属地质学上更新世后一阶段到全新世，相当于旧石器时代晚期到现在。

延伸阅读

● 萨拉乌苏文化的发现

"萨拉乌苏文化"遗址位于内蒙古自治区鄂尔多斯高原东南角毛乌素沙地的萨拉乌河流域，1922年在鄂尔多斯市（原伊克昭盟）乌审旗河南乡首次被发现，是在中国乃至世界考古学领域具有重大影响力的一处旧石器时代中期的文化遗址。

1923年，法国地质学家、古生物学家、考古学家桑志华与法国古生物学家德日进再次来到萨拉乌苏，进行了科学发掘。发现一枚幼儿的左上外侧门齿（鄂尔多斯人牙齿）。这是中国境内发现的第一件有准确出土地点和地层纪录的人类化石，也是第一批有可靠年代学依据的旧石器时代古人类遗存。

20世纪40年代，中国旧石器时代考古学专家裴文中先生，相继首先使用了"河套文化"和"河套人"这两个中文名词。

1956年4月，内蒙古自治区博物馆的汪宇平先生，在萨拉乌苏发现古人类头盖骨、股骨化石各一件。

1960年和1961年，汪宇平先生又两次来到萨拉乌苏河进行调查，发现了一件人类顶骨，在当地征集到已断裂成三块的面部连着额骨的人类头骨化石，并发现了一处化石及人工打制品产区，进一步加深了人们对"河套人"的认识，丰富了萨拉乌苏文化遗址的内涵。

中国科学院古脊椎动物与古人类研究所的裴文中和贾兰坡先生，分别在1963年、1964年和1972年先后带领野外考察队在萨拉乌苏河一带进行了地层、哺乳动物化石、古人类化石和旧石器的系统调查和采掘。

中国科学院兰州沙漠研究所在地质学家董光荣先生的带领下，于1978年组成考察队，在萨拉乌苏流域开展系统考察，时间达3年之久，对沙漠形成、演化和环境变迁等进行深入、系统的研究。

2001年6月25日，"萨拉乌苏文化"遗址由中华人民共和国国务院公布为第五批全国重点文物保护单位。

● 泥河湾动物群

泥河湾位于河北省阳原县，20世纪20年代在这里发现了泥河湾层中的哺乳动物化石。

德日进先生于1930年发表了《泥河湾哺乳动物化石》一书，书中将三趾马红土以上、马兰黄土以下这段地层里采集到的哺乳动物化石，定为泥河湾动物群，德日进先生认为，此动物群可与欧洲维拉弗朗期动物群相对比。

泥河湾动物群的发现，为蓬蒂纪到中第四纪这一重要历史时期的研究工作提供了确切证据。这些哺乳动物化石是纳玛象、中国犀、披毛犀近似种、板齿犀、犀、爪兽类、中国长鼻三趾马、三门马、李氏野猪、巨副驼、中国麂、双叉四不像鹿、布氏真枝角鹿、华丽黑鹿、黑鹿、中国羚羊、鹅喉羚羊、印度羚羊属、翁氏转角羚羊、山东绵羊、古中华野牛、狐、中国貉、直隶犬、直隶犬掌形亚种、直隶犬小型亚种、熊、桑氏鬣狗、缟鬣狗、桑氏水獭、鼬、獾、泥河湾巨剑齿虎、似锯齿似剑齿虎、猞猁、虎、更新豹、刺猬、五指跳鼠、丁氏鼢鼠、复齿鼠兔等。

萨拉乌苏沟湾

第三节　扎赉诺尔文化

"扎赉诺尔人"是在扎赉诺尔地方发现的具有代表意义的旧石器晚期文化遗存。在那辽阔而美丽的呼伦贝尔大草原上，也曾经有远古人类活动的痕迹。"扎赉诺尔"是中俄国际通道滨洲铁路线上的一个站名，老东北一家国营煤矿的矿名，隶属于呼伦贝尔市代管的内蒙古自治区计划单列市——满洲里市。

由于特殊的地理位置，位于呼伦湖和海拉尔河之间的扎赉诺尔煤矿于1902年开采，是中国较早开发的煤矿之一。20世纪20年代，扎赉诺尔煤矿工人在采煤作业中发现地层上有原始人类文化遗物，这一现象引起了考古学家的关注，先后有俄国人巴娄夫斯基、多尔玛秋夫，法国人德日进，日本人远藤隆次、赤崛英三、加纳金三郎等来这里寻古发掘。直到1933年，一位中国人第一个找到了较为完整的人头骨化石，这位中国人并不是考古学家，是当时担任扎赉诺尔煤矿副矿长的顾振全先生。1939年日本考古学家远藤隆次

●扎赉诺尔猛犸雕像

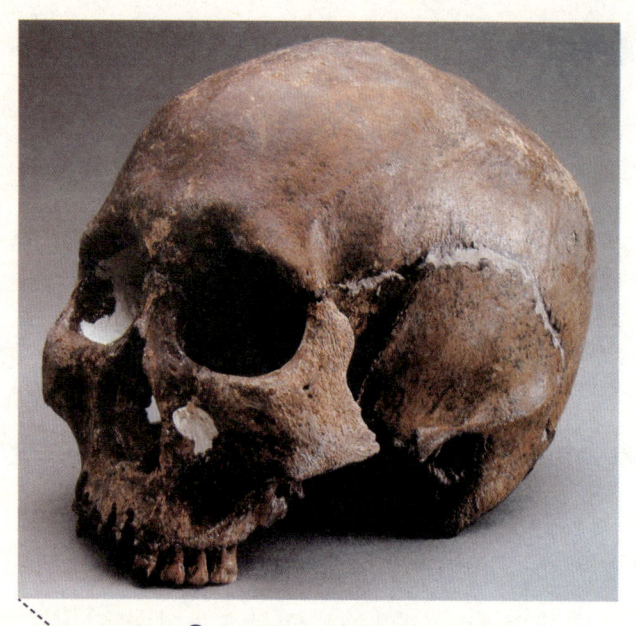
● 扎赉诺尔人头骨化石

给顾振全发现的人头骨化石定名为"扎赉诺尔人"。1943年日本人加纳金三郎发现了第二号人头骨。1944年中国考古学家裴文中和远藤隆次又发现了第三号人头骨。此前裴文中先生曾3次到这里进行地质调查和考古研究。1945年日本投降后，民国政府指派裴文中教授将包括人头骨化石在内的珍贵文物接收到北平地质调查所，现仍保存在中国科学院古脊椎动物与古人类研究所里。

从1933年发掘出第一个扎赉诺尔人头骨化石后，到今天已经陆续出土16个个体，其中有3个头骨复原后比较完整：一个青年女性，一个中年男性，一个青年男性。他们属于从原始人到早期智人转变过程中的古人类，具有眶骨粗壮、颧骨突出、门齿呈铲形、内侧呈弧形等特点。根据出土层位测定，扎赉诺尔人生活年代在距今1万年左右。这个时期，有的考古学家确定为旧石器时代晚期，也有的学者称其为中石器时代。

根据考古学家的描述，扎赉诺尔人在呼伦湖畔过着渔猎生活，善于精选石料制造石器。他们将找到的玛瑙、燧石、石英等较好的石料拿来，用打制和压制的方法，加工成各种细小的工具，如精巧的石箭头、刮削器、雕刻器，以及锋利的石片、细长的石叶……为了充分利用石料，他们有时将一个石核的周围转圈切压下一片片小石叶，直到使石料剩下一个标致的圆椎体。聪明的扎赉诺尔人不但会用压制法加工石器，还会用磨制法加工骨器。他们把细长坚硬的骨头磨成长长的圆椎形，成了无孔骨针，用来缝制衣服和帐篷。又将野兽的肋骨磨光，刻其侧面成槽，然后将折断了的细长石叶镶嵌在槽中。这就成了持握适中的带有骨柄的刀和锯，用来剥离兽皮、切割畜肉，或斩断植物根茎。根据体质人类学测定，处于新人阶段的扎赉诺尔人带有蒙古人种（黄种人）的原始特征。

扎赉诺尔出土的16个头骨化石中，有一个中年男性个体特别奇特，他的额头平而狭长，并有一条宽线的凹槽，圆而尖的后脑勺向上方耸立着，极像一个"橄榄球"，考古界称其为"宝塔头"，确认其为人工变形的结果。根据民族学资料记载，这种头形是世界上最早的变形头骨，是原始人类爱美的象征。大洋洲美拉尼西亚部分岛屿上居民至今仍保留着这样的风俗：当婴儿出生后不久，就用一条长长的布带子将额部裹紧，再用细绳子将头部扎实。几个月后头颅开始变形。但是扎赉诺尔人当时并不可能使用布条，也许只能用兽皮吧。

李济博士是蜚声中外的一代宗师，是我国近代考古学和人类学的开拓者。他在1953年2月发表了关于中华民族及文化发展初始的精辟意见："两千年来中国的史学家，上了秦始皇的一个大当，以为中国的文化及民族都是长城以南的事情。这是一件大大的错误，我们应该觉悟了！我们更老的老家——民族的兼文化的——并在满洲、内蒙古、外蒙古以及西伯利亚一带；这些都是中华民族的列祖列宗栖息坐卧的地方。"李济博士的意见对我们认识扎赉诺尔人的重要性或许有很多参考价值。

扎赉诺尔石器

同时期中国境内

◆ 距今约3万年前，北京山顶洞人开始氏族公社的生活，是旧石器时代晚期重要的文化代表。
◆ 距今约2.8万年前，山西朔州峙峪文化，旧石器时代晚期文化遗址。
◆ 距今约2万年前，吉林寿山仙人洞遗址，旧石器时代晚期文化遗址。

同时期全球视野

◆ 距今约2万年前，印度旧石器时代壁画，南亚旧石器时代晚期文化遗迹，位于印度东部和南部地区。

历史百科

◇ 全新世

全新世，地质年代名称。第四纪最新的一个世。全新世是最年轻的地质时代。约10000年前至今。其地层称全新统。又称冰后期。全新世气候变化分作3个时期，即Ⅰ期——温度上升、Ⅱ期——温度最高、Ⅲ期——温度下降。

全新世对于人类具有十分重要的意义。人类的文明社会，当前社会的一切繁荣、富强、发展、进步都发生在全新世。

全新世时间短，沉积物厚度小，但分布范围广。由于距今时代短，可应用几种有效的年代测定方法，因此，其地层划分比较详细、精确。全新世气候有轻微波动。海面变化与气候相一致，冰后期海面迅速上升，到距今11000年上升到－60米位置。距今6000年海面已接近现今位置，其后仅有轻微的变化。全新世时，人类进入现代人阶段。

◇ 中石器时代

中石器时代开始于距今约一万五千年，这时地球上最后一次冰期结束，气候变得温暖湿润，人类社会由不稳定的群居、杂交的原始人群向稳定的以血缘关系为纽带的母系氏族社会转变。

旧石器时代和新石器时代之间的人类物质文化发展过渡性阶段。经济生活仍然基本上是渔猎和采集。因原来适应寒冷气候的大型动物消失，人们面对现生的动物群，改以猎取中小型野兽为主，其中大宗的猎物是鹿类。狗已成为家畜，在欧洲和西亚的一些地方，可能已开始驯养猪或山羊。

随着人们采集活动经验的积累，在西亚一些地区，采集目标逐渐集中于大麦、小麦等野生禾稼，这可说是农业起源的前奏。这一时期，人们还从水域获取更多的鱼、贝类，以丰富食源。此时继续使用直接打制的大型石器，而占主体地位、间接打制的细石器工艺更为成熟，出现用细石片镶嵌在骨木柄上的箭、刀等进步的复合工具。镖、锥等骨器也较为精良实用。弓箭的普遍使用，使狩猎效率大为提高。

总之，这一时代整个渔猎采集经济比旧石器时代有了长足进步。人们除依旧利用自然洞穴栖息外，还有了季节性的窝棚居址。

◇ 黄种人

黄种人是一种人种分类，是世界四大人种之一，又称亚美人种或蒙古人种。从分布上看，大多集中在亚洲东部、中部和东南部以及美洲与大洋洲。黄色人种或蒙古利亚人种是历史上为人类分类学说里的一种人种。其肤色呈黄色或黄褐色。

蒙古人种得名于德国人类学家"克里斯托弗·迈纳斯"。此后又因"蒙古"一词无法代表所有亚洲的人种，一些学说开始使用"亚洲人种"的名称。现在西方民间一般把黄种人称为"亚洲人"或"东亚人"。

延伸阅读

● 山顶洞人

山顶洞人的得名源于1930年在北京市周口店龙骨山北京人遗址顶部的山顶洞发现人类化石。山顶洞人属晚期智人，属旧石器时代晚期。1933到1934年期间，中国地质调查所新生代研究室裴文中主持进行发掘考察。与人类化石一起同时出土的还有石器、骨角器和穿孔饰物等，这一时期的发掘考察发现了中国迄今所知最早的埋葬遗迹。山顶洞人处于母系氏族公社时期，是由血缘关系联合起来的氏族。一个氏族有几十个人，由共同的祖先繁衍下来。他们使用共有的工具，共同劳动，共同分配食物，没有贫富贵贱的差别。山顶洞人仍用打制石器，但已掌握磨光和钻孔技术。他们已会人工取火，靠采集、狩猎为生，还会捕鱼。他们能走到很远的地方同别的原始人群交换生活用品。山顶洞人已用骨针缝制衣服，懂得爱美。在山顶洞人的洞穴里还发现了一些有孔的兽牙，海钳壳和磨光的石珠，大概是他们佩戴的装饰品。这一时期，亲属关系是按母系血统确立的，女性在社会生活中起主导的作用。

第一章 远古希声

● **蘑菇山旧石器文化遗址**

在内蒙老前哨车站北面两公里的地方，有一座山头光秃、圆滚滚形似蘑菇的山头，人们称其为蘑菇山。1980年6月10日，考古工作者在这里发现了旧石器遗址，故此命名为蘑菇山旧石器文化遗址。根据石器的出土层位，初步判定其历史年代属于旧石器时代晚期，距今大约3万年前或更早。从最初发现到1990年，考古工作者已在蘑菇山周围发现了4个旧石器地点。

这是一座遍山可见自然风化的安山岩石山，远古时期原始社会的人类挑选石料，然后加工、制造石器。1980年第一次发现了带有人工打制痕迹的石器，以后在更新世晚期黄褐色沙质土层中，出土了大量的石锤、石片、刮削器、砍砸器、尖状器等旧石器时代的文化遗物。他们在地下和地表出土采集了石片22件、砍砸器2件、刮削器44件、尖状器1件。这些石器和石片，都是经过人工打击制成的，而且器型较大，与呼和浩特东郊大窑村南山旧石器时代晚期相仿。

魅力草原

■ 姐妹相依的呼伦湖、贝尔湖

呼伦湖，也称呼伦池、达赉湖，是内蒙古第一大湖，中国第五大湖。它位于呼伦贝尔草原西部，呈不规则斜长方形。长轴为西南至东北方向，湖长93千米，最大湖宽41千米，平均湖宽25千米，周长447千米，湖水面积为2339平方千米，平均水深5.7米，最大水深8米左右，蓄水量为138.5亿立方米。

呼伦湖在唐朝时称"俱伦泊"，辽、金时称"栲栳泺"，元朝时称"阔连海子"，明朝时称"阔滦海子"，清朝时称"库楞湖"或"呼伦诺尔"，当地牧人称"达赉诺尔"（蒙古语，意为"像海一样的湖泊"）。

贝尔湖，位于呼伦贝尔草原的西南部边缘，为中蒙两国的界湖，西北部为中国所有。湖呈椭圆形状，长40千米，宽20千米，面积为609平方千米。它是集纳自东南流来的哈拉哈河水而形成。湖水为淡水，一般水深9米，最深处有50米左右；湖底为沙砾，水质清澈。

贝尔湖在金朝、元朝和明朝时称"捕鱼儿海子"，清朝时称"布雨儿湖"，民国至今，称"贝尔湖"。今呼伦贝尔市之称，即来源于呼伦湖和贝尔湖之名。

在呼伦湖和贝尔湖之间，有一条银色的飘带将它们连接在一起，这就是乌尔逊河。它使呼伦湖和贝尔湖宛如紧挽手臂的姐妹，亲密无间，永不分离。所以，草原牧人亲切地称呼伦湖和贝尔湖为"姐妹湖"。

呼伦湖和贝尔湖畔在古生物学史上有过绚丽多彩的一页，这里以第四纪古动物的"化石宝库"而著称于世。在呼伦湖畔的扎赉诺尔发现了大量距今4万年前后的动物化石，主要有猛犸象、披毛犀、野牛、野马、鬣狗、虎、马鹿等，即"扎赉诺尔动物群"。

● 呼伦湖

第二章　红山文化

人类经历了数百万年的漫漫旅程，才穿过了蒙昧的旧石器时代，走进新石器时代。距今1.2万年前后，地球变暖，全新世到来，人类社会进入了新石器时代。之后又经过几千年的探索，人类文明开始萌动。红山文化就是中国北方人类文明萌动期间绽放的一支奇葩。

西辽河流域位于松辽大平原西部，地貌多为固定、半固定沙地以及流动、半流动沙地；此外还广泛发育于沙丘间低地以及湖滨滩地和河漫滩。气候属半湿润半干旱大陆性季风气候类型。区内河流相对较多，天然湖泊分布较广。地带性植被为沙地疏林草原，是从半干旱地区向干旱地区过渡区域。受气候波动的影响，这一地区的土地利用方式经历了许多次农牧交错发展的过程。

新石器时代伊始，西辽河流域气候温和、雨量丰沛、植被繁茂；这里既有平原，也有山丘，山前的黄土台是适宜人类居住活动的地方。由于大面积森林适宜大量蓄水，当时区域内水源丰富，土壤发育良好，适宜从事农耕、渔猎、家畜养殖等生产活动。

第一节 前红山文化

红山就是赤峰，蒙古语谓之"乌兰哈达"。在内蒙古赤峰市境内。西辽河流域的广袤大地上，新石器时代文化遗址曾经有很多个。这些文化遗址的叠加，既有延展性，也有连续性，构成了一种新奇的"文明之链"。

● 松辽平原

■ 兴隆洼文化

赤峰市南部，是燕山山脉的余脉。赤峰市东南部的敖汉旗宝国吐乡兴隆洼村，丘陵起伏，南面是连绵的群山，北面则视野较为开阔。就在这样僻静的小山村里，从1983年到1994年12年间，经过7次大规模的考古发掘，揭露总面积3万余平方米，清理房址180余座、窖穴400余座、居室墓葬30余座，同时

● 兴隆洼文化遗址

出土了大量的陶器、玉器、骨器、蚌器及动植物遗骸。经碳测确定，该遗址距今约8200—7500年。这是内蒙古乃至中国北方迄今所知保存最完整、

年代最早的原始村落,因此命名为"兴隆洼文化"。

兴隆洼文化的典型特征是在临河的高地上选择聚落而居,最大房址居于中心。陶器以夹砂粗褐陶为主,还有器表呈灰色或黑色的细砂陶。主要器类是深腹筒形罐,并有钵、碗、杯、盅等。陶器主体纹饰为压印条纹和近圆(或椭圆)形戳点纹。代表性石器是打制的肩石锄和磨制的长方形石铲。从考古发现的生产工具、动物遗骸和植物遗迹来看,兴隆洼文化的创造者已经能人工栽培谷物。那一时期出现了原始农业。渔猎和采集是其主要谋生手段。玉器制作已达到很高水平。人们已掌握了琢磨成形、抛光、钻孔等技术。出土玉器除斧、锛等作为工具外,多数为礼仪活动中的"祭器"。有非常罕见的人面佩饰和石雕的裸体女像。在属于兴隆洼文化的辽宁省阜新查海遗址还发现了较大体量的石块堆塑龙形象。

兴隆洼文化的范围以西拉木伦河为中心,东到医巫闾山,西至洵河,南达燕山南麓,北抵乌尔吉木伦河。

兴隆洼遗址由于其发掘面积大,保存较为完整,获取了数项考古之最,被专家称"华夏第一村"或"中华始祖聚落"等。

兴隆洼文化石雕神像
(新石器)

第二章 红山文化

■赵宝沟文化

赵宝沟文化因为首先发现于赤峰市敖汉旗高家窝铺乡的赵宝沟村而得名。赵宝沟遗址距离兴隆洼很近，隔着一条西辽河的支流教来河，直线距离不过50千米。但是这两个遗址文化有明显区别。赵宝沟文化略晚于兴隆洼文化，碳测年代为距今7200—6500年前。属于农业定居文化类型。有学者以为，赵宝沟文化是在兴隆洼文化基础上发展起来的；也有学者认为赵宝沟文化生成于渤海北岸，逐步推进到西拉木伦河沿岸。赵宝沟文化先民的聚落居址也是半地穴式的成排排列。陶器以夹砂陶为主；陶器纹饰有压印的几何纹、"之"字纹、动物纹和锁印纹；器形主要以筒形罐、红顶钵、圈足钵、尊形器等为主，装饰着发达的几何形纹饰。赵宝沟文化有大型石斧、石耜出现，数量众多，特征鲜明。有出于某种信仰崇拜的鹿首、猪首和鸟首"神灵"图像，出现了以"二维空间"的艺术手法所表现的画面，如猪、鹿、鸟的追逐，以及刻画在陶器上的象征着达到神化境界的麟与龙在云端遨游的图案。

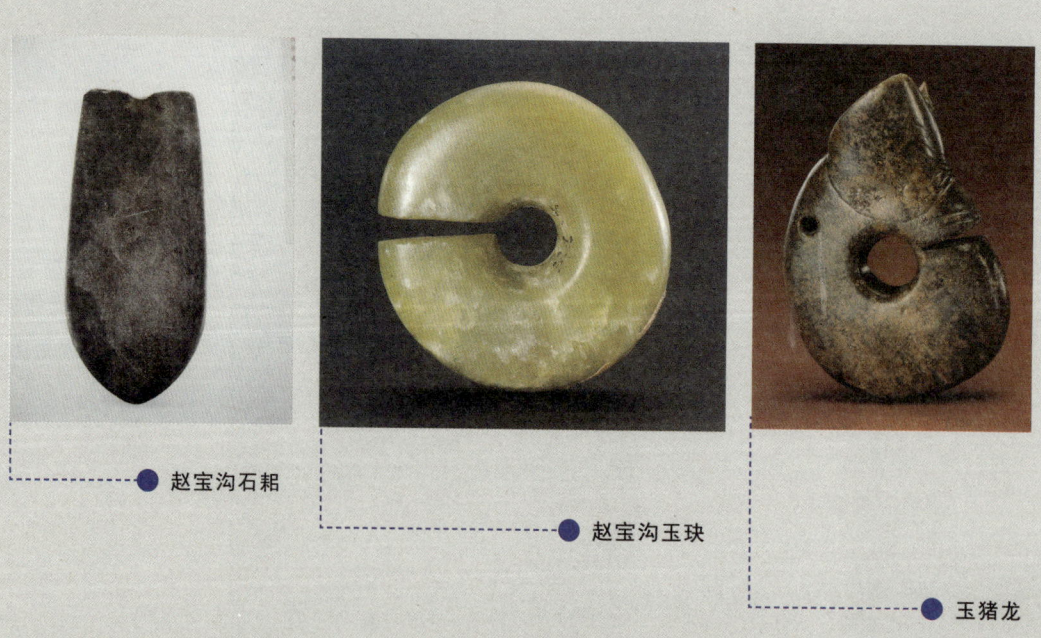

赵宝沟石耜

赵宝沟玉玦

玉猪龙

■富河文化

富河文化因富河沟门遗址而得名。富河沟门遗址位于赤峰市北部巴林左旗浩尔土乡的富河沟附近,乌尔吉木伦河沿岸,年代在距今5360年左右,与后面要讲到的红山文化同期。虽然同在西拉木伦河流域,但位于西拉木伦北岸的富河文化是一个特殊的类型,属于渔猎经济为主的文化类型。富河文化多为长方形半地穴式房址。房址内有柱洞、灶坑和篝火痕迹。大型石器多为打制,磨制石器极少,细石器很多。石器有柳叶形镞、锥、钻、圆刮器等。骨器包括镞、锥、针、鱼镖、鱼钩、卜骨,其中卜骨作为原始信仰器物,是中国境内迄今发现年代最早的图腾实物。陶器手制,都是夹砂陶,器类有筒形罐、钵和圈足器等,压印的篦点式竖排"之"字纹别具特色。遗址中有大量兽骨,处于狩猎、采集为主的社会阶段。富河文化是北方草原渔猎文化与兴隆洼农业文化融合后发展起来的具有区域特色的史前遗存。

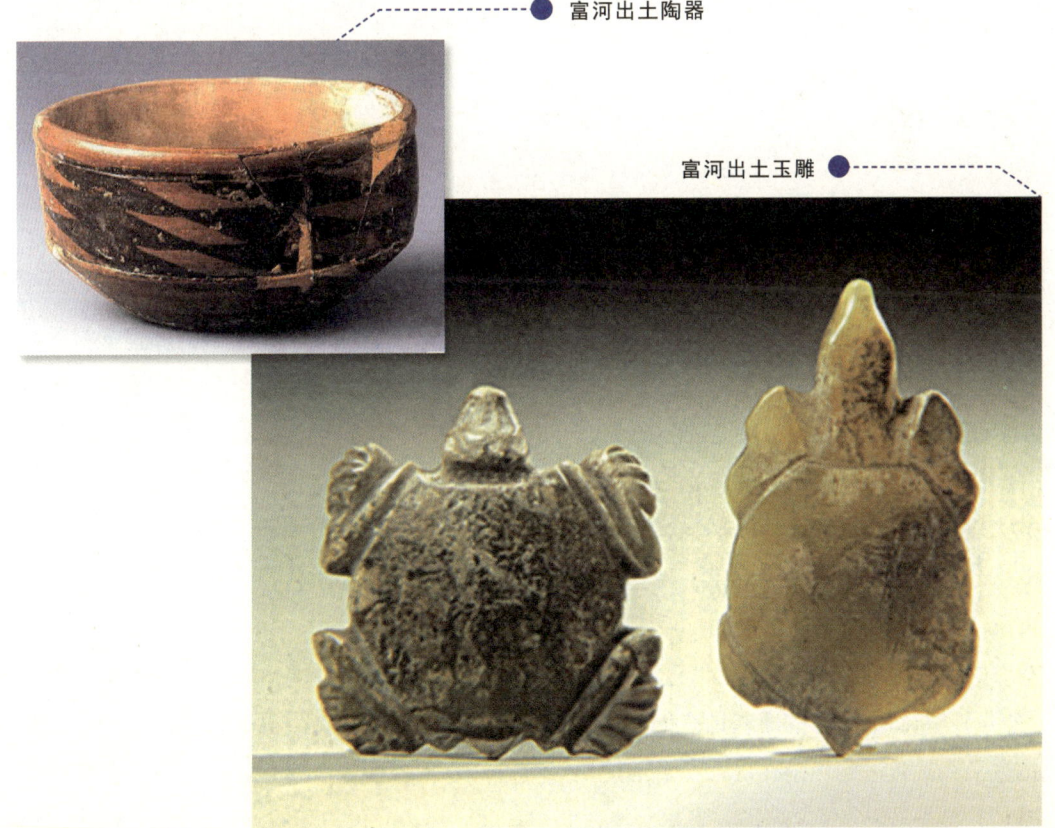

● 富河出土陶器

● 富河出土玉雕

同时期中国境内

◆ 约公元前8000—前2000年,河北徐水高林村的南庄头文化遗址,是目前中国发现最早的新石器时代文化遗址之一。
◆ 约公元前7000—约前5500年,甑皮岩遗址,新石器时代洞穴遗址,位于广西桂林独山南麓。

同时期全球视野

◆ 约公元前8000—前2000年,磨光加工的石器流行,原始农业和畜牧业出现。母系氏族公社繁荣。
◆ 约公元前8500年,贝达遗址,西亚以前陶新石器文化规程为主的遗址,位于约旦西南部。
◆ 约公元前6000—前3500年,俾路支和印度河平原的新石器时代遗址,分布于俾路支地区海拔一两千米的河谷和印度河平原的河流沿岸,为南亚次大陆最早出现的一群新石器时代文化遗存。
◆ 约公元前6100—前3000年,克诺索斯遗址,欧洲新石器时代文化遗址,位于希腊克里特岛。

历史百科

◇ 新石器时代

依据时期划分的方法,考古学上,新石器时代是这样定义的:始于距今8000年前的人类原始(母系)氏族的繁荣时期。以磨制的石斧、石锛、石凿和石铲,琢制的磨盘和打制的石锤、石片、石器为主要工具。新石器时代有3个基本特征:1. 开始制造和使用磨制石器;2. 发明了陶器;3. 出现了农业和养畜业。

在考古学上,新石器时代是石器时代的最后一个阶段,是以使用磨制石器为标志的人类物质文化发展阶段。这个时代在地质年代上已进入全新世,继旧石器时代之后,或经过中石器时代的过渡而发展起来,属于石器时代的后期。在这个时代,人类开始从事农业和畜牧,将植物的结实加以播种,并把野生动物驯服以供食用。

中国大约在距今1万年前就已进入新石器时代。由于地域辽阔,各地自然地理环境很不相同,新石器文化的面貌也有很大区别,大致分为三大经济文化区:1. 旱地农业经济文化区,包括黄河中下游、辽河和海河流域等地。2. 水田农业经济文化区,主要为长江中下游。3. 狩猎采集经济文化区,包括长城以北的东北大部、内蒙古及新疆和青藏高原等地。

延伸阅读

● 兴隆洼玉玦

兴隆洼玉器是我国迄今所知年代最早的玉器，兴隆洼文化的玉玦也是迄今所知世界内最古老的玉耳饰。

20世纪90年代初，在兴隆洼文化遗址中，陆续出土了大量玉器。这些玉器出土于居室墓葬内，最常见的就是玉玦和长方形玉坠，说明当时的先民们已经成功地把玉材从石材中分辨出来，掌握了抛光成形、钻孔等技术。2001年，考古工作者在兴隆洼遗址中，又发现了两对玉玦，经测定，其年代为距今8000年左右。

魅力草原

■ 西拉木伦河

"西拉木伦"系蒙古语"黄色河水"之意，因河水色黄混浊而得名。西拉木伦河发源于克什克腾旗西南部，干流经林西县、巴林右旗、翁牛特旗、阿鲁科尔沁旗与老哈河汇成西辽河。西拉木伦河全长397千米，流域总面积32629平方千米。

在绿色原野和秀美山川中穿行的西拉木伦河，水流激荡，两岸各色鲜花如繁星洒落；河面上水气缭绕，如烟如雾，携带着花草的馨香飘向远方。绿色的群山、广袤的牧场、阡陌纵横的农田和炊烟袅袅的村庄点缀着这片美丽富饶的土地，自然风光与人文景观融为一体，景色美不胜收。

在西拉木伦河源头，清代著名的"乌兰布统之战"古战场遗迹至今清晰可辨。1690年，清军与噶尔丹率领的蒙古军在乌兰布统山下展开激战，双方炮声震天，杀声遍野，山峦为之战栗，河水为之停滞，草木为之动容。

在克什克腾，汹涌的西拉木伦河从对峙的两山中间飞流直下，形成瀑布，水声隆隆，飞沫四溅，气势非凡。

在西拉木伦河中游，有辽代历史上著名的潢河石桥。潢河石桥是沟通当时辽上京与辽中京的交通要冲。1908年，日本学者鸟居龙藏路过该桥时曾见立有契丹文的石碑。

第二章 红山文化

第二节 红山文化

　　赤峰这座美丽的城市已经渐渐地走近我们眼前。让我们把镜头再拉近一点：在赤峰市东北角有一座圆润而峻拔的山，静静地耸立在那里，似乎在倾听着英金河水诉说历史的变迁，眺望着远近的人类一代一代地繁衍，这座山就是红山。1935年，在这座红山的后面，发现了一处新石器时代遗址，当时的考古报告称为《赤峰红山后》，后来定名为影响深远的"红山文化"。

红山是赤峰的地标

尽管红山文化发现于红山,但红山文化遗迹的范围却很广,北部越过西拉木伦河;南界西段逾燕山而达华北平原,南界东段可达渤海沿岸;东界越过医巫闾山到达下辽河西岸。而以内蒙古西拉木伦河、老哈河、辽宁省西部大凌河流域分布最为密集。

红山文化基本上是以农业为经济基础的类型。红山文化遗址中出土的农具数量较多,种类比较齐全,有翻土用的石耜、石铲和石锄等石器,也有收割用的石刀和加工谷物用的石磨盘、石磨棒。其中特别引人注目的是出现了大型的新式翻土工具——石耜。红山文化中的石耜出土极多,分布也很广,且大部分为磨制,显示出农业耕作技术的进步。

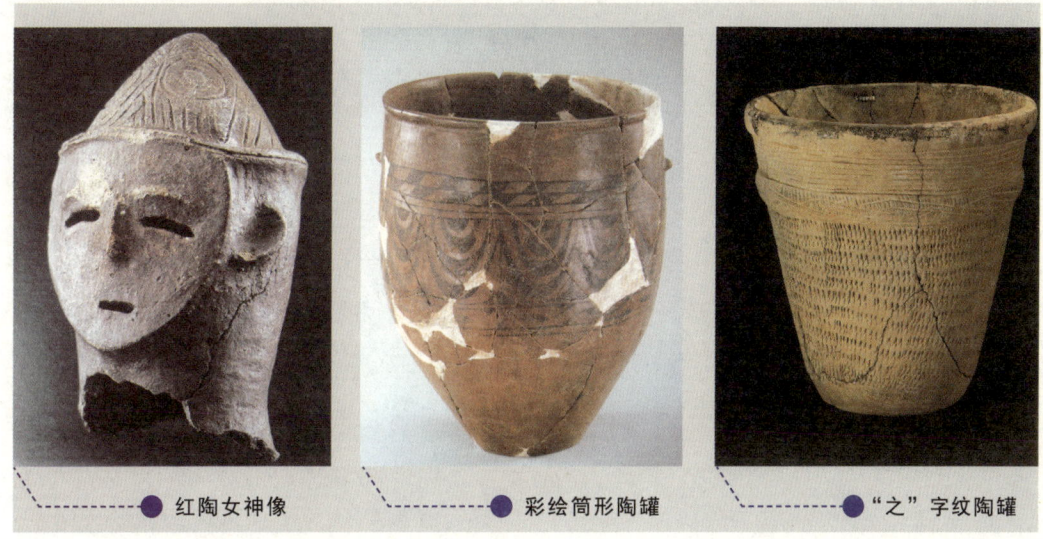

● 红陶女神像　　● 彩绘筒形陶罐　　● "之"字纹陶罐

红山文化的制陶技术得到了发展。红山文化的陶器主要有泥质红陶和夹砂灰质陶。陶质的不同,反映出烧制陶器过程中选料和配料的差别。烧制泥质陶器的陶土必须经过仔细筛选,除掉其中的大小沙粒和其他杂物;而烧制夹砂陶器则要在陶土里加入适当比例的沙粒。红山文化的陶器均为手制,制陶匠们已经能够根据器皿的不同用途而选配不同质地的陶土。陶器的器表都要施以纹饰,红山文化陶器所施的纹饰,主要有压印纹、压划纹、戳印纹、附加堆纹、镂孔、彩陶6种。其中在夹砂筒形罐的器表常见一种压印"之"字纹,这是红山文化陶器的典型纹样。红山文化的陶器按器形有筒形罐、大口深腹罐、敞口斜腹罐、斜口器等。其中筒形罐数量最多,器壁、纹样富于变化,是红山文化的典型器类。

第二章 红山文化

• 具有代表性的红山文化玉器

红山文化玉器在中国史前玉器发展进程中占有十分重要的位置。红山文化玉器的造型特征、雕琢工艺及用玉制度自成体系，具有鲜明的地域和时代风格。红山文化玉器质料多为软玉，大多通体磨光，装饰纹很少。玉器工艺考究，技法多样，常见的有切割、琢磨、圆雕、浮雕、透雕镂空、两面雕、压地隐起、钻孔、抛光等技法；造型方面除平面造型外还用方内圆或圆角方形等造型，剖面以椭圆和凸透镜为主，同时兼以舒展的线条勾勒轮廓，讲究轮廓线条的流畅和对称。红山文化玉器包括工具类、装饰品类、礼器类、艺术器类和其他特别类型。工具类玉器以实用器为主，如玉纺轮；装饰品类有环、镯、珠、管、坠饰、钩形器；礼器类主要有玉猪龙、鸟首龙、玉璧、玉璜、三孔器马蹄形筒器（玉箍）、勾云形佩、兽面牌饰等；艺术品类主要以动物造型为主，主要有玉鸟、玉龟、玉鱼、玉蝉、猪首形饰和兽形饰，另见有玉人。

• 箍形玉器 勾云形玉器 玉鸮

红山文化居住遗址为方形半地穴式，聚落周边有围沟，是一种新型的聚落形态，是在原始的巢居和穴居的基础上发展起来的，也代表着史前聚落从圆形向青铜时代初期的方形城堡演变的过渡形式。从红山文化建筑形式和发展过程中，可以看到建筑在结构形式、使用功能、艺术风格和建筑布局等方面表现出对自然环境的适应，形成了强烈的区域特征。

红山文化的大型建筑群主要以坛、庙、冢为代表。东山嘴遗址位于辽宁省喀喇沁左翼蒙古族自治县大城子镇，座落在开阔河川和大山口的梁顶，居高临下，气势非凡。遗址的中心是北部一个巨石所砌的"大型方形基址"，可视为方形祭坛，方形基址中间立置成组的长条石头，每石高0.85米，加工成顶端尖耸的锥状；方形祭坛外围四周用石块砌成石墙基。遗址南部是一个石砌的圆形祭坛，直径2.5米，周边嵌以规整的白灰岩石片，内铺一层大小相近的河卵石，整个山嘴是一个公共活动的宗教场所。

牛河梁女神庙位于辽宁省西部的建平县和凌源市交界处，其主梁北山顶有一巨大平台。女神庙位于平台南面的平缓坡地上，庙体由南北两组建筑组成，其中北组建筑规模宏大。女神庙为土木结构的半地穴式建筑，多室一体，主次分明。

东山嘴祭祀遗址

第二章 红山文化

红山文化积石冢（墓上积石）有较多分布，有辽宁省凌源、建平交界的牛河梁遗址、辽宁省凌源市城子山遗址、辽宁省阜新县胡头沟遗址、内蒙古敖汉旗四家子遗址等，其中最具规模的是牛河梁积石冢群，以女神庙建筑为中心，分布范围达1.2平方千米。牛河梁遗址的转山子巨型建筑遗址是规模最大的单体建筑遗址。整个建筑的范围大约近万平方米，仅夯土就达数十万立方米，并且还有从远处搬运来的巨石。这项工程完成在距今5000年前，不能不让我们感叹先民们的伟大！

红山文化在1935年被发现的最初，曾经因为其在长城以北发现这么丰富的彩陶和细石器共存的新石器时代文化，而引起了学术界的重视。1954年由考古学家尹达先生命名为"红山文化"，此后，人们一度普遍认为红山文化是受到中原仰韶文化影响的。直到20世纪80年代，随着对红山文化玉器的深入研究，随着红山文化坛、庙、冢的发现，证明了红山文化所处的燕山南北、长城地带同样是中华文明的重要起源地之一；红山文化是与仰韶文化并行于世的两种不同文化形态。考古学家苏秉琦先生阐释道："中国古文化有两个重要区系，一个是源于渭河流域的仰韶文化，一个是源于大凌河流域的红山文化，它们都有自己的根，自己的标志，两者出现或形成的时间约距今7000—6000年前，都是从自己的祖先衍生或裂变出来的。仰韶文化的一种标志是玫瑰花，而红山文化的一种标志是龙。"

人物故事

◇ 苏秉琦

苏秉琦，生于1909年10月4日，河北高阳人，1997年6月30日逝世于北京。中国考古学家。1934年毕业于北平师范大学历史系，历任北平研究院史学研究所副研究员、中国科学院考古研究所研究员、北京大学教授、考古教研室主任。1979年后先后当选为中国考古学会副理事长和理事长。1983年任命为文化部国家文物委员会委员。在北京大学历史系考古专业主持工作的30年中，苏秉琦为办好这个专业、培育考古人才，充实全国各地的考古队伍作出了突出的贡献。

重建中国史前史、重建中国古史框架、构建中国国史框架模式，是苏秉琦在20世纪90年代通过开展中国文明起源研究而逐渐展开的学术研究方向，使他的学术思想形成了一个完整的体系。苏秉琦先生对中国新石器时代文化的区域分布的格局、系统等问题提出了创见，中国文明起源"满天星斗说"至今仍是开展中国文明起源研究最重要的指导思想。他曾指出，在史前时代，内蒙古地区的氏族社会发展，在当时居于领先地位，距今8000年的赤峰兴隆洼文化，已到了由氏族向国家进化的转折点，其文明的起步期超过了1万年。

主要学术论著集为《苏秉琦考古学论述选集》、《苏秉琦文集》。

◇ **尹达**

尹达，河南滑县人。原名刘燿，字照林，又名虚谷，生于1906年，中国历史学家、考古学家。毕业于河南大学国学系。抗日战争前，在中央研究院历史语言研究所工作，曾多次参加安阳殷墟发掘。1938年初赴延安，投身革命，同年加入中国共产党，任马列学院历史研究室研究员，参与范文澜主编的《中国通史》的编写。1948年任华北大学教务处处长，1953年任北京大学副教务长。1958年任中国科学院历史研究所副所长，后任考古研究所所长、《历史研究》主编。著有《中国原始社会》、《新石器时代》等。

同时期中国境内

- 约公元前5850—前5400年，大地湾遗址，新石器时代文化遗址，位于甘肃秦安邵店村东。
- 距今约7000—5000年前，仰韶文化时期，是我国新石器时代彩陶最丰盛繁华的时期。
- 约公元前5500—约前4900年，裴李岗文化，属新石器时代文化，首次发现于河南新郑裴李岗。
- 约公元前5000—前4000年，浙江嘉兴马家浜文化时期，主要分布在江苏常州以东以南，浙江太湖地区。
- 约公元前4800—前4300年，陕西西安半坡文化时期，属仰韶文化类型。

同时期全球视野

- 约公元前6000—前5000年，哲通文化，中亚新石器时代早期文化，分布于土库曼斯坦境内。
- 约公元前5400—约前3700年，印纹陶文化，欧洲新石器时代早期文化，因其陶器饰有以指甲和贝壳压印的困篦齿纹组成的简单图案而得名，主要分布于东欧和西欧南部沿海地带。
- 公元前4300年后，两河流域苏美尔人从游牧转入定居。种植麦类、黍和椰枣等作物，也饲养牛、羊和驴。
- 公元前4000年，古埃及人用尼罗河灌水放淤灌溉。
- 公元前3760年，古代犹太人日历的首年。
- 公元前3500—前3100年，古代两河流域乌鲁克时期，创造了楔形文字。古代埃及国家（诺姆）形成，出现象形文字。

历史百科

◇ 陶器

陶器是指以黏土为胎，经过手捏、轮制、模塑等方法加工成型后，在800℃~1000℃高温下焙烧而成的物品。质地比瓷器粗糙，通常呈黄褐色。

陶器可区分为细陶和粗陶，白色或有色，无釉或有釉。品种有灰陶、红陶、白陶、彩陶和黑陶等。陶器的表现内容多种多样，动物、楼阁以及日常生活用器无不涉及。陶器的发明是人类文明的重要进程。从河北省阳原县泥河湾地区发现的旧石器时代晚期的陶片来看，在中国陶器的产生距今已有11700多年的悠久历史。

延伸阅读

● 红山文化的发现与研究

距今五六千年间，一个在燕山以北、大凌河与西辽河上游流域活动的部落创造了自己的地域文化，因最早发现于内蒙古自治区赤峰市郊的红山后遗址而得名。红山，意为红色的山峰。

红山文化属农业文化，红山文化的先民是以农业经济为主的定居部落，兼有畜牧和渔猎的经济生活。

20世纪30年代以前，对于红山文化内涵与特征的认识尚不清楚，田野工作仅限于小规模的地表调查。根据调查资料，中国考古学家梁思永先生认识到西辽河流域南北之间的文化差异，并已注意到长城地带作为南北文化接触地带研究的重要性，成为较长时期西辽河流域新石器时代考古及红山文化研究的指导性意见。

到了20世纪30年代，日本东亚考古学家对赤峰红山后遗址进行了发掘，获得一批重要的红山文化实物资料，在报告《赤峰红山后》中，提出了赤峰第一期文化、赤峰第二期文化的命名。

1943年，中国考古学家裴文中著文，认为红山文化是长城南北接触产生的混合文化。

建国初期，红山文化的研究一直停滞不前，没有什么突破。20世纪50年代，人们对红山文化研究的重要性有了新的认识，国内外诸多史前考古学家也形成了共识，由此确立了该文化在中国新石器时代考古学研究中的重要地位。

红山文化研究步入正轨，主要标志性工作有两项：一是1954年正式提出"红山文化"的命名。中国考古学家尹达著文论述红山后遗址，认为是长城南北接触产生的一种新文化，提出定名为红山文化。内蒙古自治区文物队调查西喇木伦河北岸新石器时代遗址，以及赤峰红山后遗址。二是1956年北京大学考古专业师生对红山前的三个地点和红山后的一个地点进行了调查和试掘，获得一批重要的实物标本，对《赤峰红山后》报告中的错误结论予以更正，提高了对于红山遗址群及红山文化研究的总体认识。

20世纪60年代后，围绕红山文化这一重要课题，十年间对于赤峰蜘蛛山、西水泉、敖汉旗白斯朗营子四棱山、三道湾、翁牛特旗三星他拉等遗址的调查和主动性发掘，极大地丰富了红山文化的内涵。到了80年代，红山文化发现与研究取得重大突破。

辽宁省喀喇沁左翼蒙古族自治县东山嘴遗址的发现，第一次明确了红山文化祭坛的形制。而牛河梁遗址的发现，是20世纪80年代中国最重大的考古发现之一。在各个地点积石冢石棺墓内出土一批具有明确地层关系的红山文化玉器，辉煌的红山文化玉雕群最终得以确认，同时还发现女神庙、祭坛、大型祭祀平台等相关遗迹。

20世纪90年代，随着田野考古资料的日渐丰富，西辽河上游地区新石器时代考古学年代序列和谱系关系得以建立，红山文化综合研究水平整体显著提高。巴林左旗二道梁、克什克腾旗南台子、林西县白音长汗等遗址均发掘出红山文化房址或墓葬，出土一批具有明显地域特色的红山文化实物资料。红山文化玉器成为学术界研究的热点课题。

● 仰韶文化

仰韶文化的名称来源于其第一个发掘地——河南省渑池仰韶村。

仰韶文化是黄河中游地区重要的新石期时代文化。主要分布在整个黄河中游从今天的甘肃省到河南省之间，持续时间大约在公元前5000年至3000年。今天在中国已发现上千处仰韶文化的遗址，其中以陕西省为最多，是仰韶文化的中心。

仰韶文化是黄河流域影响最大的一种原始文化，它纵横两千里，绵延数千年，在世界范围内来说，也是首屈一指的。汉族的前身"华夏族"最早就发迹于黄河流域，而仰韶文化遗址中诸多考古发现，如陶器制造、纺织做衣、绘画雕塑、文字、历法、宫室营建，等等，同文献记载中炎帝黄帝时代的创造发明相吻合。已发掘出近百处文化遗址，出土文物均反映出较同一的文化特征。生产工具以较发达的磨制石器为主。骨器也相当精致。有较发达的农业，作物为粟和黍。饲养家畜主要是猪，并有狗。也从事狩猎、捕鱼和采集。红陶器上常有彩绘的几何形图案或动物形花纹，是仰韶文化的最明显特征，所以也称为彩陶文化。

第二章 红山文化

● **良渚文化**

良渚位于杭州城北18公里处余杭区良渚镇。发现于1936年，是新石器时代晚期人类聚居的地方。

良渚文化是我国长江下游太湖流域一支重要的古文明，距今约5250—4150年。

1936年被发现后，经半个多世纪的考古调查和发掘，现今已初步查明遗址分布于太湖地区。在余杭市良渚、安溪、瓶窑三个镇地域内，分布着以莫角山遗址为核心的50余处良渚文化遗址，有村落、墓地、祭坛等各种遗存，内涵丰富，范围广阔，遗址密集。

良渚文化中物质文化十分发达，以鼎、豆、盘、双鼻壶、带流壶、带流杯、尊、簋为典型器，用于祭礼的玉器更为发达，墓葬规格、聚落布局体现出严格的等级差别。

良渚文化中文字和城址已露端倪，从社会形态特征来说，良渚文化第三期已进入原始文明社会。良渚文化刺激了中原地区原始文明的极大发展，并产生剧变，最终形成了中国繁荣的早期文明。夏商文明礼仪制度中的琮、钺和神人兽面纹有来自良渚文化的因素。

良渚陶器以黑陶为特色，制作精美，有的甚至涂漆。玉器非常发达，其中玉琮个体大，高达18～23厘米，上面雕刻圆目兽面纹，工艺精湛，是中国古代玉器中的珍品，被誉为"玉琮王"。形状为内圆外方，与古代的天地相通思想相吻合。

良渚文化的钱山漾一地出土有绢片、丝带和丝线，是中国远古时代最重要的家蚕丝织物。此外，还发现了许多祭坛遗址，祭坛上一般都有大墓，可能是人们祭祀先祖、天神的地方。

魅力草原

■ 三星他拉玉龙

三星他拉玉龙于1971年内蒙古翁牛特旗三星他拉（现名为赛沁塔拉）村红山文化遗址中采集所得。现藏于中国国家博物馆。国家一级文物。

玉龙通高26厘米，墨绿色，体卷曲，平面形状如一"C"字，龙体横截面为椭圆形，直径2.3厘米～2.9厘米。龙首较短小，吻前伸，略上噘，嘴紧闭，鼻端截平，端面近椭圆形，以对称的两个圆洞作为鼻孔。龙眼突起呈梭形，前面圆而起棱，眼尾细长上翘。颈背有一长鬣，弯曲上卷，长21厘米，占龙体1/3以上，与内曲的躯体相合，造成一种飞腾的效果。鬣扁薄，并磨出不显著的浅凹槽，边缘打磨锐利。龙身大部光素无纹，只在额及鄂底刻以细密的方格网状纹，网格突起作规整的小菱形。值得注意的是，玉龙形象带有浓重的幻想色彩，已经显示出成熟龙形的诸多因素。龙体正中有一个小穿孔，以穿绳悬挂，若穿绳悬起，龙的首尾正好呈向下的水平状态，可见孔的位置经过了精密选择。恰如一条即将出水的巨龙，正翻腾而起，气势雄浑。

三星他拉玉龙的发现，不仅使龙究竟何时何地首先出现的问题得到了初步解决，并昭明：内蒙古草原很可能是中华龙文化的起源之地。结合辽宁阜新查海遗址出土的大型石塑龙（属兴隆洼文化），人们对中华龙文化的源头，也有了更加清晰的判断。

三星他拉玉龙

第三章　中部先民

　　受红山文化直接影响产生的小河沿文化，仅仅分布在赤峰地区，是新石器晚期的一种文化类型。西辽河流域（西拉木伦河流域）绚丽多彩的新石器文化让我们流连忘返，也让我们备感骄傲。但我们不得不把搜索的目光转到内蒙古自治区中部，阴山南麓、黄河弯曲的地方，今内蒙古乌兰察布中西部、呼和浩特南部。虽然这一地区的纬度低于西辽河流域，但其正处于中国北方季风区的尾间，是东南季风、西南季风和西风环流交互影响的地区，气候变化异常，生态环境似乎也比不上西辽河流域，因此这一地区新石器时代文化呈现了另一样色彩。

第一节 岱海石虎山文化

　　距今约6000余年前,从太行山东侧的"后冈一期文化"人群经河北省张家口地区向西移动,来到了今乌兰察布市凉城县的岱海地区。后冈一期文化是以鼎和双耳鼓腹罐等器形为代表。"后冈一期文化"人群来到岱海地区生存,保留了其单一的文化内涵。

　　石虎山后冈一期文化遗存位于岱海南岸凉城县天成乡双古城村,其早期的村落很小,只有二十几户人家,人口约百人上下。房址的布局虽然不够规整,但略能看出成排的次序。大型房址较大,室内面积有20平方米~37平方米,分布于遗址的前后两排;中型房址室内面积在9平方米~16平方米,分布于遗址的中间;小型房址很小,有的只有2.5平方米~5平方米,分布于大型房址的附近。这种小型房址室内没有灶或烧土痕迹,应是储存物品的"仓房"。其晚期的第一地点环壕聚落,面积比早期大4倍,显示了人口数量的激增。这个时期出土有数量较多的长方形石铲、石刀、蚌刀和石斧等生产工具,表明原始农业生产已有了发展。晚期遗址中出土的大量动物骨骼中,有较多的大型动物,如野牛、马鹿、狍等,也有鱼、蚌和鸟类,说明渔猎经济仍占有相当大的比重。其中猪、狗骨骼的发现,说明当时已有了家畜饲养业。

● 石虎山遗址

● 王墓山出土陶器

大约过去了几百年，有一批起源于华山脚下的"半坡—庙底沟"类型文化的人群也来到岱海地区。这部分人群以重唇口小口尖底瓶和变形鱼纹盆为代表。在岱海南岸大面积发掘的王墓山坡下遗址，代表了这一文化类型的社会发展水平，所以叫仰韶文化的"王墓山类型"。

该类型的聚落遗迹布局，与中原地区同期文化聚落布局不同。王墓山坡下遗址位于山脚，靠近坡上中间有一座大型房址（87平方米），房前有一片开阔的广场，广场下部按等高线分布有一排排小型房址。大型房址居高临下，显然是氏族部落首领居住或议事的地方。在多数小型房址中，出土了成组生活器皿和生产工具，显示每座房子既是一个生活单位，也是一个生产单位，说明原始氏族制度的平等原则开始被破坏了。

同时期中国境内

◆ 约公元前4000年，河南濮阳仰韶文化蚌图时期，属于新石器时代中期文化遗址。

◆ 约公元前4000年，湖北宜昌杨家湾文化遗址，发掘出土的陶器上的符号是迄今为中国发现最早的象形文字。

◆ 约公元前3074—前2959年，传说中的太昊伏羲氏时期，约116年。

◆ 约公元前2700年，长江流域出现用木桨的船。

◆ 约公元前2860—前2690年，山东日照东海峪遗址，属于大汶口文化和山东龙山文化类型。遗址分下中上3层，依次从大汶口文化向龙山文化过渡。

◆ 约公元前2958—前2578年，传说中的炎帝神农氏时期，约381年。

◆ 约公元前4300—前2500年，山东泰安大汶口文化时期，新石器时代文化。主要分布于山东泰山周围地区。

◆ 约公元前3300—前2200年，浙江杭州余杭良渚文化时期，主要分布于太湖地区。

同时期全球视野

◆ 公元前3500—前3000年,古代两河流域居民开始使用轮式运输工具。古代埃及人已在农业中使用犁、耙等工具。

◆ 公元前3000年,两河流域苏美尔地区出现奴隶制城市国家。

历史百科

◇ 原始农业

在原始的自然条件下,采用简陋的石器、棍棒等生产工具,从事简单农事活动的农业,我们称之为原始农业。

原始农业属世界农业发展的最初阶段,是由采集、狩猎逐步过渡而来的一种近似自然状态的农业,其耕作形式是刀耕火种,使用石器工具从事简单活动的农业。其特征是使用简陋的石制工具,实行以简单协作为主的集体劳动。

大约在距今12000年前,中国的新石器时代早期阶段出现了原始农业的雏形,进入原始农业的重大技术突破是驯化野生植物和动物,标志是稻谷和陶器的出现。

延伸阅读

● 龙山文化

龙山文化因首次发现于山东历城龙山镇(今属章丘市)而得名。泛指中国黄河中、下游地区约当新石器时代晚期的一类文化遗存,属铜石并用时代文化。

距今约4350到3950年。主要分布于黄河中下游的山东、河南、山西、陕西等省。大汶口文化出现的快轮制陶技术在这一时期得到普遍采用,磨光黑陶数量更多,质量更精,烧出了其胚薄如蛋壳的器物,表面光亮如漆,是中国制陶史上的鼎峰时期。

魅力草原

■ 岱海风情

岱海位于内蒙古中部凉城县境内，处于一个狭长的陷落盆地之中，南依马头山，北靠蛮汉山。水面东西长约25千米，南北宽约20千米，湖岸线长度为61.56千米，面积160平方千米，属典型的内陆微咸湖泊，是内蒙古的四大水产基地之一。

岱海，先秦时称"天池"，汉朝时称"盐泽"，北魏时称"参合陂"，辽宋时称"奄遏下水"，金元时称"下水"，明朝复称"奄遏下水"，俗称"威宁海"，清初更名为"岱哈泊"，清末始称"岱海"。古时岱海四周皆为水草丰美的游牧之地，每到春、夏、秋季，岸边鲜花碧草，牛羊遍地；水中锦鳞畅游，水鸟嬉戏，风景如画。

秀美的山水往往是人类文明的发祥之地。岱海周边不仅钟灵毓秀，山水宜人，而且还有源远流长的历史文化。在这里发现的30多处新石器时期文化遗址中，老虎山和园子沟遗址引起了国内考古专家的极大重视，中国著名考古学家苏秉琦先生在评价其文化内涵时说："现在的历史教科书上的半坡文化是土房矮屋，而凉城的老虎山、园子沟文化是高楼大厦，它们是中华民族五千年文明史的曙光。……凉城是个红太阳升起的地方。"而王墓山人类聚落遗址距今已有6000多年的历史。

在20世纪70年代末，考古工作者在蛮汉山区的毛庆沟发掘了春秋战国时期的80座北狄游牧民族的墓葬，在饮牛沟发掘出15座匈奴游牧民族和华夏族的墓葬，在崞县窑发掘出25座楼烦游牧民族的墓葬。这些墓葬中的文物，不仅显现了北方游牧民族经济生活的特点，也反映出当地制陶业和冶金业都达到了相当高的水平。

此外，岱海周边重要的历史文化遗址还有元代蒙古贵族秘葬之墓、左卫窑村汉代古城、元代宣宁县古城、汇祥寺遗迹、北魏参合陂大战遗址、辽代奄遏下水大战遗址、明代长城遗址等。岱海周边物华天宝，人杰地灵，历来是各朝名人雅士的光顾之所。元代著名的政治家耶律楚材于1218年应成吉思汗之召，前往漠北途经岱海时，留下了千古绝句："一鞭羸马渡天山，偶到云川暂解鞍。"在他日后所著的《西游录》中，也对岱海地区的风土民情、气候物产多有记载。

第二节 海生不浪文化群

岱海岸边形成了仰韶文化的"王墓山类型",他们由先期进入的"后冈一期文化"人群和后期进入的"半坡—庙底沟"人群经过融合而后形成的。在此基础上,距今4700年前,又有两种文化类型的人群进入:一种是来自太行山东侧的"大司空文化",

托克托县海生不浪遗址

另一种就是来自西辽河流域的"红山文化"。这两种新来的文化类型在与仰韶文化"王墓山类型"人群的角逐、融合,形成了一种新的文化类型。这一文化类型以20世纪60年代发现的内蒙古托克托县海生不浪遗址最为典型,统称为"海生不浪文化"。

海生不浪文化的代表性器物为:仰韶文化的尖底瓶系、大司空文化的小口双耳罐系、红山文化的筒形罐系(也包括龙鳞纹彩陶)。这是继岱海王墓山类型的第一次人群组合后,内蒙古中南部新石器时代的第二次人群组合。

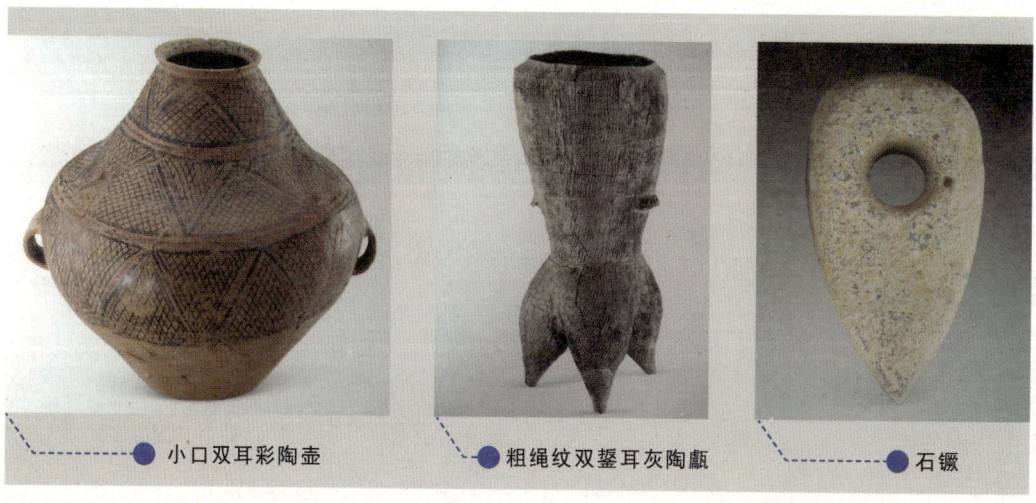
小口双耳彩陶壶　　粗绳纹双鋬耳灰陶甗　　石镢

海生不浪文化包括包头地区的阿善遗址、西园遗址，鄂尔多斯东部及黄河两岸，呼和浩特清水河县白泥窑子遗址，乌兰察布市察右前旗庙子沟遗址，以及凉城县老虎山、园子沟等岱海地区多处遗址。它们分别代表了内蒙古中南部地区新石器时代各时期的文化。这些遗址出土了大量墓葬、房屋、窖穴、陶器、石器、骨器等。墓葬有单人葬、多人葬，还有一些成年男女与小孩合葬的。这些资料表明当时的社会已进入父系氏族社会，对研究史前家庭性质和家庭形态发展变化的规律无疑是宝贵的资料。在岱海地区多处遗址中，发现了石围墙、双间式窑洞房址。

骨针、骨针筒　　庙子沟出土的陶器　　海生不浪彩陶　　包头西园遗址出土的双耳罐

同时期中国境内

◆ 约公元前2500—前2000年，山东龙山文化时期，分布在山东中部、东部及江苏淮北地区。上承大汶口文化，下续岳石文化。

同时期全球视野

◆ 公元前3000—前2300年，爱琴海地区克里特文明出现。
◆ 公元前26世纪，古埃及著名的狮身人面像落成。

历史百科

◇ 父系氏族社会

距今大约5500到4000年前,母系氏族社会为父系氏族社会所取代,我国远古人类进入了父系氏族社会。父系氏族社会是一种新的社会文化体系,也是人类历史发生的最深刻的变革之一。这种变革是同当时生产力的发展相适应的。由于农业和手工业的进一步发展,男子在生产中的地位和作用越来越大,从母系氏族社会发展到父系氏族社会,社会中心发生了偏移,这是社会生产力发展的必然要求。

后期仰韶文化、黄河下游的大汶口文化、山东的龙山文化、长江中游的大溪文化和下游的良渚文化等均属于父系氏族社会文化的代表。

延伸阅读

● 阿善遗址

阿善遗址位于包头市东郊阿善沟门村东圪膝盖沟两侧的台地上,是黄河流域最北端的一处新石器时期原始聚居遗址。北依大青山,南临黄河,圪膝盖沟终年泉流不绝。

"阿善"是蒙古语甘泉的意思。阿善遗址是于1979年发现的,1980年和1981年,包头市文物管理所与内蒙古社会科学院历史研究所共同对遗址进行了两次考古发掘。在1070平方米范围内共发现新石器时期的房址24座、窖穴240个,出土了各类文化遗物1600余件。还发现了围绕原始村落砌筑的石砌围墙2200米。1983年又发现了大型祭坛一处。其中部分实物保存于包头市博物馆内。阿善遗址的发现,是包头市考古工作的重大成果。

● 阿善遗址

阿善遗址从地面往下分5层,一层夹杂有地表房子墙基的石块和各类文物遗物;二层分为两个层,多处留有地面房子的居住面和火塘遗迹;三层以灰色篮纹陶片为多,陶胎多呈褐色;四层有泥质灰褐和泥质橙黄陶居多,并有少量彩陶;五层为生土。按其层次序列,由早到晚,将第五层的文化遗存称阿善第一期文化,将第四层的文化遗存称阿善第二期文化,将第三、二层的文化遗存称阿善第三期文化,分早、晚两段。

● **大口遗址**

　　大口遗址位于内蒙古自治区准格尔旗沙圪堵镇东南，地处内蒙古、山西、陕西交界处附近的黄河北岸，面积约3万平方米。是中国北方新石器时代晚期至青铜时代早期的遗址。大口遗址1973年由内蒙古历史研究所发掘，下层遗存被称为大口一期，年代相当于龙山文化时期；上层为大口二期，已进入早期青铜时代。该遗址对研究内蒙古西南部地区新石器时代晚期至青铜时代早期文化的序列、内涵及其与中原地区文化的关系，提供了重要线索。

● **白泥窑子遗址**

　　白泥窑子遗址位于清水河县喇嘛湾镇东北1.5千米处的白泥窑村北，发现于1958年，以后内蒙古历史研究所考古组进行过复查。1981至1984年三年间，内蒙古社会科学院历史所考古研究室进行了数次发掘，总计发掘面积一千多平方米，发掘出居住地的房址，窖穴，屋外灶址数十处和防护沟一条；作为古代先民生产工具和生活用具的陶器，石器和各种文物标本上千件。具有代表性的出土文物有斜刀石、打制石镰、磨光石镰、盘状器、刮削器、尖状器、球状器、、石刀、砺石、石纺轮、石磺、石环、宽带纹彩大碗、尖底瓶、红瓷大罐、带流红瓷小碗、蓝纹碗、蓝纹壶、灰褐色素面陶钵、褐色陶碗、褐色棱形陶壶等。

● **西园遗址**

　　西园遗址位于包头市九原区沙尔沁乡西园村北，面积1.5万平方米，现已发掘300多平方米。自1983年发现后，至今共发现新石器时代房屋遗址22处，窖穴62个。这些房址中房柱孔十分清楚并排列整齐，一些炉灶烧过的灰迹清晰可辨。其中最大的房址长8米、宽3.9米，柱孔有17个。从这些房址和窖中发掘出大量石刀、石斧、骨针、骨锥、陶环、陶片等遗物。另外，还发现墓葬13座，已挖掘4座。挖掘的墓中尸骨均完好，随葬品有青铜扣、青铜环、骨矢、绿宝石等物件。奇特的是每座墓中都随葬有鹿头，少的有7～8个，多的有40多个。其中一座墓葬死者身上佩带有骨制项链和铜质装饰品，随葬的15个鹿头井然有序地安放在死者左侧的二层台上。

　　从地层叠压情况看，西园遗址至少包含两个不同类型的原始文化和一种早期青铜文化，距今大约有5500年左右。西园遗址的发掘，为确立内蒙古西部地区的文化序列和研究这一地区原始社会晚期历史提供了重要的实物资料。

第三章 中部先民

魅力草原

■ 老牛湾

　　老牛湾位于内蒙古呼和浩特清水河境内，正好处在黄河"几"字弯的第一个拐弯处，两岸高山对峙，河道狭窄，河道布满暗礁险滩，是"走西口"的最后一道关卡——山西偏关的西北角。传说太上老君骑牛过河，牛看见明灯山上的灯而受惊，转身犁出个老牛湾。

　　晋陕蒙大峡谷以老牛湾为开端，我国黄土高原沧桑的地貌特征在这里彰显。同时这里也有大河奔流的壮丽景观。这里是长城与黄河握手的地方，是中国最美的十大峡谷之一。整个老牛湾旅游区由三湾一谷组成，分别是包子塔湾、老牛湾、四座塔湾和杨家川小峡谷。

　　水位不高的时候，在老牛湾的悬崖峭壁上能看到一道人工凿出来的石头栈道。这是历史上当地的"搬船汉"人工开凿的入水栈道。明朝时期，周边货物还主要靠水运，老牛湾成为货物集散地，商人们到宁夏、内蒙古采购货物，经老牛湾运送出去。在很长的历史时期当中，如果外地人要过河，必须请老牛湾的拉船人拉船，历史上老牛湾的男人世世代代以做纤夫拉船为生。

第三节 老虎山石城

大约在距今4000年前，早已掌握了石砌围墙技术的红山文化居民向西迁移，与仰韶文化末期的小口尖底瓶人群融合，创造了新的人类文明。这一文明内蒙古凉城县老虎山遗址面积最大、石围墙保存较好且具代表性，因此得名"老虎山文化"。这一文化的标志是石城聚落群和三空袋足器的出现。在内蒙古中南部，目前共发现3处老虎山文化的古城聚落群：岱海石城聚落群、包头大青山南麓石城聚落群、准格尔旗与清水河县之间的黄河两岸石城聚落群。这类遗址均选择在山前向阳避风处，依山势用石头筑起不规则形围墙。一般在缓坡部位筑墙，有的在险要处筑两道墙，以增强防御作用；有的在山坡陡峭处墙外加石垛，以防倒塌。

● 老虎山石城遗址

老虎山文化最富特征的陶器有斝和斝式鬲、素面夹砂陶、高领罐、直壁缸和敛口瓮，且演变序列清楚。考古学者认为，斝、鬲类器物是仰韶文化特征器小口尖底瓶的嫡亲后裔，殷墟甲骨文中的"酉"字极像小口尖底瓶，有的"丙"字像尖底腹斝，有的像鬲，从而把文明社会的殷商和仰韶文化末期加以联系。鬲文化成为中华文明的象征之一。

同时期中国境内

- 约公元前2541年,相传黄帝二十六年。轩辕法定农桑。
- 约公元前2577—前2477年,黄帝轩辕氏时期,约101年,与蚩尤战于涿鹿之野,杀蚩尤。史官沮诵、仓颉造文字。
- 约公元前2476年,相传黄帝元年,初制冠冕。
- 约公元前2476—前2392年,少昊金天氏时期,约84年。相传为黄帝之子,修太昊之法得名少昊。
- 公元前2231—前2131年,(唐)尧帝时期,在位约101年,命羲和观测天象,制定历法;命鲧治灌水,九年功不成。

同时期全球视野

- 公元前2686—前2181年,埃及古王国时期,国家统一完成,君主专制确立,大规模兴建金字塔。
- 公元前2371—前2154年,两河流域阿卡德王国时期。国王萨尔贡统一两河流域南部,向君主专制过渡。

历史百科

◇ 斝

老虎山遗址出土陶斝

斝(音"假")是中国古代用于温酒的小型器具,用于行裸礼,或兼作温酒器。源于同形陶器。《诗经·大雅·行苇》曰:"或献或酢,洗爵奠斝"。

斝初见于夏代晚期,盛行于商,斝的侈口较同类的爵要宽。

延伸阅读

● 鼎鬲文化

鼎分布于海岱地区、长江中下游，以及中原地区的东部和南部；鬲则分布于整个华北西北部、中原地区的北部和西部。在新石器时代，东亚大陆广大地域曾普遍使用过两种三足炊器，即实足的鼎和空足的鬲。因而曾有学者把中国古文化称为"鼎鬲文化"。

从宏观上看，鼎与鬲两者的交错区域正好位于洛阳至郑州一带，这也正是东亚大陆面向内陆和面向海洋两大文化系统的交汇地。从时间上看，先盛行用鼎，后亦用鬲，鼎鬲共存，暗寓着面向内陆的鬲文化和面向海洋的鼎文化的碰撞与融合。高度兴盛的王朝文明是这种碰撞和融合的产物。我国著名考古学家苏秉琦教授把黄河中游以汾、渭、伊、洛流域为中心的中原地区，称作"在中华民族形成过程中起到最重要的凝聚作用的一个熔炉"。

● 彩绘陶鬲

● 夏家店彩陶鬲

● 夏家店下层文化彩绘鼓腹鬲

● 青铜炉鼎

● 鸟纹鼎

第四章 青铜时代

如果与漫长的旧石器时代相比，新石器时代仿佛只是"弹指一挥间"的事，从距今8000年到距今4000年前，只有4000余年，新石器时代就要由下一个时代——青铜时代接续了。

内蒙古地区在新石器时代曾出现过3个文化系统：其一是东南部地区的兴隆洼红山文化系统，以筒形罐为主要特征，以旱作农业为主要经济基础。其二是中南部地区，受中原仰韶文化影响，发展出的海生不浪—老虎山文化系统，同样以旱作农业为经济基础，多种器形并存，属于"移民"文化系统。其三是从东北部、北部到西部的弧形地带，以细石器为基本特征，人口密度很小，以狩猎为经济基础。

新石器时代晚期之后，人类进入了青铜时代。中原进入青铜时代的是夏商时期，内蒙古地区怎么样呢？

第四章 青铜时代

第一节　夏家店下层文化

　　夏家店下层文化，因1960年发现于赤峰市北郊夏家店遗址而得名。夏家店遗址也在红山后，与红山文化遗址紧挨着。夏家店下层文化属于中国北方青铜时代的早期文化，其分布范围包括西拉木伦河以南、老哈河以及大、小凌河流域。年代距今4000—3500年。相当于中原的夏至早商时期，夏家店下层文化遗迹以石城最富特征。所谓石城是一种有用大石块垒砌围墙等防御设施的居住房址。石城依山势营建，有方形、圆形和三角形等，成群分布，规模大小不一，显示了等级分明的社会结构。居住房址多位于沿河两岸的高地，同样是层层成排分布；建筑形式有半地穴式和地面式两种。大型房址均选择在城中地势开阔、位置较高的地方，反映出居住者的显要地位，出现了阶级分化。陶器多为青灰色，多为手制，以泥条盘筑为主，部分陶瓷使用轮制。陶器的烧制火候较高，

●夏家店下层文化遗址

胎质很硬，造型整齐。代表性器物是鬲，其中筒式鬲最具代表性，此外还有盂、盆、钵、罐、鼎、盘等。陶器纹主要为绳纹和绳纹加划纹两种。陶器的整个器物画面分割和布置，陶器纹饰在主辅纹配合等方面，都显示出夏家店下层文化与商周青铜图案有密切联系。夏家店下层文化人群以定居的农业生活为主，生产工具最多见的是磨制的扁平石铲、柳叶形石刀和打制的石锄，饲养的家畜有牛、羊、猪、狗等；出土遗物中有石斧、石钺、圆锥形或三棱形骨镞等武器，说明也进行狩猎。墓葬都发现在居落近旁。随葬品有陶器，女性以纺轮随葬，男性则随葬斧、钺、箭等。

夏家店下层文化石城图

彩绘陶鬲

同时期中国境内

◆ 公元前2141年，传说夏部落首领大禹治水成功，即天子位而君临天下，国号曰"夏后氏"。
◆ 约公元前2100—前1700年，河南偃师二里头文化遗址，属于夏文化。
◆ 约公元前1600—前1300年，三星堆遗址，1986年在四川广汉三星堆发掘，是以蜀国都城为中心的大型遗址。

同时期全球视野

◆ 约公元前2000年，古代埃及出现图书馆。埃及人已制作木乃伊。
◆ 约公元前20世纪初，克里特岛出现欧洲最早的奴隶制国家。
◆ 公元前1900—前1600年，古希腊出现线形文字，青铜器广泛使用。
◆ 约公元前2017—前1595年，古代两河流域古巴比伦王国所处时代。
◆ 约公元前13世纪，古巴比伦出现农人历书，内容包括灌溉、耕耘和收获，为已知最早的农人历书。

第四章 青铜时代

历史百科

◇ 细石器

所谓细石器，是在旧石器打制方法中出现的。细石器的出现，有两个重大意义，一是石器制造技术的精细化，二是出现了弓箭，人类狩猎能力的飞跃。中石器时代作为新、旧石器时代的过渡，在国外史学界已经得到普遍认可。

细石器文化是以细小打制石器为特征的文化，距今10000—7000年。北方草原、黄土高原多处发现该时代文化遗址。

中国峙峪文化、许家窑文化均具细石器文化的原始面貌。细石器文化繁盛于旧石器时代晚期，如我国最早的细石器文化发现于河南灵井、陕西大荔沙苑等地。细石器文化可一直延续到新石器时代，甚至可以延续到铜石并用时代。细石器文化传统可能与当时人类以狩猎为主的生活方式有关。

延伸阅读

● 青铜礼器

青铜礼器是夏，商，周三代用来举行祭祀，宴飨等重大仪式的器物，具有标志使用者的身份，等级和权力的特殊意义，是礼制的具体体现，故称为"礼器"。礼器是青铜器中数量最多，最复杂，最豪华者，是考古学研究的重点。

夏朝时，青铜礼器还未出现，礼器多为陶制，如陶爵、陶鬹等。及至青铜礼器在早商出现后，夏家店下层文化也发现了青铜制造的礼器。青铜礼器是伴随着古代中国的礼制而诞生的。在此之前，犹如礼制由初创到成熟，青铜器的制作也经历了由简单到复杂的过程，青铜礼器的出现表明青铜器的制作已日趋成熟。

公元前2000年前后，夏家店下层文化的先民就已掌握了冶铜技术。现已发现的大型铜器有司、鼎两种，虽然为数不多，但从器物的局部造型和纹饰看，与本文化的陶器有渊源关系。从这种早期青铜的原始制作方法中，又可看到后来大型铜器的雏形。这些青铜礼器的出现时间，相当于黄河流域的商代早期青铜文明阶段。在用途上，是祭祀山川、祭祀庙堂先祖的礼器，故以瘗礼的形式被埋藏，并非出于墓中。

魅力草原

■ 老哈河

　　老哈河是西辽河的重要支流，源于河北省平泉县西北部光头山北麓的柳西川。从宁城县甸子乡入赤峰市境内，流经宁城、喀喇沁、元宝山、松山区、敖汉、翁牛特6个旗县区，在翁牛特旗大兴乡以东与西拉木伦河汇合后，成为西辽河。

　　在翁牛特草原上，老哈河像一条银色的丝带，蜿蜒恬静地流淌。当它行至白音套海苏木南端时，一座石山挡住了去路，河水顿时汹涌澎湃，水流将石山劈开一条宽50米、深30米、长达700米的通道，河水凌空而下形成瀑布，浪花如玉，气势磅礴，响声似雷，故得名"响水"。1743年，乾隆皇帝出巡塞外时曾来此一游。他见"响水"四周峰峦叠嶂，山色苍翠，一条雪白的瀑布挂于山崖，水雾中不时隐现虹桥，飞珠滚玉，故赐名为"玉瀑"，并乘兴赋诗《响水玉瀑》，后用满汉文字镌刻于"响水"北岸的石崖上，字迹至今清晰可辨。

　　以老哈河、西拉木伦河流域为主要载体的红山文化在中华文明起源中的地位已越来越被人们所认同。20世纪70年代以后，随着考古学的深入研究和考古新发现，证明了中华文明起源多元一体格局的客观存在。红山文化的文化内涵有力地证明了老哈河、西拉木伦河流域及燕山南北是中华文明的重要发祥地之一。

第二节 朱开沟文化

内蒙古中南部的青铜文化代表是朱开沟文化。1974年考古工作者在鄂尔多斯市伊金霍洛旗朱开沟村发现遗址，1977—1984年断续进行了4次发掘。发掘面积2700平方米，发掘出不同时期的房址83座，窖穴207个，墓葬329座，瓮棺葬19座。出土可复原陶器约510件，石器207件，骨器420余件，铜器50余件。另外还采集到大量可供鉴定种属的动物骨骼。这些文化遗存分别叠加在七层文化堆积封土层中。

● 朱开沟遗址地貌

朱开沟文化遗址中有石斧、石刀、石环、陶刀、陶纺轮、尖底瓶、夹砂罐等。房居为半地穴式的石屋和窖穴。陶器以灰陶为主，还有一定数量的灰褐陶和黑陶。陶器器物组合有鬲、三足瓮、三足杯、大口樽、高领罐等，其中三袋足器非常发达，约占出土陶器的半数以上，而花边鬲、蛇纹鬲和三足瓮等，是具有地方特征的器物。青铜器在朱开沟遗址较早时期的地层中就有出土，有耳环、臂钏、指环、针、锥等物。在早商时期的墓葬中，出土了包括兵器、生产工具和生活用具等青铜器，如戈、短剑、刀、镞、鍪、圆牌饰和鼎、爵等。其中鼎、爵和戈与商代中原地区的相似，青铜短剑和铜刀则有较明显差异。

朱开沟遗址出土的丰富文化遗存，证明这里早期的社会经济形态主要是以发达的农业为主，兼有家畜养殖业、手工制造业和酿酒业等，到晚期还出现了青铜铸造技艺。在保持本土文化传统的同时，兼容吸收来自周邻地带尤其是中原地区的文化因素。其与中原华夏民族一样由原始社会走向文明社会。综合考察研究，大约距今4000年之际，中国北方地区的气候已由温湿向干冷转化，农业生产严重萎缩。

从朱开沟遗址获取的有确切层位的植物孢粉进行考古鉴定表明,当时朱开沟文化的生态环境已由原来的森林草原向草原环境演变,导致单纯的农业生产向半农半牧转化。考古人员发现,朱开沟早期墓葬中动物陪葬品的比例,猪、羊、牛的数量比由最初的1∶0.45∶0.36,到相当于中原夏朝后期时已变成了1∶1.15∶1.15,羊与牛数量明显增大,显然是畜牧业得到发展的结果。考古证实以农牧结合的朱开沟文化向东南延伸,开始了由传统农业向半农半牧及畜牧业转化的一场革命,从此开始有了中原华夏诸族与北方民族的分野,这些从事半农半牧经济活动的人群,应该就是殷墟卜辞中出现的鬼方等北方民族。朱开沟文化遗址为研究历史上农牧业演变以及从事畜牧业经济人群的形成等问题提供了重要线索。

环首青铜短剑
环首青铜刀

同时期中国境内

◆ 公元前2000年左右,中国的《夏小正》问世,相传是夏代的农家历,时人还发明了节气和干支纪日法。

◆ 公元前1900—前1500年,河南偃师二里头商代早期宫殿遗址,是中国已知最早的宫殿遗址。

◆ 公元前1066年,周武王伐商,灭商军主力于牧野,纣自焚而死,商亡。周建都于镐(今陕西西安西)。西周开始。

同时期全球视野

◆ 约公元前1900—前1450年,希腊克里特岛米诺斯文明属于青铜时代中晚期文化,是欧洲最早的古代文明。

第四章 青铜时代

历史百科

◇ 青铜器

　　青铜器是由青铜或红铜和锡的合金制成的各种器具，诞生于人类文明的青铜时代。中国已知最早的青铜器，是发现于甘肃省东乡县林家的小铜刀和永登县蒋家坪的残断小铜刀，制造时间在公元前3000年至前2300年之间。

　　青铜器流行于新石器时代晚期至秦汉时代，其中以商周器物最为精美。最初出现的是小型工具或饰物。夏代始有青铜容器和兵器。到了商中期，青铜器品种已很丰富，并出现了铭文和精细的花纹。商晚期至西周早期，是青铜器发展的鼎盛时期，器型多种多样，浑厚凝重。随后，青铜器胎体开始变薄，纹饰逐渐简化。到了春秋晚期，由于铁器的推广使用，铜制工具越来越少。秦汉时期，随着瓷器和漆器进入日常生活，铜制容器品种减少，装饰简单，多为素面，胎体也更为轻薄。

　　中国古代铜器是华夏祖先对人类物质文明的巨大贡献，虽然从目前的考古资料来看，我国铜器的出现，晚于世界上其他一些地方，但是就铜器的使用规模、铸造工艺、造型艺术及品种而言，世界上还没有一个地方的铜器可以与中国古代铜器相比拟。

延伸阅读

● 夏朝

　　夏朝（约公元前21—约前16世纪），是中国史书记载的第一个王朝。一般认为，夏朝是一个部落联盟形式的国家。据史书记载，自尧、舜至夏、商、周三代皆封建时代，帝王与诸侯分而治之。相当于夏朝时期的文物（公元前1600年以前的文物）中有一定数量的青铜和玉制的礼器，其文化及文明程度高于新石器晚期文化。

　　由于迄今为止在考古学上还没有找到公认的文字依据，夏朝存在的真实存在性没有得到正式确认。但许多中国历史学家认为，河南偃师二里头遗址便是夏朝遗存。

● 二里头遗址

　　二里头遗址位于河南偃师二里头村。1959年夏，中国科学院考古研究所在传说中夏人活动的中心地区豫西开始了对"夏墟"的考古调查。偃师二里头被纳入学者的视线。这是首次明确以探索夏文化为学术目标所进行的田野考古工作。

1960年，考古学家在二里头遗址上层发现了一处规模宏大的宫殿基址，这是迄今为止发现的最早的宫殿建筑基址。此后，又陆续发现了大型青铜冶铸作坊、制陶、制骨遗址、宗教祭祀遗址以及400余座墓葬，出土了成组的青铜礼器和玉器，证明了它是一处早于郑州商城的具有都城规模的遗址，二里头遗址和二里头文化成为公认的探索夏文化和夏商王朝分界的关键性遗址。

　　二里头遗址共分四期，一二期属石器、陶作坊、村落文化；三四期属青铜和宫殿文化。由于它所处的年代正是中国历史上的夏商时期，所以从发现至今，围绕它的争论一直没有停止，其中最大的悬念是：它是夏都还是商都西亳。"夏商周断代工程"结束后，二里头文化的主体为夏人遗存的观点逐渐为大多数学者所接受，学术界也都倾向于认为二里头是夏王朝中晚期的都城所在。

　　二里头遗址是迄今可确认的中国最早的王朝都城遗址，发现有迄今所知中国最早的大型宫殿建筑群、最早的宫城、最早的青铜礼器群及铸铜作坊，还发现了最早的车辙痕迹……

第三节　夏家店上层文化

　　夏家店上层文化属于中国北方青铜时代的晚期文化，是一种多文化层次结构的北方系青铜文化，同样因发现于赤峰市郊的夏家店遗址而得名，早期在下层，晚期在上层。主要分布于内蒙古赤峰、通辽二市，辽宁省朝阳市及河北省承德等地。年代在距今3000—2300年前，相当于中原西周春秋至战国时期。

　　夏家店上层文化的铜器群表现出多元结构的特点：一是起源于辽东的曲刃剑系；二是起源于西部以柄身联铸的柳叶形为代表的青铜器；三是柄身联铸的銎柄直刃剑系。青铜器种类繁多，常见工具和武器有刀、锥、斧、凿、镞、矛、短剑等，炊器与容器有鼎、鬲、豆、罐、匙、壶、觚等。夏家店上层文化青铜器也表现出了多元化的特点，既有自身特点的仿陶器青铜器，又有典型的周式青铜器，还吸收了鄂尔多斯式的动物纹饰。铸铜技术广泛应用，多次发现石质铸模。在赤峰市林西县大井村还发现一处包括露天开采、选矿、冶炼、铸造等全套工序、规模庞大的夏家店上层文化的古铜矿遗址。因为青铜文化较为发达，夏家店上层文化的陶器已趋向落后，均为夹砂

第四章 青铜时代

● 青铜马具

陶,陶质粗疏,都为手制陶器,以泥条盘筑成肩、腹、空足等各部分,再捏合成器。烧制火候较低,呈暗红色或褐色,器形种类也较单一。

夏家店上层文化居址有地面上的,也有半地穴式的,表明夏家店上层文化人群还过着定居生活。生产工具以石器为主,特征显著的是锤、斧和磨制的穿凿半月形石刀;骨器工具有锥、针、梭、刀等,证明畜牧业已经得到充分发展。牧畜有牛、羊、猪、狗和马。出现了驯马工具,标志着骑马术的开始。骑马术的出现,是夏家店上层文化人群从畜牧经济向半游牧、游牧经济转化的界标。这一转化过程,大约相当于中原西周晚期。骑马术无疑是当时战争中最先进的技术,北方民族开始强大起来,并由此进入中原华夏诸族的视野。依分布地域和存在年代看,一般认为夏家店上层文化的创造者是文献记载的山戎与东胡。

● 玉虎

● 羊首青铜刀

● 青铜戈

同时期中国境内

◆ 约公元前1400—约前1100年，殷墟，商代后期都城遗址，位于河南安阳西北郊洹河两岸。
◆ 公元前1710—前1066年，中国古代商朝时期，由汤至纣，历17世31帝。
◆ 公元前1001年，周康王二十六年，召公卒。康王卒，子昭王继位。成康时期，天下安宁，史称"成康之治"。
◆ 公元前1021年，《周易》成书。

同时期全球视野

◆ 公元前11—前9世纪，古希腊荷马时代。
◆ 约公元前10—前3世纪，中美洲前古典期印第安奥尔梅克文化。分布于墨西哥。

延伸阅读

● 商朝

关于商朝的信息大多来自于周朝，汉朝司马迁的《史记》，以及商朝金文和甲骨文的记载。其中，甲骨文和金文的记载是目前已经发现的中国最早的成系统的文字符号。

商朝（约公元前17—前11世纪）。因都城在殷，又称殷商。是中国历史上继夏朝之后的一个王朝。鸣条之战后，夏朝的诸侯国商部落首领商汤率诸侯国灭夏建立了商朝。

商朝经历17代31王，末代君王商纣王于牧野之战被周武王击败而亡。据"夏商周断代工程"的研究结果认为商朝取代夏朝的时间约公元前1556年，至公元前1046年被周武王所灭，共510年。

第四章 青铜时代

第四节　游牧缘起

夏家店下层文化人群仍以定居农业经济为主,少量兼营畜牧业和狩猎经济;朱开沟文化人群早期也主要以定居农业为主,后来发展为半农半牧,并向以畜牧业为主的混合经济发展;夏家店上层文化人群则以畜牧业为生,向游牧转化,第一次出现了马的信息。

中国北方青铜文化的开始本来是与中原同步的,但是后来由于气候向干冷期转变,其中尤以中西部地区的变化最为明显,人们不得不缩小农业比重而逐渐向畜牧业转化。因为气候继续干冷,后来一些族民不得不向南迁移,给中原农业区造成巨大压力。而另外一些居民则向游牧经济转化,其活动领域除向东部延伸外,还向北扩展到漠北高原和外贝加尔湖一带,所以这一大片地区陶器和青铜器的风格十分相近。由于这些从半农半牧状态中分离出来的游牧民族大批进入欧亚大草原,当地原有居民也可能由狩猎转变为游牧经济。

也就是说,游牧经济的发生有两个源头,一个是农业,一个是狩猎。游牧经济形态到底是从农业分离出去的呢?还是从狩猎发展而来?这是一个有趣的人类学话题。复原回原始状态的历史过程十分复杂,需要我们用专门的知识进去解构。

虎咬马纹鎏金青铜饰牌

金饰兽首青铜刀

同时期中国境内

- 公元前771年,周幽王十一年,犬戎攻破镐京,周幽王被杀,西周亡。
- 公元前770年,周平王元年,周平王东迁都雒邑,东周始于此。
- 公元前8—前5世纪,黄河、长江流域出现锄、耜、镈等铁制农具。
- 公元前476年,春秋时期结束。

同时期全球视野

- 约公元前20—前18世纪,阿拉伯半岛东北部的一些游牧部落跨越幼发拉底河进入迦南定居,称"希伯来人"。
- 公元前8世纪,希腊人口开始膨胀;希腊人向南意大利和西西里殖民,形成城邦。希腊世界在政治上形成了一批各式各样的城邦。
- 公元前1800—前600年,恒河文化昌盛的印度吠陀时期。
- 公元前1000—前600年,印度后吠陀时期。雅利安人侵入恒河流域,雅利安国家形成,婆罗门教流传。
- 公元前565年,印度佛陀时期约始于此时。

历史百科

◇ 畜牧业

畜牧业是利用畜禽等已经被人类驯化的动物,通过人工饲养、繁殖,使其将牧草和饲料等植物能转变为动物能的生产加工领域。是人类与自然界进行物质交换的极重要环节。

第四章 青铜时代

延伸阅读

● 草原游牧文明

草原游牧文化是中华文化的重要组成部分,正是由于农耕文化、渔猎文化和游牧文化的相互交融,才使得中华文明得以延续至今。

游牧文化的一个显著特征就是游动,北方的草原地区和西北的高原地区在历史上是一个极易于游牧民族活动的地区,中国北方草原游牧民族比中亚的一些民族在文化上有着悠久的交流和历史,这样的交流对于丰富游牧文化和游牧生活起到了非常重要的作用,在文字、生活用品、生活方式方面都对北方草原游牧民族有比较重要的影响。

中国北方草原游牧文明大约经历了以下几个阶段:1. 新石器时期。这一时期是草原文

明的形成时期，春秋战国时期草原游牧民族开始介入中原的政治与社会生活，游牧文明逐渐走向成熟；2. 发展时期。西汉到魏晋南北朝是草原游牧文明的发展时期，东胡、匈奴、鲜卑等相继兴起，创造了灿烂的游牧文化，并在北方地区建立了国家。3. 隋唐时期。这一时期柔然、突厥等民族的兴起不但对中国有较大的影响，对中亚、西亚也有重要的影响。此后，契丹、女真、蒙古等相继兴起，不但把草原游牧文化的发展推向高潮，还在中国历史上留下了重要的一笔。4. 明清时期。这一时期北方游牧民族的活动区域大致固定下来，文化更走向成熟。

第五章　匈奴建国

　　游牧文化作为一种特殊的文化形态，在中国北方草原上源远流长。就在产生"红山文化"的西拉木伦河流域，出现了夏家店下层、夏家店上层文化，继而就是文献中说到的山戎、东胡。而同一时期，中原则在仰韶文化的基础上，出现了较为发达的农耕文明，即史述中的夏、商、周邦国文明，并且向四周渗透、扩散。

　　燕山之北、辽河流域兴起的是东胡；阴山南北、黄河套中之地崛起的是匈奴。时当周文明肇始，文明辐射的能力强劲，因此，在以关中平原为中心的周文明视野里，匈奴更近，更容易引起重视。所谓"东胡"，就是"胡的东面""胡"，就是匈奴。

　　所以我们先述匈奴（胡）。

第一节 匈奴崛起

公元前21世纪—公元前3世纪，内蒙古地区分布过一些游牧民族，她们与中原华夏族建立的政权发生过密切的关系。商周至春秋战国时期，甲骨文中有"土方"、"鬼方"的记载，春秋史书中则记载有"荤鬻"、"猃狁"、"戎"、"狄"等族称。这些称谓有的是泛指当时中国北方地区的游牧民族，有的则是特指其中的某一部分。公元前16—公元前11世纪，以今天河南、河北、山东、山西等省为直接辖区的商王朝，与北方民族如土方、鬼方等发生过多次战争。约公元前11—公元前8世纪，以今陕西地区为统治中心的西周王朝同北方的猃狁、犬戎等族密切交往。公元前770—公元前221年，汉文献记载的北方民族有了具体称谓。活动在今内蒙古自治区境内的北方各族主要有林胡、楼烦、东胡和匈奴。

战国时期，北方民族林胡和楼烦活跃在内蒙古高原上，至战国晚期，由于靠近北方的中原诸侯不断向北蚕食，致使林胡和楼烦的活动地域也随之向北移动。公元前361—公元前332年时，林胡和楼烦在战国燕的西北，活动地区包括今土默特平原和乌兰察布南部丘陵地带。公元前325—公元前298年，战国赵强盛起来，向北击破林胡、楼烦，迫使两族从土默特平原向西边的鄂

● 云中古城遗址

尔多斯高原迁徙。公元前297年，战国赵降服楼烦王，之后又破降林胡。当匈奴强大起来之后，林胡和楼烦遗民又归属于匈奴，至此，内蒙古高原上只有两个游牧民族集团，靠西边的是匈奴，靠东边的是东胡。

匈奴是从哪里来的呢？一般认为匈奴出自商周间的鬼方、混夷、獯鬻，宗周时的猃狁，春秋时的戎、狄，战国时的胡。也就是在匈奴名称出现之前活动在大漠南北的各族，经过长期分合散聚，由狄集团中的一支吸收了诸戎、狄成分而强大起来，形成了以匈奴为称号的游牧集团。战国时在汉文献中称为"匈奴"。至公元前3世纪初，匈奴民族分布于今内蒙古中西部地区，其东邻内蒙古东部的东胡，西毗河西走廊一带的月氏，南与战国燕、赵、秦诸国相望。在今鄂尔多斯高原、巴彦淖尔市和土默特平原长期驻牧，繁衍生息。

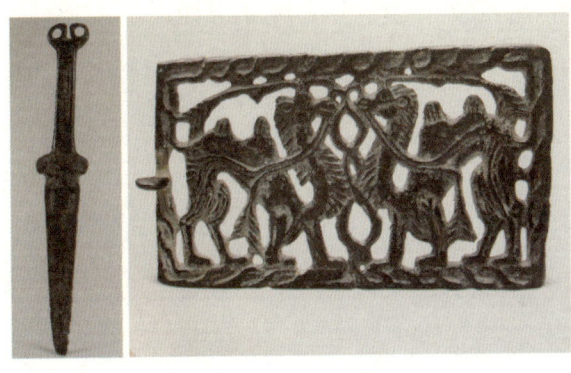
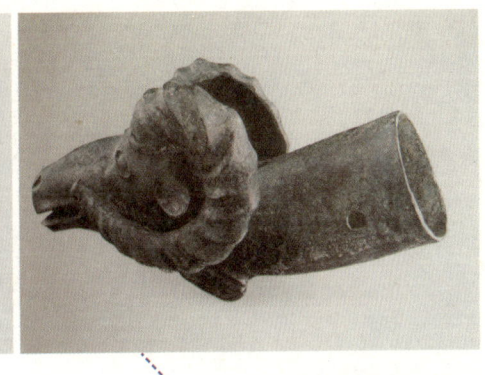

● 双鸟首青铜短剑
昂首双驼纹青铜饰牌
盘角羊头形青铜饰件

公元前221年，中国历史上发生了一件影响深远的事件：在咸阳，出现了中国历史上第一个皇帝——秦始皇，建立了中国历史上第一个多民族统一的专制主义中央集权封建君主制帝国。春秋战国时期的割据局面结束了。只有在中国北方，仍然有一个强大的游牧政治实体没有被统一到秦帝国的版图，建立这个游牧政治实体的民族就是匈奴。

第五章 匈奴建国

同时期中国境内

◆ 公元前841年，周共和元年，周国人暴动，周厉王奔彘（今山西霍州）。《史记》说周、召二公共行政事，号曰"共和"，中国历史确切纪年始于此。

◆ 公元前486年，中国开凿邗沟大运河的最早一段。邗沟自扬州经射阳河到淮安，沟通了长江与淮河。

◆ 公元前475年，周元王元年，战国时期开始。

◆ 公元前360年，战国时期，魏国开始开凿鸿沟。渠成，沟通黄河与淮河水系，用于航运，兼及灌溉。

◆ 公元前340—前278年，战国时期楚国诗人屈原开创楚辞，写《离骚》，后投汨罗江殉志。宋玉为继屈原之后的楚辞代表作家，作有《九辩》等。

◆ 公元前307年，赵武灵王实行"胡服骑射"。

◆ 约公元前256年，战国秦李冰筑都江堰。

同时期全球视野

◆ 约公元前8世纪后半期，荷马著有《荷马史诗》，是西方史学记录的源头。

◆ 公元前776年，古希腊第一次奥林匹克运动会在奥林匹亚召开，希腊历史纪年始于本年。

◆ 公元前8—前7世纪，意大利半岛古罗马建立起一些城市，使用青铜农具。公元前7世纪已普遍使用铁制农具。

◆ 约公元前620年，随着《摩西五经》的传播，《旧约全书》中正经开始形成。

◆ 公元前531年，释迦牟尼悟道成佛。

◆ 约公元前460—前401年，历史学家修昔底德在世，著有《伯罗奔尼撒战争史》。被称为"史学之父"。

◆ 约公元前275年，世界七大奇迹之一的罗得岛巨人像完工，是希腊太阳神赫利俄斯的青铜铸像。

◆ 公元前323—前187年，古印度摩揭陀王国孔雀王朝时期。

◆ 公元前333—前166年，亚历山大大帝征服犹太地区，犹太人归古希腊统治。

◆ 约公元前400—公元1440年，中美洲印第安人蒙特阿尔万遗址，是印第安文化古典时期的重要遗址。

历史百科

◇ 林胡

"胡"是北语"人"的意思。战国时代,北方游牧民族统称"胡",其中主要为"林胡"和"楼烦"。林胡,又称林人、儋林,是林中胡人的简称,多生活于森林中。

◇ 楼烦

楼烦是北狄的一支,约在春秋之际建国,其疆域大致在今山西省西北部的保德、岢岚、宁武一带。

人物故事

◇ 赵武灵王胡服骑射

赵武灵王是战国时赵国的国君,他为了抵御北方胡人的侵略,实行了"胡服骑射"的改革。改革的主要内容是穿胡人的服装,学习胡人骑马射箭的作战方法。其服上褶下绔,有貂、蝉为饰的武冠,金钩为饰的具带,足上穿靴,便于骑射。

赵武灵王力排众议,带头穿胡服,习骑马,练射箭,亲自训练士兵,使赵国军事力量日益强大,而能西退胡人,北灭中山国,成为"战国七雄"之一。

赵武灵王"胡服骑射"是我国古代史上的一次大变革,被历代史学家传为佳话。特别是赵武灵王以敢为天下先的进取精神,在中原王朝把少数民族看作"异类"的政治背景下,力排众议,坚决实行向少数民族学习的国策,表现了作为古代社会改革家的魄力和胆识。赵武灵王不愧是一位值得后人纪念和效法的杰出历史人物。

延伸阅读

● 匈奴文化

匈奴是中国古代北方的重要游牧民族，诞生在今内蒙古自治区大青山一带，是我国第一个建立起奴隶制国家的边疆民族。它不仅是北方边疆各民族的先民，而且也是汉族先民的成员之一。匈奴的历史，是中国民族历史中极其重要的一部分。

公元前3世纪末，匈奴征服近邻各族，统一蒙古高原，游牧的国家政权机构逐步形成。单于总揽国家一切军政大权，单于以下，有左、右贤王，左、右谷蠡王，左、右大将，左、右大都尉，左、右大当户等，主管军政。匈奴国家实行"左、中、右"三部制，单于庭辖中部。匈奴人尚左，左贤王地位权力高于右贤王，左、右贤王为地方最高长官，辖有世袭领地，辖地内有左、右谷蠡王至左、右骨都侯等二十四万户长。二十四万户长之下各设千户长、百户长、什长、裨小王、相封、都尉、当户、且渠等官，层层相节制。平时率众放牧生产，骑马训练，管理民政，战时则统军出征。亦兵亦牧，兵民一体，军政合一。

匈奴人以畜牧业为主，畜有羊、牛、马、骡、驴和骆驼等。马最受重视，为战斗、运输、贸易和日常生活所必需；狩猎为生活资源的辅助，会驯服部分动物，懂得农耕；畜产归私人所有，各部落牧地为各部落牧民所共有。匈奴人住毡帐，食肉、饮乳及马乳酒，衣皮革。会建造军用的壁垒、城堡，有车、船，能筑路架桥。冶铜业发达，能铸刀、剑、斧、镞和马具，冶铁、制陶也有一定的规模。

匈奴民族由许多部落构成，各部落包含若干氏族，单于皆出最尊贵的挛鞮氏。或父死子继，或兄终弟及。实行族外婚，同一氏族的男女不准互相通婚，在本氏族之外才能寻找自己的配偶。匈奴人朝拜日，夕拜月，月满进军，月缺退兵。祭祖先、天地、鬼神，以正月、五月、九月戊日祭天神。崇拜偶像，如"休屠王祭天金人"、"金人"就是偶像。匈奴信"巫"，巫除代行鬼神意志外，也能治病救人。

匈奴人的语言，一般认为属于阿尔泰语系。没有自己的文字，留下来的语汇不多，都是两汉时人根据当时汉语读音用汉字将它的音译下来的。目前能够释义的仅有十多个。如"匈奴"一语不是匈奴人的自称，而其自称为"胡"。匈奴人称妻、妾为阏氏，称母亲为母阏氏。有自己的音乐，广泛流行的乐器为胡笳和鞞鼓，胡笳后来传入中原，为汉族人所喜爱。还盛行走马、斗骆驼、摔跤等娱乐活动。艺术题材上，动物形或动物画最为普遍，大量的考古发现证明，反映游牧生活、狩猎生活的毡毯、铜饰牌、金叶、银片、骨器、玉石雕等刻绘精美的图案。鄂尔多斯式青铜器是匈奴文化的典型代表，表现出了独特的游牧民族文化因素，又体现出与中原地区相互交融的特征。

匈奴横跨大漠，与中亚及欧洲的联系，为东西方文化交流做出了重要贡献。匈奴时期将中国北方游牧文明带入了第一个繁盛时期，对中华民族文明的发展产生了深远的影响。

魅力草原

■ 秦长城

秦始皇三十二年（公元前215年）遣大将蒙恬北逐匈奴，又西起临洮（今甘肃岷县）、东至辽东筑长城万余里，以防匈奴南进，史称"秦长城"。秦长城由宁夏延伸入内蒙古之后，从狼山而东，经由包头市固阳县北部进入武川县，经大青山东部，延伸至河北。秦长城是我们中华民族的瑰宝，也是世界建筑上的奇迹，更是我们中华民族辉煌的历史、灿烂文化的象征。如今虽经历史的风雨剥蚀成了断垣残基，但仍以苍苍莽莽的气势，威武雄浑的壮阔，浓缩成了一种厚实的文化积淀，永远留在华夏文明的史册里。

第二节 朔漠风暴

当秦始皇建立秦帝国时，匈奴单于国与强秦隔战国秦长城相望抗衡。公元前215年，秦帝国派出了以蒙恬为统帅的30万远征军北击匈奴，匈奴战败，北退700余里，丢弃了水草丰美且军事地位十分重要的河南地（今内蒙古鄂尔多斯地区）。随后，在强秦的进逼下，匈奴先后失去了高阙（今内蒙古巴彦淖尔市临河区西北石兰计山口）、阳山（今内蒙古巴彦淖尔市西北狼山）和北假（乌加河与阴山夹山带河地带）等战略要地，游牧于阴山及其以北地区。

第五章 匈奴建国

这时，匈奴大单于（首领）是头曼。匈奴南面受逼于强秦，而东邻是强大的东胡；西邻月氏（活动在河西走廊一带的游牧民族），也很兴盛。头曼单于处于三面受敌的境地，十分困窘。但是很快（公元前210年）秦始皇死，中原局势大乱，蒙恬大将军被秦二世所逼自杀，阴山以南的大片土地又被匈奴占领，南面的受困局势得到了一定的缓解。

与此同时，匈奴内部也出现了很大的变故。头曼有一个儿子叫冒顿，最初由头曼确定其为单于继承人，但是后来头曼又改变了主意，他宠爱着一位阏氏（单于妻或妾），就想让那位受宠的阏氏之子成为单于位的继承人。在那位受宠阏氏的鼓唆下，头曼做了一个决定，他把冒顿送到月氏国去做人质，然后突然发兵袭击月氏，企图以自己的背约之举激怒月氏王，让其怒而杀掉冒顿。冒顿既勇敢又机智，在月氏国王没有下手之前，他抢先盗骑出月氏的良马乘夜色逃出月氏，回到匈奴部落。头曼看到冒顿回来，毫发未损，也很惊异，就让冒顿做了一个万骑长。冒顿显然已经看清了父亲和受宠阏氏的用心，就暗中积聚力量，严格训练自己的嫡系骑兵，最终聚合了一支绝对忠于自己的队伍。公元前209年的某一天，头曼单于率众狩猎，冒顿王子用鸣镝射向头曼，左右也应声而射，头曼单于中数箭身亡。冒顿回到单于庭，捕杀了企图加害于己的头曼之阏氏、诸异母兄弟，以及其他不服从的贵族，自立为匈奴大单于。

冒顿自立为单于之后，分别向左右邻部遣使告知。东邻东胡王派使者到匈奴，向冒顿单于索要千里马。冒顿升帐，与属下商量。臣僚们都觉得东胡王的要求过分了，可是冒顿单于却决然地说道："给！"东胡王得千里马，以为冒顿畏惧自己，又派来使臣向冒顿要一位阏氏。冒顿又向自己的臣僚们征求意见，部属觉得东胡王这一回更无理，坚决要求拒绝，并群情激昂地请求出兵回击。然而冒顿单于仍然是那一字："给！"东胡王的要求一再得到满足，这使得东胡王愈益骄蛮，竟然派兵向西侵略，并向冒顿单于要求割让匈奴和东胡之间近千余里的缓冲地带。冒顿单于又一次召集会议，征询于左右。大部分臣僚都以为这个口不能开，但是有一位贵族却说："千里马能给，阏氏能送，这地嘛，给也可以，不给也行。"冒顿单于大怒，说："土地草场，是我们匈奴立国的根本，怎么能给呢？"

并且杀掉了那位主张弃地的贵族，宣誓出征东胡。东胡方面松懈了防备，结果大败而归。匈奴军乘胜追击，掳掠了一部分牲畜，并将东胡集团割裂为乌桓和鲜卑两支。随后，冒顿又向西出击素称强大的月氏，占据了河西走廊及其以北的广大区域。向北征服了浑庾、屈射、丁零、鬲昆、薪犁各族，向南吞并楼烦、白羊河南王，收复了被秦帝国夺走的河南地，与立国未稳的西汉形成对峙，势力达到朝那（今甘肃省平凉市）、肤施（今陕西省榆林市南）。冒顿单于的胆略和智慧，使贵族大臣深为折服，匈奴上层统治阶级的意志得到了统一。

公元前206年，汉高祖刘邦建立汉朝。刚刚经历了秦末战乱及楚汉相争，中原疲于兵革，无暇北顾。匈奴便在冒顿单于的率领下向南侵略，进犯中原。公元前201年，冒顿亲率大军围攻汉将韩王信于代郡马邑（今山西省朔县），韩王信投降。次年，冒顿又施诱兵之计，把亲率32万大军前来抵御匈奴的汉高祖刘邦围困在平城白登山（今山西省大同市东北）。汉高祖厚赂冒顿阏氏，匈奴才退兵解围。当时，匈奴屡屡袭扰汉边，汉朝不得已与匈奴和亲，双方约为"兄弟之国"。匈奴单于娶汉朝公主为阏氏，每年还获得一定数额的絮、缯、酒、米、食物等。但是其后几十年间，匈奴贵族多有背约，频繁地袭扰汉朝北方边郡。这期间，冒顿单于派右贤王再破月氏，征服西域诸国，于是匈奴单于国的势力东到辽河，西至葱岭，北抵贝加尔湖，南达长城。

公元前174年，冒顿单于死。从公元前209年即位到公元前174年，冒顿单于统治匈奴36年，奠定了匈奴强盛的基础。直到汉武帝初年，匈奴一直是中国北方强盛的游牧国家。

同时期中国境内

◆ 公元前221年，秦统一六国，战国时期结束。秦朝建立，废分封诸侯之制，行郡县制。
◆ 公元前215年，秦始皇派大将蒙恬北上增筑长城，西起临洮，东至辽东，是中国历史上的第一条万里长城。
◆ 公元前206年，刘邦即皇帝位，建立汉朝。

同时期全球视野

◆ 公元前3世纪,阿育王建立印度历史上第一个幅员辽阔的大帝国,定佛教为国教,佛教得以迅速发展。

历史百科

◇ 鸣镝

鸣镝,一种带响的箭。由镞锋和镞铤组成,镞铤横截面呈圆形。具有攻击和报警的用途。

◇ 月氏

公元前3世纪至公元1世纪一个民族名称。据文献记载,月氏族在商代就居于我国西北。秦汉时游牧于河西走廊。公元前2世纪月氏势力强盛。匈奴头曼单于曾将长子冒顿质于月氏。冒顿自立为单于后,将月氏从河西走廊逐走。月氏大部分西去天山以北今伊犁河上游一带,据有原塞种人牧地。后匈奴又助乌孙驱逼月氏再向西迁至中亚妫水(今阿富汗北陲)。公元前138年,张骞出使大月氏,相约夹击匈奴,未果。1世纪中叶月氏贵霜部落建立王国,魏明帝太和四年(230年)封其王为"亲魏大月氏王"。5世纪时月氏被嚈哒所灭。

人物故事

◇ 蒙恬

秦朝名将。先世为齐国人,自祖父蒙骜起世代为秦名将。秦统一六国后,蒙恬率兵30万人击退匈奴,收河南地(今内蒙古鄂尔多斯地区),并筑长城,戍卫数年,匈奴不敢进攻。秦始皇死后,丞相李斯与赵高合谋,伪造遗诏,逼蒙恬自杀。

延伸阅读

● 秦直道

秦始皇在北筑长城的同时，于公元前212—前210年，令蒙恬筑云阳（今陕西淳化县西北）抵九原（治今包头市麻池古城北城，一说今乌拉特前旗三顶帐房古城）的直道。经过今陕西省榆林市榆阳区北上，纵贯鄂尔多斯高原，到达九原郡，全长1400余里。遗址保存较好的地段在鄂尔多斯市东胜区境内。直道沿线附近，发现秦汉古城遗址、遗物。直道的修筑，成为当时由秦都咸阳直达阴山黄河边九原郡的一条捷径，大大缩短了秦朝腹地与今内蒙古中西部地区的距离。

秦直道博物馆

魅力草原

鄂尔多斯青铜器

1958年，在内蒙古和林格尔县范家窑子一个沙窝内出土了一批青铜器，其中有短剑1件、动物形饰件9件、管状饰件7件。据考古工作者分析，这批青铜器是战国时期匈奴族的遗物。1960年，在内蒙古土默特右旗水涧沟门村的一座古墓中，出土了一批青铜器，有刀、象形饰牌及马具饰品，富有草原气息。1973年，在对内蒙古杭锦旗桃红巴拉匈奴墓的发掘中，考古工作者发现了更多的青铜器。这便是闻名世界的"鄂尔多斯青铜器"。

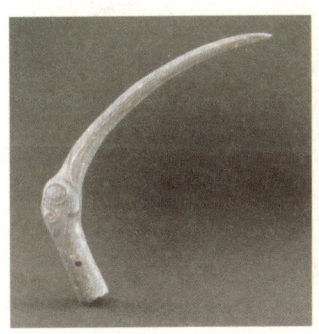
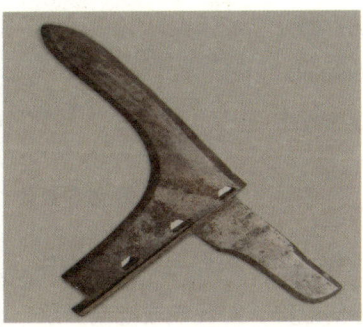

鹤首长喙青铜饰件
"广衍"铭青铜戈

第五章 匈奴建国

"鄂尔多斯青铜器"是我国北方古老的游牧民族匈奴的文化遗存。这类遗存以其主要出土地——鄂尔多斯高原而得名。它包括青铜短剑、铜刀等兵器,马衔、马镳等马具,带扣、饰牌等装饰品。其中,青铜饰牌种类繁多,富于变化,尤其引人注目。

青铜饰牌是一种装饰在衣服上、腰带上或马具上的青铜牌。其形状有长方形、圆角长方形、近似半圆形几类。其图案为镂空式的,除了少数为网格外,大多为动物纹。动物纹也称"野兽纹",也就是我们通常说的动物图案。鄂尔多斯青铜饰牌上出现的动物有马、牛、羊、鹿、虎等,它们的姿势有伫立式、蹲踞式、咬斗式、群兽式等。这些动物写实为主,造型生动,风格奇特,不但反映了匈奴人的游牧文化特点,而且具有很高的艺术价值。故有"鄂尔多斯美术"或"鄂尔多斯野兽风格艺术青铜器"之称。

● 人、兽纹铺首衔环青铜壶

● 双虎纹青铜饰牌

● 立式青铜鹿

■ 匈奴金冠

1972年,内蒙古杭锦旗阿鲁柴登出土的金冠饰4件一套,由鹰形冠饰和黄金冠带两部分组成。鹰形冠饰下部为金片锤打成半球面体,上面有动物图案:四狼两两对卧,四只盘角羊两两成对,顶上傲立雄鹰一只,头部、颈部镶嵌两块绿松石,头、颈可以左右摇动。整个冠饰构成雄鹰鸟瞰狼咬羊的生动画面。戴在头上稍一摇动,金冠上的雄鹰便会摆动头尾。金冠全高7.3厘米,重192克。黄金冠带由三条半圆形金条组合而成。其末端上下两条之间,有榫铆插合。金条每件长30厘米、周长60厘米,共重1202克。这件冠饰可能是匈奴某个部落王的冠饰。时代在战国或秦汉。

● 鹰形金冠

第三节 汉匈相争

水晶、玛瑙项饰（汉代）

西汉经过文景之治，国力渐渐强盛起来。汉武帝试图解决北部边防问题，发动了一系列针对匈奴的战争。公元前133年，西汉在马邑（今山西省朔州市）设伏30万军以待匈奴骑兵，被匈奴识破，始绝汉匈和亲。但双方并未关闭互市，仍进行易货贸易。公元前127年，汉武帝派大将军卫青统率3万骑，从云中（今内蒙古呼和浩特市南）之西至陇西（今甘肃岷县南）全线出击，向河南地（今内蒙古鄂尔多斯地区）发起进攻，已降附匈奴的楼烦、白羊王在这次战争中遭到惨败，弃失牛羊百余万，丢掉河南地，退守到阴山西段以北。

公元前126年，匈奴内部又发生了变乱。匈奴大单于军臣死，太子于单不能顺利即位。军臣单于的弟弟左谷蠡王伊稚斜攻破太子于单自立为单于。太子于单被迫向汉朝投降，受汉武帝册封为涉安侯，不数月而死。伊稚斜自立单于之初就大举进攻汉地，亲率骑兵入代郡（今河北省蔚县东北）、

盘角羊形青铜饰牌

雁门（今山西省右玉县南）、定襄（今内蒙古和林格尔县土城子古城）、上郡（今陕西省榆林市榆阳区西南）等地，杀掠吏民；同时指派匈奴右贤王攻入河南地，侵扰朔方（今内蒙古鄂尔多斯市西北）。后右贤王被汉军统帅卫青所率的六将军10余万众包围，失去部众1.5人。公元前123年二月，卫青率众出定襄进击匈奴，斩首3000余级而返；四月，卫青再出定襄，消灭匈奴骑兵1万余众。公元前121年，匈奴右翼受到汉骠骑将军霍去病攻击，匈奴浑邪王、休屠王二部损失惨重。伊稚斜单于对二

王的失败大为不满,准备兴师问罪。浑邪王和休屠王得信后感到恐慌,便商量向汉军投降,可是休屠王很快就表示后悔。浑邪王袭杀休屠王,兼并了休屠王部众共4万余人向汉军投降,汉武帝封浑邪王为漯阴侯。匈奴降众被安置在陇西、北地、上郡、朔方、云中五郡,遵照匈奴的习惯对其进行管理,称"匈奴五属国"。公元前119年,伊稚斜单于听说汉大将军卫青出定襄,骠骑将军霍去病出代郡,北渡沙漠来击,于是决定将其政治中心北移,却仍然遭到汉军的围截,失众7万余人,而汉兵也有数万人死亡,军马死10余万。自此之后,匈奴远遁漠北达60余年。

如此长时间、大规模的战争,使汉匈两败俱伤。此后几十年间,汉匈没有发生大规模战争。匈奴出兵阴山后(今内蒙古乌拉特中旗东部阴山北),守护南界;汉兵则沿汉长城严密设防。

● 四系青铜扁壶　　　● 曲身虎形衔尾青铜饰牌　　　● 龙首青铜灶

公元前114年,伊稚斜单于死,子乌维立。乌维单于休养兵马,练习骑射,频繁遣使到长安请和。公元前105年,乌维单于死,匈奴国力进一步削弱,只好向西北方向发展。其左方兵南临汉属云中,右方兵南临汉属酒泉。匈奴势力不得不退出内蒙古高原东部,这无疑给东胡系统乌桓和鲜卑的发展提供了历史契机。匈奴势力的萎缩,加上无情的自然灾害侵袭,使匈奴人的生活更加艰苦。乌桓、丁零等降附属部也乘机起来反抗并进击匈奴。在天灾人祸面前,匈奴统治集团内部发生分裂和内讧。公元前57年,匈奴出现了五单于争位的大混乱局面。其中有一位呼韩邪单于在大混乱中被另一位郅支单于打败,只好向南溃逃,投附汉朝。

同时期中国境内

- 公元前139年,汉武帝建元二年,张骞奉命第一次出使西域。
- 公元前115年,张骞第二次出使西域归来,葡萄、西瓜、芝麻、菠菜、芹菜、茴香,莴莲(即莴笋)、大葱等域外食物被大量引进我国。
- 公元前122—前111年,淮南王刘安因谋反案自杀,他编著的《淮南子》是我国秦汉时期杂家的重要思想著作。
- 公元前104年,汉武帝太初元年,改用《太初历》,以建寅月(正月)为岁首。

同时期全球视野

- 公元前168年,罗马军打败了拥有马其顿方阵的马其顿军队,马其顿被分成4个自治区,直接归罗马统治。第三次马其顿战争结束,马其顿灭亡。
- 公元前146年,罗马建立地中海霸主地位,进入共和国晚期。
- 公元前30年,罗马军队攻占埃及,女王克里奥佩特拉七世自杀身亡,托勒密王朝崩溃,埃及成为罗马帝国的一部分。

历史百科

◇ 文景之治

文景之治是西汉文帝,景帝两代40年左右的时间政治稳定、经济生产得到显著发展的"盛世",统治者实行轻徭薄赋、奖励生产、与民休息的政策,经济持续发展,历史上称这一时期的统治为"文景之治"。

人物故事

◇ 汉武帝刘彻

汉武帝刘彻（公元前156—前87年），汉族，汉景帝子，初封胶东王，后立为太子，16岁即皇帝位。汉朝第六代皇帝，在位54年，庙号世宗。在位期间以儒术为其统治思想，并采用"法"、"术"、刑名等措施，以加强统治；颁行"推恩令"，使诸侯王多分封子弟为侯，以削弱割据势力；设置十三部刺史，加强对地方的控制；征收商人资产税，打击富商大贾；又将冶铁、煮盐、铸钱收归官营；设置平准官、均输官等经营运输和贸易；同时兴修水利，移民西北屯田，实行"代田法"，有利于农业生产的发展；曾派张骞两次至西域，加强了对西域的统治，并发展了经济文化交流；又派唐蒙至夜郎，在西南先后建立了7个郡；并用卫青、霍去病为将，进击匈奴，解除匈奴威胁，保障了北方经济文化的发展。汉武帝晚年祀神求仙，挥霍无度，加以徭役繁重，致使农民大量破产流亡。

延伸阅读

● 封狼居胥

"封狼居胥"指西汉大将霍去病登狼居胥山筑坛祭天以告成功之事。

西汉元狩四年（公元前119年）春，汉武帝命卫青、霍去病率骑兵5万分别出定襄和代郡，深入漠北，寻歼匈奴主力。霍去病率军北进两千多里，越过离侯山，渡过弓闾河，与匈奴左贤王部接战，歼敌7万余人，俘虏匈奴屯头王、韩王等3人及将军、相国、当户、都尉等83人，乘胜追击至狼居胥山（今蒙古国境内），在狼居胥山举行了祭天封礼；在姑衍山举行了祭地禅礼，兵锋一直逼至瀚海（今贝加尔湖）。

魅力草原

■ 鸡鹿塞

巴彦淖尔市磴口县阴山关隘，2000多年前，汉匈交兵，铁骑纵横，鸡鹿塞是军事要地，而今只留下衰草斜阳、漫漫黄沙和伫立千年的石头城了。

鸡鹿古塞南面、东面保存尚好，西面、北面多处崩塌，其建筑面积并不大，约可驻军二三百人而已。古塞四周，光秃秃无草无水，荒山野岭，寂寂无声。时光剥落了所有的绚丽色彩，只留下一片苍茫。

就在鸡鹿塞东南不远，便是烟波浩渺、沙鸥翔集、方圆700平方千米的屠申泽。鸡鹿塞以东今乌加河沿阴山直到乌拉特前旗西山嘴，是黄河的故道。从鸡鹿塞名字上猜测，其地在历史上必定是野雉与鹿多有出没，故有此名。

有泽有河，有山有草，为匈奴之苑囿，失之岂能不哭哉！汉朝在前期对强大的匈奴是束手无策的，到汉武帝时，汉朝国力强盛，对匈奴不再迁就，一批名将开赴塞北，与匈奴屡屡交锋，兵连祸结数十年，战场从陇西到云中、雁门一带，阴山南北夹山带河地区为主要战场。在阴山上建立的鸡鹿塞，正是当年汉武帝挫败匈奴后保卫边疆的前沿哨所。

汉史记载，昭君出塞后，曾住鸡鹿塞，后来东迁。鸡鹿塞因昭君留居而千古留名。

内蒙古乌拉特后旗博物馆内收藏有两块汉代瓦当，一块上写汉字"天降单于"，另一块上写"单于和亲"。从文物出土的地理位置以及历史文献记载来推测，这两块瓦当与王昭君出塞和亲有直接的联系。

第四节　昭君出塞

　　公元前51年正月，呼韩邪单于要到长安觐见汉朝皇帝。汉朝十分重视。汉宣帝命车骑都尉韩昌为专使，先至五原郡迎接，在朔方、西河、上郡、北地等沿途发兵陈列道上，迎接呼韩邪单于。到了长安后，汉宣帝以最高礼节接待呼韩邪单于，将其列位于各诸侯王之上。汉宣帝以中央王朝的名义册封呼韩邪单于为匈奴大单于，并派高昌侯董忠率骑兵送返，且让董忠留驻边地，协助呼韩邪单于恢复实力。当时，漠北匈奴单于庭还控制在郅支单于手中，呼韩邪只好留居在漠南的光禄塞（今内蒙古达茂旗百灵庙镇西南古城）。

　　公元前48年，汉元帝继位。呼韩邪单于部在汉朝的支持下，已经出现了兴旺景象，便再次请求到长安觐见皇帝。虽然头一年郅支单于也来过长安，但汉元帝还是以最高礼遇接待呼韩邪单于。呼韩邪请求允许他北返大单于庭，汉朝方面同意并派兵护送。郅支单于自知不敌，弃庭西迁。呼韩邪单于回到单于庭，成为名副其实的匈奴大单于。这时，他感戴汉朝方面的恩德，欣然盟约："汉与匈奴合为一家，世世毋得相诈相攻……令其世世子孙尽如盟。"

　　这以后的很多年，虽然呼韩邪单于所领匈奴部众越来越强盛，但没有发动任何形式的对汉战争。呼韩邪单于以藩属身份对汉朝庭表示忠诚。公元前33年春正月，呼韩邪单于再入长安，自言愿意做汉家女婿。汉元帝就在后宫中选一位女子嫁给呼韩邪单于。一位被后人传唱千古的人物出场了，她就是王昭君。

● 鄂尔多斯昭君坟

"单于和亲"瓦当

王昭君，本名王嫱，字昭君，南郡秭归（今湖北省江陵）人，元帝在位时，选入后宫。当呼韩邪单于来到长安后，这位王昭君勇敢地自请出嫁到漠北。汉元帝自然感到欣慰，便下令举行一个仪式。王昭君出场了，这是她与汉元帝第一次相见。王昭君顾影徘徊，仪态艳美，使汉庭为之生色；她举止从容，落落大方，让左右肃然起敬。汉元帝大惊，深深地懊悔让这样的佳人出嫁了！但他既已应允呼韩邪单于，不能失信，只好同意匈奴单于封王昭君为"宁胡阏氏"，意寓让她保佑匈奴平和安宁。

王昭君出嫁匈奴后，使汉匈的和平关系得到进一步加强。阴山前后"数世不见烟火之警，人民炽盛，牛马布野"，使这一地区的农牧业经济得到了恢复和发展。公元前31年，呼韩邪单于死，王昭君遵从匈奴习俗，再嫁新单于，仍为阏氏。后来，王昭君让自己的女儿、女婿经常到西河郡虎猛（今内蒙古伊金霍洛旗红庆河古城）与汉朝方面的使者联系交往。

王昭君成为匈奴以后历代草原民族所爱戴的历史人物。今呼和浩特市南郊的昭君墓、鄂尔多斯市达拉特旗黄河南岸的昭君坟，似乎都在诉说着远逝的回忆。包头市南郊出土西汉后期的"单于和亲"、"千秋万岁"、"长乐未央"等陶片瓦当见证着王昭君深远影响。

三鹿纹金饰牌（东汉）

镂空双鹿纹青铜饰牌

第五章 匈奴建国

公元1年（汉平帝元始元年），西汉皇权落入权臣王莽手中，7年后，他篡汉自立，改国号为"新"。王莽执政期间粗暴地干涉匈奴内部事务，改匈奴单于为"降奴服于"，激起匈奴的不满，于是，匈奴又开始侵扰汉边。期间，正值王昭君的女婿右骨都侯须卜当为执政大臣，他与妻子出面斡旋，才使汉匈奴之间没有爆发大规模的战争。然而王莽又贬匈奴之号为"恭奴"，单于为"善于"，愈加激起匈奴反抗，汉朝北方再度陷于战乱。

23年，王莽政权覆灭。但这时力争与汉修好的王昭君女婿、女儿也先后死去，匈奴贵族中的反汉势力居于主导地位。匈奴趁中原内乱，汉军北边防务空虚之机，大举犯边，朔方、五原、云中、定襄等郡所属的河套地区正常的农牧业经济活动再度被破坏。

驼虎相斗纹青铜饰牌

46年前后，匈奴国内连续发生严重的自然灾害。48年，匈奴再度发生内乱。驻牧于匈奴之南、管领匈奴南边八部的右奥鞬日逐王比南下归附汉朝，也自立为呼韩邪单于。实际上他是前一个呼韩邪单于的孙子。49年，这位后呼韩邪单于遣使者到长安，请求归附。汉光武皇帝答应了他的请求，并在南匈奴设置了使匈奴中郎将这样的官职，协助管理匈奴事务；汉庭允许南匈奴设单于庭（南庭）于五原西部塞，随后又让匈奴入居西河郡美稷县（今内蒙古准格尔旗纳林古城），匈奴人众5000余落，分布于朔方、五原、云中、定襄、北地、上郡、雁门、代郡、上谷等郡地，与汉人杂处。南匈奴降汉后，经济发展，生活稳定，北匈奴部众也纷纷南下投靠南匈奴，几乎每年都有数千人来归。90年前后，南匈奴人口已达2 327 300人，是初迁塞内的5倍之多。140年，南匈奴内乱，东汉为避扰掠，将原居于西河、上郡、朔方等地的部众南移，这样，许多匈奴人便进一步向南集中到汾水流域一带，逐步与中原汉人融合。

同时期中国境内

- 4年，汉廷在今河南洛阳建立灵台，是我国迄今最为古老的天文台遗址。
- 68年，东汉明帝永平十一年，天竺僧人摄摩腾、竺法兰等人至洛阳，佛教传入我国。
- 50—100年，《九章算术》最终编纂成书。
- 105年，蔡伦对造纸法作出重大改进，从而使纸的质量和产量有了极大的提高。
- 120年，张衡著《灵宪》，提出了"浑天说"。

同时期全球视野

- 公元前50年，中国和罗马帝国之间已经有频繁的文化交流和贸易往来，特别是中国丝绸销路甚广（"丝绸之路"：中国—帕米尔—波斯—欧洲）。
- 公元前46年，《儒略历》开始施行，罗马人使用公历纪年。
- 公元前27年，屋大维确立元首制，建立罗马帝国。
- 1年，公元纪年始年。
- 约95年，希腊历史学家阿庇安（约95—约165年）出生于埃及亚历山大里亚，代表作有《罗马史》24卷。
- 98年，历史学家塔西佗发表《日耳曼尼亚志》。

历史百科

◇ 单于

匈奴人对他们部落联盟的首领的专称，意为广大之貌。

单于始创于匈奴著名的冒顿单于的父亲头曼单于，之后这个称号一直继承下去，直到匈奴灭亡为止。而东汉三国之际，乌丸、鲜卑的部落也使用单于这个称号。至两晋十六国，皆改称为大单于的称号，但地位已不如以前。

人物故事

◇ 苏武牧羊

历史典故之一。公元前101年（汉武帝太初四年）冬，匈奴单于为了与西汉搞好关系，送回了曾扣留的汉朝使节。汉武帝为回报匈奴的善意，派中郎将苏武等人出使匈奴，送还扣留在汉朝的匈奴使者，并厚馈单于财物。苏武等到达匈奴后，原降匈奴的汉人虞常等人密谋，欲劫持单于母亲阏氏归汉。事情败露，殃及苏武。苏武不愿受辱，自杀未成。单于非常敬重他，派汉朝的降臣卫律劝降，苏武不为所动。单于将他流放到边远的北海去放羊。

公元前85年，匈奴新单于即位，派遣使者与汉朝重修旧好。公元前81年，匈奴释放苏武。苏武被扣留匈奴19年，对边疆匈奴的风俗习惯十分熟悉，回长安后被任为典属国，专掌少数民族事务，后被宣帝封侯，位列当世十一名臣之列，画图像于麒麟阁以示崇敬。

延伸阅读

● 李杜歌咏王昭君

王昭君是中国古代四大美人之一。"昭君出塞"的故事一直在我国的文学作品中演绎着。

王昭君
李白

昭君拂玉鞍，上马啼红颜。
今日汉宫人，明朝胡地妾。
汉家秦地月，流影照明妃。
一上玉关道，天涯去不归。

杜甫的咏昭君诗《咏怀古迹五首之三》写道：

群山万壑赴荆门，生长明妃尚有村。
一去紫台连朔漠，独留青冢向黄昏。
画图省识春风面，环佩空归月下魂。
千载琵琶作胡语，分明怨恨曲中论。

这是杜甫经过湖北秭归明妃村，感王昭君故事而作。从王昭君至杜甫时，凡七百年，"尚有村"三字，表现了人们对她永不忘怀。杜甫此诗集中地抒写她的怨恨，借此诗咏古迹、怀昭君而感怀当世。

第五章 匈奴建国

魅力草原

■ 芳草萋萋看青冢——昭君墓

昭君墓,王昭君的墓地,又称"青冢",因被覆芳草,碧绿如茵而得名,蒙古语称"特木尔乌尔琥",意为"铁垒",位于内蒙古呼和浩特市南郊大黑河畔。

青冢兀立、巍峨壮观,远远望去,显出一幅黛色朦胧的迷人景色,被文人誉为"青冢拥黛",成为呼和浩特的八景之一。民间传说,昭君墓一日三变,"晨如峰,午如钟,酉如纵",更增添了塞外的神秘色彩。

昭君墓雕塑

青山依旧,几度夕阳,幽幽青冢,如怨如泣。多少文人墨客的心灵激荡,多少美丽哀婉的故事传说,如涓涓溪水,流入中华文明的浩瀚长河。

"琵琶一曲弹至今,昭君千古墓犹新。"今天的昭君墓,宛如北方草原上一颗璀璨的明珠,成为名扬世界的旅游胜地。这里不仅有历史悠久的文物古迹,还有鸟语花香的自然情趣和独具特色的人文景观,其诗情画意,令人流连。

■ 高阙塞

高阙塞是战国时期赵长城西部的重要关隘,位于今内蒙古巴彦淖尔市杭锦后旗东北阴山山脉西段。狼山在此中断,形成双峰对举的天然山口。这里山势险峻,北连蒙古高原,南接黄河沿岸富饶的河套平原,渡过黄河可进入鄂尔多斯地区,其军事和交通地位极为重要,既是古代贯通阴山南北的咽喉要地,又是汉代保卫河南地的军事前沿。

西汉为防御匈奴,在修筑长城的基础上,又在沿长城一线的阴山山脉沟口修筑了许多重要的关塞。其中较为著名的有高阙塞、鸡鹿塞与居延塞,这3个要塞均为古塞,其遗址至今犹存。这些古城要塞与周围数十处长城烽燧共同组成了秦汉王朝西北屯垦戍边的重要军事屏障。其中,高阙塞因地势险要,又是从北方草原通往山南平原的咽喉要道,历来为兵家必争之地。高阙塞得名于战国时期。战国时,赵武灵王为防备匈奴而在高阙一带修筑长城,因地势之利建成高阙塞,成为赵北长城的重要关隘。据史载,西汉时车骑将军卫青领兵过阴山,与匈奴右贤王作战,其中有3次从高阙出塞。

第五节 秦汉郡治

公元前328年,战国时期的魏国割让上郡15县向秦国求和,上郡转而成为秦国的建置。公元前320年,秦惠王率兵进入今鄂尔多斯高原。至此,鄂尔多斯高原大部分地区归入秦国控制。这样,秦长城内线的今鄂尔多斯伊金霍洛旗和准格尔旗的部分土地都归秦上郡管辖。

战国时期,燕、赵、秦等国在今内蒙古部分地区设置郡县的同时,还迁入大批的中原居民,他们之间互相学习,相互交流,促进了经济等各方面的发展,奠定了祖国的北部边疆。秦朝在全国设立36个郡,其中有7个郡与今天的内蒙古地区有关。分别是:

上郡魏国建置,秦沿袭。治所在肤施(今陕西榆林西南),辖境较战国时期有所变化,包括今内蒙古乌审旗等地。

九原郡赵国建九原城,秦败匈奴后置郡,治所在今内蒙古乌拉特前旗哈业胡同三顶帐房古城,辖境相当于今内蒙古后套以东,包头市以西以及黄河南岸的鄂尔多斯北部地区。

云中郡赵国建置,秦击败匈奴后复置,治所在今内蒙古托克托县古城村古城,今内蒙古土默特右旗以东,大青山以南,卓资县以西,黄河以北属云中郡管辖地区。

●┄┄┄"云中丞印"铜印

雁门郡赵国建置,秦沿袭,治所在善无(今山西右玉南),辖境包括今内蒙古岱海以南地区。

上谷郡燕国建置，秦沿袭。治所在沮阳（今河北怀来东南），辖境包括今内蒙古锡林郭勒盟南部部分地区。

渔阳郡燕国建置，秦沿袭。治所在渔阳（今北京市密云西南），辖境包括今内蒙古锡林郭勒盟南部部分地区，内蒙古赤峰市南部部分地区。

辽西郡燕国建置，秦沿袭。治所在阳乐（今辽宁义县西），辖境包括今内蒙古通辽市南部和赤峰市南部部分地区。

"汉匈奴栗借温禺鞮"铜印

到了汉代，疆域拓宽，在秦置郡的基础上，又有所增加。

张掖郡辖境除今甘肃省部分地区以外，包括今内蒙古额济纳河流域。

朔方郡公元前127年汉夺取"河南地"（黄河以南鄂尔多斯高原）后建置，治所三封县（今巴彦淖尔市磴口县陶升井麻弥图古城），辖境相当于今内蒙古鄂尔多斯西北部、乌兰布和沙漠沿黄河地区。

上郡与秦治同，向北有所拓展。

五原郡原秦之九原郡，治所九原，与秦治同。

云中郡战国时期赵建置，秦、汉沿袭。治所云中，与秦治同。

汉代烽火台

定襄郡汉高祖分云中郡置，治所盛乐（今和林格尔县土城子古城）。辖境包括土默特平原部分地区。

西河郡汉武帝分云中、太原等郡地置。治所在平定（今准格尔旗东南境），辖境除山西省西部、陕西省北部外，包括今内蒙古鄂尔多斯高原东部地区。

第五章 匈奴建国

"长乐未央"砖（西汉）

雁门郡，与秦治同。

代郡，治所代县（今山西省代县），辖地包括今内蒙古兴和县一带。

上谷郡，与秦治同。

右北平郡，治所平刚（今内蒙古宁城县甸子乡黑城村古城），辖境包括今内蒙古赤峰英金河以南地区。

辽西郡，与秦治同。

在陇西、北地、上郡、朔方、云中五郡设置的5个属国游牧区，均在黄河河套以南地区。还有护乌桓校尉，监领被迁徙到上谷、渔阳、右北平、辽西和辽东五郡塞外的乌桓族民。

东汉时期，在今内蒙古中西部设置的郡县，大体沿袭了西汉的名称、治所和辖区；后因战乱使一些郡县被废弃省罢，有的名存实亡。上谷郡、辽西郡不再辖有今内蒙古东部地区南缘。

鹿形嵌贝鎏金青铜镇

同时期中国境内

◆ 东汉时期镇守张掖的军事长官张某及其妻合葬墓1969年于甘肃省武威发掘，出土的"马踏飞燕"铜奔马是罕见的青铜艺术珍品。

◆ 公元前168年，长沙国丞相軑侯利苍与其子、妻葬于湖南长沙马王堆。马王堆汉墓出土的帛书是研究西汉前期文化的重要资料。

同时期全球视野

◆ 70—80年，罗马大角斗场开始建造，建成的罗马大角斗场可容5万观众。
◆ 150年，托勒玫出版了《天文学大成》，全书13卷，提出了他的地心体系，是西方天文学的经典著作。
◆ 约160年，托勒玫著《地理》一书，书中附有世界地图一张和26张分地图。
◆ 175年，罗马史学家阿里安去世，代表作有《亚力山大远征记》。
◆ 164—180年，罗马哲学皇帝马可·奥勒留在位时期，著有《沉思录》，阐述斯多葛学派的人生哲学。

历史百科

◇ 西汉烽火台

烽火台俗称烽堠、烟墩，古代重要军事防御设施，用于点燃烟火传递重要消息。

西汉初，北方匈奴多次南犯。汉武帝为消除北方边患，在主动出击匈奴的同时，大规模重筑长城、复缮秦长城、增筑河西长城和塞外列城。汉长城的总长度约8800多千米。烽火台，遇险报警，平时传讯，紧急时烽烟传千里，为汉朝统治西域及北方发挥了重要作用。

延伸阅读

● 居延汉简

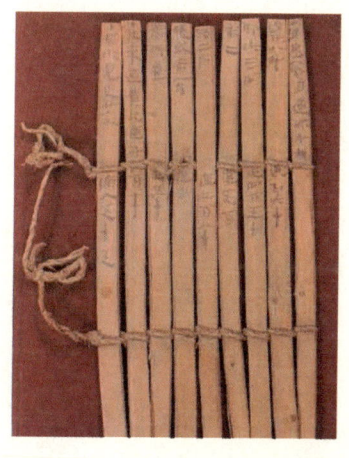

1930年和1972年，在内蒙古西部的额济纳河流域古"居延"地区，两次发掘中获简牍三万余枚。古居延地区是驻军屯田之地，简牍内容涉及政治、军事、日常生活等各个方面。因是日常实用文书，书写时随意自如，其书法便呈现出轻松直率之意。

第五章 匈奴建国

魅力草原

和林格尔汉墓壁画

1971年秋，在呼和浩特市和林格乐新店子乡境内恽河北岸的一座山上，发现了一座东汉末年的古墓，以其场面壮阔的壁画闻名于世，那就是和林格尔汉墓壁画。

和林格尔汉墓分前、中、后三主室和三耳室，全长约20米。墓壁、墓顶及甬道两侧有壁画50多幅，榜题250多项。这是我国考古发掘迄今所见榜题最多的汉代壁画。这些壁画形象地反映出东汉时期我国北方多民族居住地区的阶级关系、民族关系和社会生活面貌。从壁画内容及榜题得知，墓主为东汉王朝派到北方民族杂居地区的最高官员——使持节护乌桓校尉。壁画内容有反映死者的仕途经历，以及升迁各任时的车马出行图；有死者历任官职所在城市和府舍的官府图；有反映统治阶级生活的饮宴、舞乐、百戏等描绘；有反映东汉时社会生产活动的场面，如农耕、庄园、牧马、放牛等图；有当时社会生活的写照，如少数民族的装束、发式、相貌，以及祥瑞图和一些圣贤、忠臣、孝子、烈女的故事图；等等。

此外，在内蒙古托克托县、鄂托克旗凤凰山发现汉墓壁画，为我们展现了一幅幅栩栩如生的古代生活画卷。

第六章　鲜卑迁徙

　　历史的进程无情地改变着一切。时到2世纪，北方的匈奴汗国消退了：一部分坚守游牧信念的匈奴人向中亚大草原迁去，另一部分匈奴人则在黄河流域的农耕文化吸引下，随势而化，成为中原汉民族的崭新成员。当此之时，中原汉帝国的力量也在走向衰弱。在新的政治力量形成之前，包括内蒙古区域内的中国北方将会出现多种政治力量、多种民族成分竞相登台的社会局面。

　　匈奴消退的空隙间，东胡走在了前台。东胡并没有以统一的民族政治实体显现，而是以被汉文献记载的多个称谓分别出现，其主要的民族称谓是乌桓和鲜卑。

第六章 鲜卑迁徙

第一节 悠远的嘎仙洞

我们需要在今天的地图上先找到一个地方，一个神奇的地方。内蒙古呼伦贝尔市鄂伦春自治旗阿里河镇西北10千米处，一条叫做阿里河的河流从这里流过，浸润着这里的花草，滋润着这里的白兔、红狐、花鹿及各种各样活泼的生命。

就在这条阿里河的东岸，大兴安岭北端的顶巅上有一个神奇的石洞，当地人称为嘎仙洞。嘎仙洞洞口高12米，宽20米，洞口朝南偏西，洞深120米，洞阔28米，洞顶最高处达20多米，宽阔宏大，幽暗深邃。这个大石洞可容纳数千人，分前厅、大厅、高厅、后厅几部分，应该是一个部落成员生活和议事的地方。大石洞中央有一块不规则的天然石板，下面由一块巨石托起，高约0.5米，形同石桌。在大石洞内的西北角还有一个拐向左方的斜洞，宽9米，长22米，高7米。斜洞顶端的东西各有一壁龛小耳室，这可能是部落储藏物品或部落首领居住的地方。

● 嘎仙洞遗址

● 篦点纹红陶鬲（东汉）

    1980年7月30日，内蒙古和呼伦贝尔盟考古工作队对嘎仙洞进行的第4次考古调查时，发现了这个洞内西北侧石壁上凿刻有祝文。石刻原被苔藓覆盖，经洗刷清理后露出，共19行，201个字。根据《魏书》记载，443年（北魏太平真君四年），北魏太武帝拓跋焘派人回自己的祖地祭祖。嘎仙洞的石刻正是这次祭祖时所刻祝文，它确凿地证实了嘎仙洞就是拓跋鲜卑的旧墟石室。

同时期中国境内

◆ 10年，《神农本草经》问世。
◆ 67年，建洛阳白马寺及寺塔。白马寺及寺塔为中国已知最早的佛教建筑。
◆ 132年，张衡制成测定地震的仪器——地动仪。

同时期全球视野

◆ 14年，罗马文学的白银时代开始。

历史百科

◇ 《魏书》

    北齐魏收撰，是一本纪传体史书。内容记载了4世纪末至6世纪中叶北魏王朝的历史。124卷，其中本纪12卷，列传92卷，志20卷。因有些本纪、列传和志篇幅过长，又分为上、下2卷、或上、中、下3卷，实共130卷。

第六章 鲜卑迁徙

人物故事

◇ 拓跋焘

拓跋焘（408—452年），南北朝时期杰出的骑兵统帅。字佛狸，鲜卑族。北魏世祖，太武皇帝。他亲自率领北魏铁骑灭亡了夏国、北燕、北凉等诸多政权，统一北方；向北，马踏漠北，横扫了占据蒙古大漠的柔然汗国；向南，屡次挫败南朝，并占据了刘宋的河南之地。

延伸阅读

● 嘎仙洞祝文

嘎仙洞为天然大型山洞，洞内幽暗深邃，石壁平整。1980年7月，考古工作者在洞内发现了北魏太武帝拓跋焘于443年（太平真君四年）派遣中书侍郎李敞祭祖时所刻的祝文。祝文刻在距洞口很近的西侧石壁上，共19行201字。字体古拙，介于隶楷之间。这一重大发现，证明了嘎仙洞就是《魏书》中提到的拓跋鲜卑的祖庙石室。

这篇祝文是以北魏皇帝的口吻来对他的祖先歌功颂德的，并祈求祖先保佑。祝文全文如下：

"维太平真君四年，癸未岁七月廿五日，天子臣焘使谒者仆射库六官中书侍郎李敞、傅，用骏足，一元大武，柔毛之牲，敢昭告于皇天之神：

启辟之初，佑我皇祖，于彼土田，历载亿年。聿来南迁，应受多福。光宅中原，惟祖惟父。拓定四边、庆流后胤。延及冲人，阐扬玄风。增构崇堂、剋翦凶丑，威暨四荒，幽人忘遐。稽首来王，始闻旧墟，爰在彼方。悠悠之怀，希仰余光。王业之兴，起自皇祖。绵绵瓜瓞，时惟多祜。归以谢施，推以配天，子子孙孙，福禄永延。

荐于：皇皇帝天、皇皇后土。

以皇祖先可寒配，皇妣先可敦配。

尚飨！

东作帅使念凿。"

阿里河夕照

魅力草原

■ 鄂伦春风情

"高高的兴安岭，一片大森林，森林里住着勇敢的鄂伦春……"这是一首少数民族民歌，听着这旋律优美、热情豪放的歌曲，一个鄂伦春猎人的剽悍形象就会在眼前闪现。

"鄂伦春"是民族的自称，含意为"山岭上的人"，也有解释为"使用驯鹿的人"。有人把鄂伦春人称为马背上的民族，他们的确是精骑善射的民族，世世代代在大、小兴安岭的森林里以狩猎为生。早年，他们居无定所，过着游猎生活。新中国成立前，私有制虽然确立，但鄂伦春族还保留着原始公社的残余。鄂伦春的民族公社叫"穆昆"，是同一父系血统人们的共同体。"穆昆"是鄂伦春语，即"兄弟们"或"同姓人"的意思。"穆昆"由各个"乌力楞"组成，"乌力楞"是鄂伦春语，即"子孙们"的意思，指同一父系所传的子孙。一个"乌力楞"就是一个父系家族，由几个或几十个"斜仁柱"组成。"斜仁柱"（又称"仙人柱"），类似美洲印地安人的庐帐住所，是非常适合游猎生活的居住之所。它用松木或桦木做支架，盖上桦树皮，冬季用兽皮围盖，底部直径约七八米，高五六米，地中间生篝火，可做饭、取暖和照明。新中国成立后，党和政府关心鄂伦春人的生活，在依山傍河的地方为他们建造新居，把他们从散居的山里请下来。1953年，鄂伦春人实现了定居，一步跨越千年，结束了原始社会生活。鄂伦春族是我国11个从原始社会末期直接进入社会主义社会的少数民族之一。

鄂伦春人主要以狩猎为生，兼从事驯鹿。以木棍、弓箭、猎枪、猎犬和马匹作工具，捕获野兽为生。他们食兽肉，衣兽皮，住房屋顶也用兽皮覆盖，其他一切起居饮食都与飞禽走兽结下不解之缘。

鄂伦春人有典型的民族服饰。大衣叫"苏恩",是冬天穿的皮袍,用狍皮精心缝制,狍皮为面、毛为里,穿起来非常暖和。皮靴叫"其克密",是用16只狍腿的皮拼制成的短靴,以野猪皮或熊皮做底,以狍筋代线缝制。在雪地上穿着适用,轻便保暖。"灭塔哈",是用狍头做的皮帽。

鄂伦春族菜肴风味独特。主要有"库明拉"(晒肉干)、糖拌"吉厄特"(都柿)、狍肉炒"昆比好哇"(柳蒿芽)、野猪肉炖"抗骨拉奴哇"(老山芹)、狍肉炒"给老摇"(黄花菜),还能吃到"依恩"(猴头蘑)、"莫锅"(木耳)、"豆嫩阿特"(桦树蘑),吃红鳞、金线、柳根池等冷水鱼,喝"吉厄特啊拉嘿"(都柿酒)。鄂伦春人用白桦树皮制作的器皿,有桦皮篓、桦皮盒,做工精巧,上面用彩色丝线绣上美丽的图案。

● 拼图狍皮兜(近现代)

● 彩绘桦皮盒(近现代)

第二节　乌桓及东部鲜卑

3世纪末,鲜卑与乌桓的名称出现在中原的文献记录中,他们同时被称为东胡。当匈奴冒顿单于强盛时,东胡遭到匈奴的重创。一支迁到乌桓山(清代学者张穆认为乌桓山在今天内蒙古自治区赤峰市阿鲁科尔沁旗西北140里处),因山名而为族名。另一支迁到辽东塞外鲜卑山(张穆认为在今通辽市科尔沁左翼中旗西30里处),同样以山名为族名。这一部分鲜卑因其处于蒙古高原东部,为了与其他鲜卑部相区别,习称为"东部鲜卑"。

匈奴强盛时,乌桓游牧于饶乐水(今西拉木伦河一带)。汉武帝时将乌桓迁到燕山南北(今赤峰市南部、北京市北部、辽宁省西南部),与汉相睦。随后又被匈奴的势力击溃,乌桓时而附汉,时而依附于匈奴。东汉以后，匈奴衰弱，乌桓便与东汉政权建立了更密切的政治、经济和军事关系。在1世纪初，匈奴各部为东汉戍守北部边地，政治上附属东汉政权，经济上接受汉地物资接济，文化上也受到中原影响。到了1世纪末至2世纪初，鲜卑逐步取代匈奴，掌控了蒙古高原大部地区，乌桓开始与鲜卑联合抗汉。东汉末期，乌桓干脆自立，彻底脱离了东汉的役属。

三国的历史因为《三国演义》传播久远而众所周知。三国时，先是冀州牧袁绍笼络乌桓，后来就是曹操。207年，乌桓与曹操大战，惨败。近塞乌桓万余落被曹操迁入中原，乌桓兵被编入曹操的军队，"由是三郡乌桓为天下名骑"。

● 翼马纹鎏金铜带饰

魏晋以后，"乌桓"这个名称所指示的民族构成与两汉时期并不相同。"乌桓（乌丸）"代指塞外"杂胡"，迁入中原的乌桓人与汉、匈奴等逐渐融合。隋唐时代，文献中已很少见到内地乌桓的记载。《旧唐书·室韦传》记录"那河（今嫩江）之北有古乌丸之遗人"，唐时仍自称"乌丸国"。辽初，契丹军曾派兵北讨乌丸。此后，乌桓不再见于历史记载。

东部鲜卑于91年北匈奴主力西迁之后，占据了匈奴旧地，吸引了留在漠北的匈奴人10余万数，力量骤盛。到2世纪中的东汉后期，东部鲜卑的慕容部出现了一位著名首领檀石槐（156—181年在位）。他在弹汗山（今河北省尚义县南大青山）建立庭帐，兵马强盛，各部都归服于他。史称檀

晋鲜卑率善中郎将银印（西晋）

"晋夫余率善佰长"铜印

第六章 鲜卑迁徙

石槐率部"南抄缘边，北拒丁零，东却夫余，西击乌孙，尽据匈奴故地，东西万四千余里，南北七千余里，网罗山川水泽盐池"，建立起了一个鲜卑部落军事大联盟。檀石槐把他控制的地区划分为三部分。自辽东至右北平（今内蒙古赤峰市南）为东部；自右北平以西至上谷（今内蒙古多伦县南）为中部；自上谷以西至敦煌为西部。檀石槐建立的这个鲜卑军事大联盟虽然军事力量很强，但政治组织并不稳固。所以当181年檀石槐一死，鲜卑大联盟便开始分裂。随后有被称为"小种鲜卑"的柯比能集团继起，重新统一漠南地区，至235年柯比能被刺身死，鲜卑局部统一的联盟又被瓦解了。以后东部鲜卑分化，兴起了宇文部、段部和慕容部，这几个部在十六国时期，都曾经在中原活跃一时。

晋乌丸归义侯金印（西晋）

鲜卑山

同时期中国境内

◆ 200年，汉献帝建安五年，孙策遇刺身亡，孙权即位。

◆ 207年，汉献帝建安十二年，刘备投靠刘表。三顾茅庐，请出诸葛亮。

◆ 208年，建安十三年，赤壁之战，曹操败回北方。

◆ 215年，建安二十年，曹操征降汉中张鲁，统一北方。

◆ 196—219年，汉末建安时期，建安文学的代表作家主要是"三曹"、"七子"和蔡琰。作品词情慷慨、悲凉刚健，后人称之为"建安风骨"。

同时期全球视野

◆ 260年，波斯王出兵打败罗马军队。帕尔米拉的统治者奥登纳图斯趁机从罗马的统治下独立出来，自封为王。

◆ 320年，印度笈多王朝建立。

◆ 3世纪，罗马奴隶制度危机波及高卢，高卢商业和手工业衰落，城市凋敝，并不断遭到日耳曼部落的袭击。

历史百科

◇ 乌桓山

乌桓山即今内蒙古阿鲁科尔沁旗巴彦温都境内的乌兰山。

人物故事

◇ 檀石槐

檀石槐（？—181年），鲜卑部落首领。少时有勇有谋，被推举为部落首领。东汉末在高柳北弹汗山建立了王庭，向南劫掠沿边各郡，北边抗拒丁零，东方击退夫余，西方进击乌孙，占据匈奴的故土东西达1.4万余里，南北达7000余里。永寿二年（156年）秋，率军攻打云中（今内蒙古呼和浩特西南）。延熹元年（158年）后，鲜卑多次在长城一线的缘边9郡及辽东属国骚扰，汉桓帝忧患，欲封檀石槐为王，并跟他和亲。檀石槐非但不受，反而加紧对长城缘边要塞的侵犯和劫掠，并把自己占领的地区分为3部，各置1名大人统领。

延伸阅读

● 云岗石窟

云冈石窟距今已有1,500多年的历史，始建于公元460年，由当时的佛教高僧昙曜奉旨开凿。现存的云岗石窟群，是1961年国务院公布的第一批全国重点文物保护单位之一。

云冈石窟是中国四大石窟之一，位于山西省大同市以西16千米处的武周山南麓。石窟依山而凿，东西绵亘约1千米，气势恢宏，内容丰富。

第六章 鲜卑迁徙

云冈石窟按照开凿的时间可分为早、中、晚三期，不同时期的石窟造像风格也各有特色。早期的"昙曜五窟"气势磅礴，具有浑厚、纯朴的西域情调。中期石窟则以精雕细琢，装饰华丽著称于世，显示出复杂多变、富丽堂皇的北魏时期艺术风格。晚期窟室规模虽小，但人物形象清瘦俊美，比例适中，是中国北方石窟艺术的榜样和"瘦骨清像"的源起。此外，石窟中留下的乐舞和百戏杂技雕刻，也是当时佛教思想流行的体现和北魏社会生活的反映。

云冈石窟形象地记录了印度及中亚佛教艺术向中国佛教艺术发展的历史轨迹，反映出佛教造像在中国逐渐世俗化、民族化的过程。多种佛教艺术造像风格在云冈石窟实现了前所未有的融会贯通，由此而形成的"云冈模式"成为中国佛教艺术发展的转折点。敦煌莫高窟、龙门石窟中的北魏时期造像均不同程度地受到云冈石窟的影响。

第三节 拓跋鲜卑的足迹

● 彩绘牵驼陶俑（北魏）

曾经在嘎仙洞居住的鲜卑是西部鲜卑。西部鲜卑的拓跋部后来建立了北魏帝国。根据拓跋部的口传史，拓跋部族从所居的"石室"（嘎仙洞）所在地向外迁徙，发生在以"推演"为名号的部落君长时代，也就是第一推寅，当在1—2世纪。拓跋部的第一次迁徙到达了呼伦湖周围的辽阔草原，开始了游牧生活。拓跋鲜卑在草原上留下了许多墓群，可以给今天了解他们的生活情况提供佐证。这些墓群包括内蒙古陈巴尔虎旗完工墓群、满洲里市扎赉诺尔墓群以及呼伦贝尔市海拉尔区南部伊敏河流域各地发现的墓群等。从扎赉诺尔墓群出土的动物纹铜饰件看，拓跋鲜卑走出石室后，很快就接受了匈奴文化的影响。除铜饰件外，骨器也具有游牧民族特色，其中一块骨板上刻有猎人射鹿的狩猎纹饰，反映了拓跋鲜卑在呼伦贝尔大草原上还兼营狩猎。而墓群中发现的大量马、牛、羊头蹄骨，则可证实此时的拓跋鲜卑从事着以畜牧业为主的经济活动。

拓跋鲜卑在呼伦贝尔大草原生活了近百年后，又开始第二次迁徙。带领这次迁徙的部落首领是第二推寅洁汾，迁徙路线是从大兴安岭地带辗转至西辽河一带，由于往南走的路受到阻滞，所以只好从那里西折，循漠南草原路线到达阴山，越阴山而达五原、云中、定襄地区。传说行进中，拓跋鲜卑人曾经陷入迷途，幸好有一个样子像马、声音像牛的"神兽"引领，才得以走出险境。到达阴山一带的时间应该在3世纪初中叶。

嘎仙洞后代拓跋鲜卑人在檀石槐至柯比能的大联盟期间，正悄悄地完成了他们的第二次迁徙，到达阴山前后，成为鲜卑大联盟西部的一部分。当时在西部鲜卑中兴起的除拓跋部外，还有秃发部和乞伏部等。258年，拓跋部众从阴山西段的五原向东移至盛乐（今内蒙古和林格尔县土城子古城），将盛乐一带作为扩张基地，迅速发展起来。拓跋部一方面与中原魏、晋政权互通贸易，每年得到大量财物；另一方面，不断蚕食边郡土地，征服四邻部族。到首领禄官时期（295—308年），疆域大为拓展，分为东、中、西三部：其中东部由禄官率部驻牧，中部由猗㐌率众驻牧，西部

● 呼伦湖

第六章 鲜卑迁徙

● 环耳青铜鍑

● 青铜鍑

则由猗卢拥众而居。至4世纪，分三部而居的拓跋部首领禄官和猗相继死去，由猗卢总摄三部。310年，猗卢以助击骚扰西晋郡县的白部鲜卑和铁弗匈奴有功，被西晋封为代公，并得到西晋划给的陉岭以北五县之地。315年，猗卢建立政权，自称代王。势力所及包括今内蒙古中部土默特平原、乌兰察布高原、锡林郭勒高原部分地区及晋冀北部地区。316年，猗卢被儿子刺杀，统治集团发生内讧，势力一度衰弱，辖地缩小。直至338年，什翼犍即代王位，设置百官，制定法律，结束内乱，才正式建立代国政权。346年，什翼犍定都盛乐，筑新城，开始定居，从事农业生产。376年，与氐族贵族建立的前秦发生战争。前秦进攻代国，什翼犍被击败，部落离散，代国灭。

同时期中国境内

● 桦树皮罐（汉代）

◆ 227年，蜀后主建兴五年，诸葛亮上《出师表》请伐魏。
◆ 240—249年，魏齐王曹芳正始年间，谈玄之风盛行，魏晋玄学兴起以何晏、王弼为代表，以"三玄"为经典，从研究名理发展到"无名"之学。
◆ 280年，西晋太康时期开始，张载、张协、张亢、陆机、陆云、潘岳、潘尼、左思等创作"太康体"。

同时期全球视野

◆ 约250年，印度的戏剧和舞蹈手册出版。
◆ 257年，哥特人分为东、西二部后，开始入侵黑海地区。
◆ 235—268年，罗马陷入30年的政治混乱和蛮族入侵时期，沉重打击了罗马帝国的经济。

历史百科

◇ 拓跋鲜卑

拓跋鲜卑，原居于额尔古纳河和大兴安岭北段，鲜卑的一支，也称别部鲜卑。拓跋鲜卑，包括建立代、魏的拓跋部，建立南凉的河西鲜卑秃发部等，而习惯上往往仅指北部鲜卑。"统幽都之北，广漠之野，畜牧迁徙，射猎为业"。

人物故事

◇ 拓跋什翼犍

什翼犍（320—376年），鲜卑族，凉州陇西人，十六国时期代国国君，军事统帅。338年，什翼犍即代王位，设置百官，分掌众职，制定法律，正式建立代国。340年，什翼犍定都盛乐，并以此为中心，开始从事定居的农业生产。盛时南抵雁门，北至大漠，有今内蒙古和山西、河北北部。376年，前秦苻坚攻代，什翼犍被击败，部落离散。

"敕勒川狩猎图"壁画（北魏）

延伸阅读

● 前秦灭代

前秦灭前凉后，即出兵伐代。376年十月，依附于前秦的匈奴左贤王刘卫辰为拓跋鲜卑的代国岁逼，向秦求援。前秦王苻坚共领10万攻拓跋鲜卑，并领步骑20万人东出和龙，西出上郡。两个方向与河洛回合，以刘卫辰为向导。十一月，代王什翼犍先派白部、独孤部抵御前秦大军，均未获胜。继派刘库仁10万骑兵抵抗，与秦军在云中盛乐西南石仔岭激战，再次战败。什翼犍因病不能亲自作战，进而向北阴山撤退。后闻前秦军稍退又再次回到云中，不久被刺杀。代国部众纷纷逃散。代国亡，其辖境并入前秦，苻坚分其地为两部，令刘库仁统黄河以东，刘卫辰统黄河以西。

第六章 鲜卑迁徙

第四节　十六国风云

中国历史上有一个特殊的时期，叫"三国两晋南北朝"，总时长从220年到589年，共369年。这一时期内只有从280年至316年这37年是大致统一的局面，其余时间都是分裂的、割据的状态。

先述三国。理论上讲，三国时代从220年开始。这一年，曹操的儿子曹丕取代汉献帝，建国号"魏"；221年，刘备在成都称帝，国号"汉"（蜀汉）；222年，吴王孙权在建业称帝，国号"吴"。三国分裂时代正式开始。但事实上，读史的人都知道，三国开始的时间要比这个时间早，从东汉中平元年（184年）黄巾起义爆发，或者东汉光熹元年（189年）董卓入京，都可以算三国时代的开始。因为东汉的政治统治力量已经被"群雄"肢解了，很快就形成了割据的局面。265年，曹魏的帝旗易帜，换成了司马氏的西晋，三国依然存在，就是晋、蜀、吴。263年，曹魏灭蜀；280年，晋灭吴。三国时代结束。

● 双羊纹金饰牌（魏晋）

● 兽面纹四鸟形金饰牌（西晋）

● 嵌宝石熊形金饰（西晋）

三国是共时存在的，而两晋是连续存在的。西晋灭吴后，统一了中国。但是统一的时间很短。291年，西晋发生"八王之乱"，311年，"永嘉之乱"，西晋政权名存实亡。317年，西晋灭亡。同年，晋宗室司马睿在江南重建晋室，史称"东晋"。东晋政权控制了长江以南，维持了较长时期的偏安统治，到420年被南朝宋取代，享国104年。

司马睿在建康（今南京）建立东晋后，北方陷入混乱状态：黄河流域成了北方各民族（"五胡"）军阀厮杀的战场，他们各自纷纷建立政权，和东晋汉族政权长期对峙，史称"五胡十六国时期"。这一时期从316年西晋灭，到439年北魏统一北方，共124年。

北魏政权就是从神奇的嘎仙洞出来的拓跋鲜卑人建立的，建国于386年，灭国于534年，历时149年（或者更长，因为534年后被裂为东魏、西魏）。东魏17年（534—550年）、西魏22年（535—556年），分别被北齐（550—577年）和北周（557—581年）所代替。581年，隋建立。589年，隋统一中国。从386年到439年，北魏致力于统一长江以北的中国北方。所谓北朝就是"北魏—东魏西魏—北齐北周"，而所谓南朝就是"刘宋（420—479年）—南齐（479—502年）—梁（502—557年）—陈（557—589年）"四朝的历时概括。历史学家称这一时期为"南北朝时期"。

对这一时段的历史表述"三国、两晋、南北朝"被约定而成习惯。但这是可以讨论也应该讨论的，因为这一表述丢掉了一个长达100余年的"十六国时期"。

本章所述的重点是拓跋鲜卑及其所建立的北魏，这是4—5世纪内蒙古历史文化的重要内容。而要想把这一重点内容讲述清楚，十六国的历史就需要清晰地表述出来。

"十六国"也是一个概述。这一时段的割据政权很多。我们依据时序列出20个割据政权。

1. 成汉（304—347年）

304年，巴氐族人李雄在益州称"成都王"；306年称帝，建都成都。338年，李雄的侄子李寿自立为帝，改国号为"汉"。347年被东晋灭。

2. 汉（前赵）（304—329年）

304年，匈奴族贵族刘渊在左国城（今山西离石县）称"汉王"。308年称帝，国号"汉"，建都平阳（今山西临汾县西南）。316年，刘渊子刘聪灭西晋。318年，刘渊侄刘曜夺权，自立为帝。319年改国号为"赵"，史称"前赵"，建都长安。329年被后赵所灭。

3. 后赵（319—351年）

319年，羯族人石勒自称赵王。329年灭"前赵"。330年称帝，建都襄国（今河北省邢台市西南），史称"后赵"。351年被冉魏所灭。

第六章 鲜卑迁徙

4. 前凉（320—376年）

东晋立国江南，但封凉州刺史张茂守土凉州，州治姑臧（今甘肃武威），后形成割据政权。立国57年，被前秦所灭。

5. 前燕（337—370年）

337年，东部鲜卑人慕容皝称"燕王"，以龙城（今辽宁省朝阳市）为国都。后迁都蓟（今北京城西南），又迁于邺。370年被前秦所灭。

6. 代（338—376年）

西晋永嘉之乱后，拓跋鲜卑人拓跋猗卢被封为"代公"，后晋封为"代王"。338年，拓跋什翼犍即代王位，置百官，制法律。346年定都云中盛乐宫。376年被前秦所灭。

7. 冉魏（350—352年）

350年，汉族人冉闵建，国号"大魏"，都邺城，史称"冉魏"。352年被前燕所灭。

8. 前秦（351—394年）

351年，氐族人苻健称"大秦天王"、"大单于"，国号"大秦"，史称"前秦"，352年称帝，都长安。382年统一北方。前秦是中国历史上第一个统一北方的少数民族政权。394年被后秦、西秦所灭。

9. 后燕（384—409年）

384年，鲜卑人慕容垂在荥阳自称大将军、大都督、燕王。386年自称皇帝，定都中山（今河北省定县）。407年被北燕所灭。

10. 西燕（384—394年）

384年，鲜卑人慕容泓自称"济北王"。386年称帝，史称"西燕"。394年被后燕所灭。

11. 后秦（384—417年）

384年，羌族人姚苌在北地（今陕西富平县）自称"秦王"。386年称帝，国号"大秦"，建都长安。417年被东晋所灭。

12. 西秦（385—431年）

385年，鲜卑人乞伏国仁自称"大将军"、"大单于"。431年被大夏所灭。

13. 后凉（386—403年）

386年，氐族人吕光入据凉州，建立后凉。403年降后秦。

14. 南凉（397—414年）

397年，拓跋鲜卑人秃发（拓跋）乌孤自称"大将军"、"大单于"、"平西王"。399年迁都于乐都（今属青海）。414年降于西秦。

15. 北凉（401—439年）

397年，卢水胡（或谓匈奴族）人沮渠蒙逊自称"大都督"、"大将军"、"凉州牧"、"张掖公"，建国北凉。

16. 南燕（398—410年）

398年，鲜卑人慕容德自称"燕王"，次年改称皇帝，史称南燕。410年被东晋所灭。

17. 西凉（400—421年）

400年，汉族人李暠自称"大都督"、"大将军"、"凉公"，建国西凉。405年迁都酒泉。421年被北凉所灭。

18. 西蜀（405—413年）

405年，汉族人谯纵在成都建立政权，史称西蜀或后蜀。413年被东晋所灭。

19. 大夏（407—431年）

407年，铁弗匈奴人赫连勃勃自称"大夏天王"、"大单于"。418年建都统万城（今内蒙古乌审旗南白城子）。431年，亡于吐谷浑。

20. 北燕（409—436年）

409年，汉族人冯跋灭后燕，自称"燕天王"，建立北燕政权。436年，亡于高句丽。

以上20个割据政权中，国号中有"燕"字的有5个：前燕、后燕、西燕、南燕、北燕，除西燕外，都与内蒙古东部、中部有关系；有"凉"字的有5个：前凉、后凉、南凉、北凉、西凉，也包括西燕，都与内蒙古西部有关系；有"秦"字的有3个：前秦、后秦、西秦，都与内蒙古中部、西部有关系；有"赵"字的有2个：前赵、后赵，可能与内蒙古中部区域有间接关系；代政权和大夏政权就肇兴于今内蒙古中部。

双耳铁鍑（北朝）

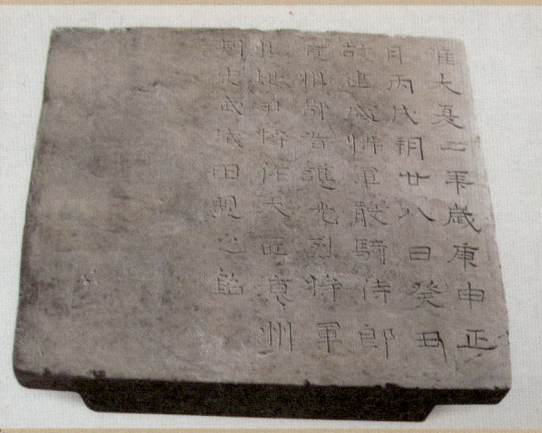
凉州刺史墓志（大夏）

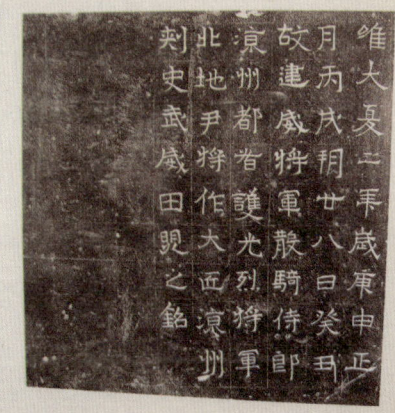
凉州刺史墓志（大夏）

同时期中国境内

◆ 317年，东晋时期为玄学清谈后期，张湛吸收佛教思想，开始玄佛合流，僧肇进一步推进合流，至此，玄学渐衰。

◆ 353年，东晋穆帝永和九年，王羲之、谢安等人于会稽山阴兰亭燕集吟咏，王羲之作《兰亭集序》。

同时期全球视野

◆ 392年，罗马帝国定基督教为国教，用基督教神学的观点来解释历史、编写历史盛行，基督教史学兴起。

◆ 395年，狄奥多西去世，罗马帝国一分为二，罗马帝国永久分裂为西罗马帝国和东罗马帝国。

历史百科

◇ 《晋书》

《晋书》，唐朝房玄龄等撰，是一部记述西晋、东晋历史的纪传体史书。共130卷，包括本纪10卷，志20卷，列传70卷，载记30卷，记载了从司马懿开始到晋恭帝元熙二年为止，包括西晋和东晋的历史，并用"载记"的形式兼述了十六国割据政权的兴亡。本书史料甚备，博采杂著，惟多记异闻，常见怪力乱神之语，是本书的缺点。

◇ 西晋八王之乱

西晋年间司马氏同姓王之间为争夺中央政权而爆发的混战，前后历时16年。其最终结局是东海王司马越夺取大权。对统治造成了严重破坏，被认为是导致西晋灭亡的原因之一。

人物故事

◇ 赫连勃勃

赫连勃勃（？—425年），字屈孑，铁弗匈奴族人，十六国时期夏国创建者。赫连勃勃骁勇剽悍，善骑射，多智谋，称雄漠北，早年归附后秦姚兴，深得姚兴信任。历任骁骑将军，奉车都尉，持节、安北将军，并封为五原公。后秦弘始八年（406年）出镇朔方。407年反叛后秦，起兵自立。称大单于，大夏天王，年号龙升，并改姓赫连氏。413年改元凤翔，在朔方水北、黑水之南营建都城，名曰统万。425年赫连勃勃病死，谥武烈皇帝，庙号世祖，葬嘉平陵。

延伸阅读

● 统万城遗址

统万城遗址是十六国时期（304—439年）夏国的都城遗址，位于今鄂尔多斯南部乌审旗与陕西省靖边县界之间，始建于东晋义熙九年（413年），一直延续使用至宋淳化五年（994年）。城址包括外郭城、东城、西城三部分。东城和西城均略呈长方形，中间以城墙分隔。东城周长2566米，西城周长2470米，墙体残高2～10米，墙基宽10～16米。城的四角均筑有方形墩台，最高达31.6米。西城的四面均辟有城门，西门瓮城尚存。城址内发现有夯筑台基等遗迹，出土有汉代至宋代的铜印、铜佛像、铜镜、钱币、石碑、瓷器、陶器等遗物。

● 统万城遗址

第五节 北魏政权

● 北魏长城（崇礼）遗址

338年，从遥远的嘎仙洞迁徙而来的拓跋鲜卑人的首领拓跋什翼犍在呼和浩特平原上建立了割据一方的代政权。376年遭到前秦大将苻坚的毁灭性打击。拓跋什翼犍在败亡中被族人所弑。代政权亡。

但是，政权消亡，并不等于族人也消亡了。拓跋什翼犍的一个孙子拓跋珪隐匿起来，并在10年后（386年）再兴代国。

383年，前秦政权在淝水之战中大败，拓跋部乘机发展自己的势力。386年，拓跋珪在牛川（今内蒙古呼和浩特市东）大会诸部，即代王位，建元登国。不久迁都盛乐，即称魏王。当时，在拓跋魏国北面是阴山以北的柔然和高车，东面是西拉木伦河、老哈河流域的契丹和库莫奚，南面是鲜卑慕容氏建立的后燕国，西部则是黄河河套中的铁弗匈奴。为了巩固政权，拓跋珪发动了一系列征服战争。389年，击库莫奚，获杂畜10余万；390年，大破高车诸部落；391年，又破高车回纥部，获牲口马羊20余万。同年，破铁弗匈奴刘卫辰，得马30余万匹，牛羊400余万头；396年，破后燕军，获资财无数；398年，攻破后燕都城中山。

通过不间断的兼并战争，拓跋魏统治地区逐步扩大，国力进一步增强。398年，拓跋珪迁都平城；次年，改号称皇帝（魏道武帝），北魏王朝正式建立。到太武帝拓跋焘（424—451年在位）时，又先后灭掉了夏、北燕、北凉等国，统一了北方。

398年，拓跋鲜卑建立的北魏帝国将其政治中心东迁至平城，并于494年又将都城南迁洛阳。嘎仙洞的后裔们整体向南扩张，内蒙古高原便成为他们的北部边疆。为了防御北方柔然等族的南下，北魏统治者还修筑了长城。北魏长城东起今河北省赤城县，经内蒙古乌兰察布市南部、鄂尔多斯市东部，西至包头西，绵延2000余里。同时沿阴山一线设立了6个军镇：沃野、怀朔、武川、抚冥、柔玄和怀荒。

沃野镇，故址初在今巴彦淖尔市磴口县河拐子古城。486年（北魏孝文帝太和十年），迁至汉代朔方故城，约在今鄂尔多斯市杭锦旗东北什拉召一带。北魏末年，又迁至今巴彦淖尔市乌拉特前旗苏独仑乡根子场古城。镇戍和统辖阴山南乌加河河套地区。

怀朔镇，故址在今包头市固阳县百灵淖城库伦古城。后来建立北齐政权的高氏集团出自此镇。

● 释迦佛鎏金铜造像

● 多宝双佛青铜造像

● 云岗石窟

第六章 鲜卑迁徙

● 彩绘舞乐陶俑（北魏）
　石兽（北魏）

武川镇，故址在今呼和浩特市武川县西乌兰不浪土城梁古城。北周政权的建立者宇文氏统治集团曾是武川镇豪强。怀朔和武川二镇镇戍和统辖乌兰察布高原大部。

抚冥镇，故址在今乌兰察布市四子王旗乌兰花土城子古城。

怀荒镇，故址在今河北省张北县境，镇戍和统辖今锡林郭勒高原东部及张家口地区。

柔玄镇，故址在今内蒙古兴和县台基庙东北。抚冥和柔玄二镇镇戍今乌兰察布高原东部和锡林郭勒高原西部。

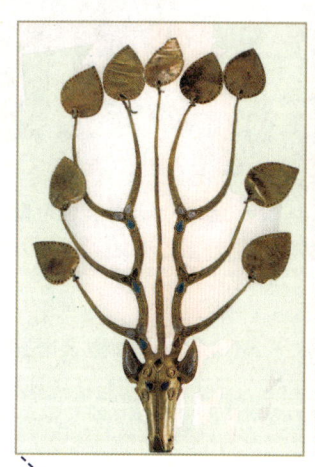 
● 鹿首金步摇冠（北魏）　● 双马形金佩饰（北朝）

阴山北的高原，蔓草萋萋。一座五里见方的巍峨城楼，四周的角楼上不时可见巡哨的鲜卑武士。城边有河，自南向北蜿蜒流去。夕阳西下，或耕或牧的乡人都陆续回返到城里。城里有官衙，有陋室；有豪贵，有校官，有武士，有僧侣，有商贩，有乡人；有流民；有罪徒，有俘囚；有中原的汉人，有边塞的胡客，有匈奴的遗民，有来访的铁勒……各色人众，闹语喧天。他们生活在边塞的这座城堡里，履行守土的职责。而在北方，则不时有一个叫做柔然的民族长啸而来，飞腾而去。

同时期中国境内

- 399年，高僧法显从长安出发，去天竺求经取法。
- 446年，北魏太武帝禁佛教，毁经像、塔寺，坑杀僧人。
- 485年，北魏太和九年，北魏颁行均田制。
- 494年，北魏孝文帝迁都洛阳，实行汉化。
- 502年，南朝梁武帝天监元年，刘勰的《文心雕龙》完成，为中国文学批评史上第一部有严密体系的文学理论专著，标志着古代文学理论批评的高峰。
- 515—524年，郦道元（466或472—527年）撰成《水经注》，以《水经》中137条水道为干流，补充了1252条水道。
- 572年，北齐武平三年，魏收卒（生于506年），年67岁。所撰《魏书》经宋人补校，清人列为二十四史之一。

同时期全球视野

- 418年，西哥特王国建立，首都图卢兹，这是在罗马帝国境内第一个建立起来的蛮族王国。
- 525年，亚历山大商人兼地理学家科西姆·印吉科普沿着尼罗河而上，到达东非，而后到达波斯和印度海岸。
- 476年，西罗马帝国灭亡，西欧开始了封建社会的历史，基督教成为占统治地位的思想。

历史百科

◇ 南北朝

　　南北朝（420—589年）是中国历史上的一段分裂时期，自420年刘裕篡东晋建立南朝宋开始，至589年隋灭南朝陈为止。该时期上承东晋、五胡十六国，下接隋朝，南北两势虽然各有朝代更迭，但长期维持对峙，所以称为南北朝。南朝（420—589年）包含宋、齐、梁、陈4朝；北朝（439—589年）包含北魏、东魏、西魏、北齐和北周5朝。

人物故事

◇ 北魏道武帝拓跋珪

拓跋珪（371—409年），南朝人又称其为拓跋开，鲜卑族拓跋部人，北魏王朝的创建者，史称北魏道武帝，杰出的政治家、军事家、统帅。409年的宫廷政变中遇刺身亡，终年仅三十九岁，在位二十四年。

376年，前秦攻灭代国。6岁的拓跋珪随母亲投奔刘库仁，后又流寓于贺兰部。10年后，前秦在淝水之战后瓦解，少年拓跋珪决心兴复代国，乘势在牛川（今呼和浩特市东）召开部落大会，即代王位，建元"登国"。即位初年，积极扩张疆土，励精图治，将鲜卑政权推进封建社会，天下小康。不久迁都盛乐（今内蒙古和林格尔县境），改称魏王，建立北魏王朝。

在军事胜利的基础上，拓跋珪仿照中原王朝的模式，建立了一套封建国家机器。396年，拓跋珪改元皇始，始建天子旌旗。398年，迁都平城（今山西大同市），营宫室，建宗庙，立社稷。在中央则沿用魏晋以来的三省制，设尚书省、中书省、门下省，用汉族士人主持三省事务。在中央机构里还保留了鲜卑官制。在京城的郊区置八部帅拱卫京师、监督生产。在皇城四方四维置八部大夫参理朝政，八部帅与八部大夫由北魏宗室子弟担任。在地方上，承袭魏晋之制，设立州、郡、县三级机构。

拓跋珪重视发展农业经济。他在即代王位之初，就在五原到稒阳塞外进行屯田。灭燕后，从中原向平城地区大量移民屯田，实行"计口受田"。当时在平城周围有鲜卑、乌桓、汉等各族农业人口百万以上，农业在北魏经济中的比重增加。

拓跋珪广泛吸收汉族思想文化。北魏儒、道、法思想并行，佛、道两教同重。拓跋珪首崇儒学，在平城建立太学，培养儒士；搜罗儒家经典，集中于平城，以备宫廷使用。拓跋珪又重视法家思想，制定了简易的法律，也喜好黄老之说，他认为黄老思想可以纯化风俗，倡导节俭。拓跋珪在推崇佛教的同时，笃信道教，置仙人博士，立仙坊，煮炼长生之药。拓跋珪的文治武功，为以后北魏统一北方及北魏进入全盛时期奠定了基础。北魏的统治还促进了中原的农业文化与草原的游牧文化的交汇，为中原农业文化输入了新的活力，也为以后隋唐文化高度发展提供了历史条件。

延伸阅读

● 鲜卑文化

鲜卑族是继匈奴后在内蒙古高原上崛起的北方游牧民族，经济生活以畜牧为主，特产有野马、源羊、角端牛等；端牛角可制劲弓，称角端弓；又产貂、豽、鼲子，毛皮柔软，为天下名裘。鲜卑的社会组织、文化风俗大致与乌桓同。若干邑落组成部，部与邑落各有大人与小帅为首领，均由选举产生。违大人言，处死罪，但可以牛羊赎。鲜卑人每年春季大会于饶乐水（今西拉木伦河），嫁女娶妇，髡头宴饮。婚俗中保留掠夺婚、收继婚，以牛羊为聘礼，男子为妻家服役二年等。丧葬习俗，敛尸以棺，用狗、马、衣物等殉葬，"死则潜埋，无坟垄处所，至于葬送，皆虚设棺柩，立冢椁，生时车马、器用皆烧之，以送亡者"。

早期的拓跋鲜卑，狩猎经济已经过长期的发展，生产力具有一定的水平。石器、骨器、陶器以狩猎工具为多数，多处发掘的墓葬中发现有羊、牛、马、狗的骨头、陶器、铜铁器，表明鲜卑人由狩猎业向畜牧业的转变，金属冶炼和铜铁手工业也在渐次发展。拓跋鲜卑南迁至盛乐后建立北魏王朝之前，社会经济以游牧为主。后来农业经济才发展起来。

东部鲜卑从魏晋时期分化兴起了宇文部、段部和慕容部。慕容部在迁徙中，日益受汉族文化的影响，逐渐脱离游牧生活，转向农耕。

鲜卑继承匈奴的传统，喜爱黄金装饰，其黄金工艺比以往有了长足进步。鲜卑人掌握了单模灌铸，辅以锤牒，又掌握了复模镶包术、镶嵌术，这些技术是波斯、希腊、罗马等国家输入的。从黄金制品上看到的工具痕迹表明，有复杂的工具和焊接，这些工艺成就既有与希腊、罗马交流的因素，又包括了印度、波斯的工艺，并与中国传统工艺相结合，是中国黄金加工史上灿烂夺目的一页。

鲜卑拓跋部在远祖推寅（第一推寅）时，还是"以言语为约束，刻契纪事"。北魏建立之初，鲜卑拓跋部人仍操鲜卑语。"后魏初定中原，军容号令，皆以夷语。"夷语即鲜卑语，还是官方语言而贯彻号令之中。鲜卑人已创制出自己的文字，但却未普遍推行。政务推行上，鲜卑官员与汉官接触使用汉文汉语，不通汉文汉语者，通过"译令官"传译。孝文帝迁都洛阳后，严禁鲜卑人说鲜卑语，故鲜卑语后为一般人所遗忘。

拓跋鲜卑走出森林，南迁进入中原，文化艺术方面表现为融游牧与农耕文化为一体，奔放自然的草原文化冲击了汉文化的沉闷。鲜卑初期，崇信巫术，祭祀天地日月星辰山川。进入中原后，逐渐信仰佛教，有的兼信道教。拓跋鲜卑定都平城后，大兴佛教，开凿石窟，兴建佛寺，使西方文化在中国北方逐渐扎下根来。寺宇林立，石窟遍布。著名的有云岗石窟，龙门石窟，敦煌千佛洞，天水麦积崖，巩县石窟寺，响堂山石窟，永靖炳灵寺石窟等等。在雕塑艺术上，既创造了佛、菩萨金刚、梵天王、飞天之类栩栩如生的形象，又展示了鲜卑文化与中原及西域文化交融的璀璨画卷。

代魏时的鲜卑文化完全是开放型的。鲜卑人的个性开朗，身穿佛化的鲜卑装，腰束郭洛带，挺着胸脯，精神抖擞，是个有朝气的民族。这种精神面貌反映在文化艺术的各个方面，形成内容丰富多彩的鲜卑文化。

● 北魏孝文帝改革

北魏孝文帝是我国历史上有作为的政治家、改革家。他顺应历史发展潮流，锐意改革，采取一系列促进民族融合的措施，促进了鲜卑族的封建化，为各民族的融合创造了条件。

北魏孝文帝时，吏治混乱、财政困难，北部受到游牧民族的武力威胁。同时，由于各族长期的交往和相互影响，北方出现了民族大融合的趋势。在这种历史条件下，北魏统治者进行了一系列改革，主要内容包括：

第一，整顿吏治。制定俸禄制度，杜绝官吏贪赃枉法。

第二，颁布均田令。有利于农业生产的恢复和发展，保证赋税收入和徭役征发。

第三，迁都洛阳。为加强对中原的控制，494年孝文帝将都城从平城迁到洛阳。

● 北朝民歌

北朝民歌是指南北朝时期北方文人所创作的作品，现存的作品，有六十多首，大多收录在《乐府诗集·梁鼓角横吹曲》中，另有几篇收在《杂曲歌辞》和《杂歌谣辞》中。质朴粗犷、豪迈雄壮，是北朝民歌最显著的特色。

北方的民歌最著名的是《敕勒歌》和《木兰诗》。

《敕勒歌》十分简洁雄壮，充满了一种豪迈气概。

《木兰诗》是北方民歌中艺术成就最高的作品，这是一首长达300多字的叙事诗，经过后代文人的不断加工，作品更趋完美。

● 北朝书法和"魏碑"

南北朝时期的书法，是我国书法史上发展的重要阶段。这一时期，中国书法艺术进入北碑南帖时代。北朝时期的书法艺术，深受钟繇和王羲之等人的影响，并在这一基础上有所发展创新。敦煌石室发现的十六国和北朝写的佛经中，虽多微掺隶法，但字迹工整，颇有笔力，达到了较高的艺术水平。近百年来，出土了许多北朝的墓志、墓碑、造像题记等，其书体虽各有不同，但大多结体扁方、构架紧密、方笔折角、骨力雄劲，这就是"魏碑"的字体。由于用笔厚实，字形稳健有力，给人以一种独特美的感觉。

魅力草原

■ 盛乐博物馆

盛乐博物馆位于盛乐古城遗址东侧,是盛乐古城遗址公园的重要组成部分,是中国首座以展示鲜卑历史文化为主的博物馆,也是内蒙古自治区十大特色博物馆之一。该馆占地面积4万平方米,主体建筑采用目前国内最新的半地下覆土式、生态环保型建筑形式建造而成。

第七章　民族叠现

　　中华民族是中国各民族的总称，是由许多民族在共同缔造祖国文化的长期发展过程中逐渐形成的民族集合体。华夏族是许多族群汇聚交融的结果，是在陈陈相因、重叠递进的历史发展中逐渐形成的。中国的历史是多民族的历史。我们在第六章的叙述已经涉及到许多民族。自东汉中晚期以后，从中国北方、西北各地进入中原的各少数民族蜂拥叠现。他们在西晋"八王之乱"所造成的社会动荡环境中，纷纷亮相，建立了许多割据政权。而在北方的蒙古高原，还有一些民族交替叠现，或者影响中原，或者等待合适的机会进入中原。

第七章 民族叠现

第一节 契丹与库莫奚

契丹于10世纪中叶崛起并建立了辽朝。我们现在讲的是4—6世纪关于契丹的事情。

"契丹"一名，北魏道武帝拓跋珪登国三年（388年）第一次出现于历史记载。契丹是东胡系鲜卑人的后裔。库莫奚大概是鲜卑化匈奴人的后裔。契丹和库莫奚都是起源于内蒙古高原东部的游牧民族。曹魏至西晋时期（3世纪），契丹和库莫奚同隶东部鲜卑宇文部下。十六国时期（4世纪），东部鲜卑人中的宇文部、段部和慕容部经常发生战争。344年，宇文部被慕容部击破以后，契丹和库莫奚分别以自己的名号出现在大兴安岭西部的松漠一带。契丹祖居潢河（今西拉木伦河）、土河（今老哈河）之间。库莫奚东邻契丹，驻牧地在西拉木伦河上游南部地区。

北魏建国初期，契丹始祖奇首可汗所生八子组成八部，称"古八部"。北魏太武帝太平真君（440—450年）以来，契丹向北魏朝贡，用名马、兽皮在和龙（今辽宁朝阳）、密云等地与北魏统治的中原进行贸易交换。5世纪末期，契丹万余人因惧怕柔然人和高丽人的侵扰，向南迁往燕山北麓大凌河以东地区。没有迁徙的契丹余部居留松漠一带。6世纪50年代，北齐出兵击破契丹，把掳获的10余万契丹人分置在营州（治所在今辽宁朝阳）和安州（治所在今河北隆化）。另有一部寄居于高丽，留在西拉木伦河、老哈河老营的契丹人则降附了突厥。

● 西拉木伦河

库莫奚人于5世纪80年代也稍向南迁徙，到达了老哈河上游以西至滦河上游之间，与北魏的郡县之民交错而居。498年，库莫奚脱离北魏控制，北迁故地。6世纪初，库莫奚大部又南迁至北魏塞外，活动地区包括今内蒙古赤峰市南部。东魏武定（543—550年）年间，库莫奚人已经进入今河北北部地区；稍后，更迁入代郡（今山西北部）以北地区。552年，北齐击破这部分库莫奚人，将俘获的人口安置在太行山以东地区。除迁入内地的库莫奚人以外，今赤峰南部一带仍留居部分库莫奚人，隋唐时见诸史籍。

卧鹿纹金花银盘（唐代）
狮纹金花银盘（唐代）

同时期中国境内

◆ 409年，画家顾恺之卒（约348年生）。顾恺之作画主张以形写神，强调传神。作品有《女史箴图》、《洛神赋图》等。

同时期全球视野

◆ 400年，欧洲文化区域内的重要城市有罗马、君士坦丁堡、迦太基、安条克、亚历山大城等。

历史百科

◇ **朝贡**

古时谓藩属国或外国使臣入朝、贡献方物为朝贡。

第二节　乌洛侯与室韦

　　太平真君四年（443年），北魏皇帝拓跋焘灭赫连夏、北燕、北凉后，又向西攻取仇池（今甘肃西和西南），以威服西域诸国，北败柔然，统一了北方。就是在这一年，拓跋焘接待了来自遥远东北的一个部族的使者，这个使者告诉拓跋焘：在他们这个部落居地的西北发现了拓跋鲜卑的先祖石室——神奇的嘎仙洞！于是，拓跋焘派出中书侍郎李敞前往祭祀，并在石室壁上刻了祝文。

　　这个使者所在的部落叫乌洛侯，是较早同北魏建立联系的室韦部落。居住今嘎仙洞东南的甘河流域，其南界应到诺敏河流域，西界大兴安岭山中。

　　乌洛侯与北魏有了交往以后100年间，北朝一直将嫩江流域及以西大兴安岭的所有室韦部落都称之为乌洛侯。544年（东魏武定二年），"室韦"一名始见于史籍，与东魏建立了通贡关系。此后，室韦成为大兴安岭地区东胡后裔诸部落的泛称。从主体来看，室韦应是南北朝居住在今兴安岭地区的东胡鲜卑后裔。

● 诺敏河之秋

　　北朝时，室韦居地在契丹以北，主要在嫩江中下游以西地区居住。此时，关于室韦的文献记载还十分简略。到隋唐时期，关于室韦的文献记载开始丰富起来。

同时期中国境内

◆ 479年，祖冲之进一步提高了圆周率的精确度，他求出圆周率在3.1415926至3.1415927之间。

同时期全球视野

◆ 3—5世纪后期，罗马文学走向衰落。

●　阿尔山天池

魅力草原

■ 北魏长城

北魏为防备北方草原上的柔然族和契丹族，以及其他割据政权的进攻，先后筑起两道长城，即北长城和南长城。

北长城修筑于魏明元帝泰常八年（423年），起自赤城，至五原、阴山。长城从今赤城以东的山脉向北，绕过独石口而西去，经张北、尚义、兴和、呼和浩特、包头，而终于乌拉特前旗境，东西长达2000余里。

南长城又名"畿上塞围"，修筑于太武帝太平真君七年（446年），东起上谷，西至于河。北魏上谷郡治居庸县，在今北京市延庆区界。长城从今延庆区南的居庸关趋向西南，经蔚县和涞源之间的黑石岭（古飞狐陉），入山西灵邱县，又经平型、北楼、雁门、宁武、偏头诸关而达到山西河曲县。畿上塞围环绕于北魏都城平城以南，显然是为了捍卫平城而修筑的。

133

第七章 民族叠现

第三节 漠南敕勒

关于敕勒，曾经有过一个很漂亮的名字：高车。因为南北朝时他们使用一种高轮车，驰骋在塞外的草原上，这使许多北方汉人和南人很惊异，也很新奇，就以"高车"作为敕勒人的雅号。而北方塞外各民族都称他们为敕勒。

敕勒民族很早就进入到中原史家的视野，早在春秋时就将其记为"赤狄"，秦汉时作"丁零"。这说明敕勒与拓跋鲜卑和柔然民族不同，他们是从遥远的东北而来，而敕勒一直就在大漠南北往来迁徙。当东汉末年匈奴衰落后，敕勒又回到阴山一线，又当拓跋鲜卑占据匈奴故地后，敕勒便向北退去。

敕勒的社会经济是游牧经济，以畜牧业生产为主，兼有狩猎。猎貂和造高车是敕勒人的绝活。当他们迁居阴山以南后，除了"乘高车，逐水草，畜牧蕃息"外，也渐知粒食，学会了农耕。

聪明而勇猛的敕勒人虽然也产生了阶级分化，也出现过奴隶主、贵族，但是没有形成统一的政治实体。他们总是由各个部落汇聚而成部落联盟，结构很不稳定，这使他们虽然有时很强盛，却总是处于被动挨打的局面。

4世纪末叶，漠北敕勒诸部落经常与柔然相攻伐，也时常侵扰拓跋北魏的边界。390年，敕勒袁纥部（后演变为回纥）被拓跋击破，损失人口、马牛羊20余万；同年，阴山西部的敕勒豆陈部又遭拓跋鲜卑攻击。399年，敕勒30余部被攻破，损失人口9万多，马35万余匹、牛羊160余万头、高轮车20余万辆。战败的敕勒部众被掳至平城（今山西省大同市），为北魏修筑"鹿苑"。5世纪20年代，贝加尔湖一带的敕勒10万余人向北魏拓跋皇帝投降，30余万高车人被迁到东起濡源（今河北省丰宁县），西至阴山五原，幅员3000平方里的漠南之地。5世纪50年代时，漠南五部高车（敕勒）大会祭天，众至数万；走马杀牲，歌舞升平。正是这一个时期敕勒在漠南地区的活动，使今呼和浩特平原又被称做"敕勒川"。"敕勒川，阴山下，天似穹庐，笼盖四野。天苍苍，野茫茫，风吹草低见牛羊。"这首敕勒民歌，生动地描绘出当时阴山南部水草丰美的景象。

同时期中国境内

◆ 魏晋南北朝时期，我国小说发展承接古代的神话和历史小说，发展迅速。志人、志怪小说大量出现。

◆ 5世纪，南朝萧梁时期，建康是最大的城市，拥有140余万人口，成为各地农产品、手工业品的集散地。

◆ 4世纪末，南北朝时期产生大量民歌，名篇有《子夜四时歌》、《敕勒歌》、《木兰诗》等。大部分收入宋人郭茂倩所编《乐府诗集》中。

同时期全球视野

◆ 距今约300年前，5个日耳曼公国各自发展：萨克森人、法兰克人、奥列曼尼人、图林根人与哥特人。

◆ 4—5世纪时期，印度佛教衰落而印度教开始兴起，希腊天文学开始传入印度，天文学开始在印度蓬勃发展。

高车

延伸阅读

● 斛律金悲情创作《敕勒歌》

     敕勒川，阴山下；
     天似穹庐，笼盖四野。
     天苍苍，野茫茫；
     风吹草低见牛羊。

  这首脍炙人口的民歌，流传于1300多年前的南北朝，是敕勒民族留给中华民族祖国大家庭文化宝库中的一块瑰宝。

  敕勒是当时北方的一个少数民族部落。据学者考证，敕勒川在今内蒙古呼和浩特附近。歌中唱出北方大草原广阔无垠、浑沌苍茫的景象，表现了开阔的胸襟、豪迈的情怀。后面描绘水草畜牧之盛，抓住特点，大笔如椽，并且充分体现出人对自然的自豪。据《乐府广题》说，东魏高欢攻西魏玉璧，兵败疾发，士气沮丧，高欢令敕勒族大将斛律金在诸贵前高唱此歌，以安定军心，可以推想它的音乐也一定是雄强有力的。

  这首歌的作者究竟是谁？说来倒有一段故事。

  北魏到孝武帝元修时，政治昏暗，皇室、贵族与权臣之间展开激烈的争夺。元修怀疑丞相高欢要篡位，便暗中与一些大臣商量对策，因为敌不过这个鲜卑化的汉人，于是策划投奔关西（今陕西）的宇文泰。不久，乘机跑到关西，进封府司马宇文泰为大丞相，实际上甩开了高欢。高欢便立元善见为孝静帝，很快他被进位为大丞相。三个多月之后，宇文泰害死元修，立元宝炬为文帝，这时，北魏正式分裂成东魏和西魏，时间在534年底。高欢控制的东魏与宇文泰控制的西魏，进行了长达15年的混战。"斛律金作敕勒歌"，就发生在东、西魏争斗的最后年代。

  542年八月，高欢曾经指挥大军西进，攻占西魏的汾州和绛州，再向西取玉璧城时，遇到阻力，围城9天，没有成功，只好撤兵。546年八月，高欢集中太行山以东的大批兵力，二次围攻玉璧。九月兵临城下，守将韦孝宽坚守城池，高欢采取各种战术，也没有把城攻破，而且损兵数万。也许是由于气闷的原因，高欢突然生病，不得不再次撤兵。回到大本营，谣言不时传出，说高欢让韦孝宽用弩箭射死了。谣言的出现，是东魏统治集团矛盾加剧的反映，特别是鲜卑族贵族对高欢的不信任。高欢深知谣言的危害，决定采取措施制止它蔓延。他勉强支撑起有病的身体，召见东魏大臣，尤其是鲜卑贵族。在接见中，他让大司马斛律金作歌助兴，以便鼓舞士气，稳定军心。

  斛律金原是敕勒族斛律部的酋长，归附北魏后，先在怀朔镇将杨钧帐下，高欢起兵时为镇南大将军。东魏攻克汾州，任为刺史，随后即为大司马，官至一品。斛律金很懂军事，史书上说他"行兵用匈奴法，望尘知马步多少，嗅地知军远近。"所以高欢任用他作军事上的高级助手。

斛律金归附以后与高欢一样，也基本上鲜卑化了，高欢让他作《敕勒歌》，他就用鲜卑语作。准确地说，斛律金是唱《敕勒歌》，而不是作《敕勒歌》。而高欢之所以让斛律金唱这首歌，目的是向被接见者们表示，自己不会忘记当年鲜卑祖先过游牧生活时的情景，决心复兴孝文帝时代的强大统一。怀着这种难以言状的心情，他与斛律金一起唱和，至最后竟然"哀感流涕"，老泪纵横起来。

史书记载《敕勒歌》的最初来源就是这次。正是由于他把敕勒歌译成鲜卑语，又有人转译成汉语，才能使这首歌流传一千多年，经久不衰，而且越传越广，为更多的人们学习、咏唱。无论谁听到它，都会立刻在眼前闪现出一幅绝妙的草原即景画面，它把人们引入一个心旷神怡的世界。当时敕勒族还没有文字，这首歌能够流传下来，与高欢"让斛律金作敕勒歌"是分不开的。虽然敕勒族早已消失在历史的长河中，但是，每当人们唱起这首歌，吟咏这首诗，同时也就想到了当年生活在阴山南北千里草原上的敕勒族人民。它向后世人们揭示了当年敕勒族社会生活的画面，也反映了该民族人民淳朴粗犷的性格。《敕勒歌》将永远地被人们传诵下去。

魅力草原

■ 阴山岩画

中国最大的岩画宝库——阴山岩画，分布在东起内蒙古固阳县、西至阿拉善左旗连绵千里的阴山山脉中。这里有万幅以上岩刻图画，且大部分分布于阴山地带，故统称"阴山岩画"。"阴山岩画"的刻制年代始于旧石器时代，经新石器时代、青铜器时代、铁器时代各个历史时期，一直延续到明清。到目前为止，阴山岩画是在我国发现的历史最为久远的岩画宝库，是山地岩画的代表。

阴山岩画是古代北方各民族遗留下来的宝贵文化遗产。阴山岩画题材广泛，内容丰富，形象逼真，是一部记载古代北方各游牧民族生产、生活和战争等史实的历史画卷。阴山岩画作为北方草原古代文化的遗存，显示了北方游牧民族无穷的智慧和非凡的创造力。它艺术地表现了古代北方草原、山地狩猎游牧人的社会生活和意识形态，是中华民族艺术的重要渊源。阴山岩画具有重要的科学研究价值、艺术价值和历史价值，在世界岩画艺术史上留下了光辉的一页。

第四节 柔然汗国

摩羯纹金花银杯

柔然，也是东胡系统的一个民族，与拓跋鲜卑同源。嘎仙洞的后裔们在建立北魏政权后把柔然用汉语写成"蠕蠕"，意在鄙视。

柔然的统治贵族是郁久闾氏，第一个发迹的人叫木骨闾。当拓跋鲜卑完成第二次迁徙到达阴山后不久，少年时的木骨闾还是拓跋鲜卑人的奴隶，成年后因为作战勇猛而免奴为骑卒。拓跋猗卢统治鲜卑时，木骨闾因为延误军期，无法面见主人，于是便逃匿于沙漠山谷，纠集了百余号同族，投靠在大漠中影响并不显著的纥突邻部，以图发展。到了他的儿子车鹿会时，才有一些独立的部众，并自号为"柔然"，驻牧于今乌兰察布高原北部一带，冬则徙渡漠南，夏则还居漠北。但此时，所谓柔然部众仍然臣服于拓跋鲜卑，每年要向拓跋鲜卑贵族献上马匹、貂裘、貂皮、狮子皮等贡品。车鹿会又传四世，柔然部族有了一定的发展，将所控地域分为东、西两部分，东部领主叫匹侯跋，西部领主叫纥提。就在398年拓跋向南扩张，建都平城，自称皇帝的前后，北方的柔然内部也发生了一系列变故：柔然西部领主纥提的一个名为社仑的儿子，先弃父而逃，遭到拓跋鲜卑兵的杀掠，转投东部领主匹侯跋。不久便袭杀了匹侯跋，兼并了东部柔然，狂掠阴山诸镇后，北渡大漠。402年，社仑进入高车（敕勒）腹地，兼并诸部，势力大振。稍后，于今天蒙古国的鄂尔浑河大破来攻的匈奴余部，尽收其众。于是，社仑在弱洛水畔（今蒙古国土拉河）立庭帐，建汗国，自号为"丘豆伐可汗"。几年之内，柔然汗国的疆域不断拓展，其北到贝加尔湖，南抵阴山北麓，东达大兴安岭，西至准噶尔盆地和伊犁河流域，并曾进入塔里木盆地。内蒙古高原上的北方各族如契丹、库莫奚、室韦，甚至于其后崛起的突厥等都曾役属于柔然汗国。

柔然汗国兴起之时,也正是拓跋鲜卑强盛的时候,当时"十六国"在中国北部还保存着几个政权,东有汉族冯氏建立的北燕,远南有羌族姚氏建立的后秦,近南有铁弗匈奴赫连氏建立的夏等。柔然汗国和这几个政权都保持着良好的外交关系。

410年,柔然可汗社仑侵扰魏边,死于败退途中,柔然部众拥立社仑之弟斛律为可汗。不久便发生柔然汗国内讧,统领别部、镇守西界的贵族豪强大檀夺取了可汗之位。大檀即位后,不断发起对北魏的侵扰战争。424年,大檀率6万骑深入云中(今呼和浩特南部),攻陷盛乐宫,并将来征的北魏世祖拓跋焘围困。425年,北魏大军出击柔然汗庭,重创柔然。大檀可汗西走,不知去向。大檀失踪后,吴提即位,对北魏采取和亲政策。434年,吴提可汗曾娶北魏的西海公主,同时送其妹为拓跋焘左昭仪,献马2000匹为陪嫁,随从人员多至数百人。然而这种和亲局面不过10年,柔然处罗可汗即位后,又发动战争。470年,柔然又侵犯北魏边塞。北魏献文帝拓跋弘亲征,出奇兵捕杀柔然5万人,俘掳万余人,柔然大军北退3000余里。北魏因为这次战役的胜利,改女水为武川,这就是今呼和浩特市武川县名称的由来。此后,柔然向北魏请和,岁贡不绝,直到520年,柔然可汗阿那瓌南投北魏,受封"朔方郡公"、"蠕蠕王"。

534年,北魏分裂。东魏和西魏竞相与柔然结好,以削弱对方,柔然的阿那瓌可汗无视新崛起的突厥部众的存在,引起突厥攻击,最后战败自杀。此后柔然在突厥和北齐的夹击下,于555年灭亡。漠北柔然余众辗转西迁,进入欧洲,被称为"阿瓦尔人"。

● 辉腾锡勒草原

第七章 民族叠现

同时期中国境内

◆ 南北朝时期，中国书法艺术进入北碑南帖时代。北朝碑刻书法，以北魏、东魏最精，风格亦多姿多彩。代表作有《张猛龙碑》、《敬使君碑》。碑帖之中代表作有《真草千字文》。

同时期全球视野

◆ 476年，西罗马帝国灭亡。西欧进入了一个无政府的时代，一个充满了战争、掠夺、杀戮、饥荒的年代。
◆ 493年，东哥特人完全征服意大利。

历史百科

◇ 六镇之变

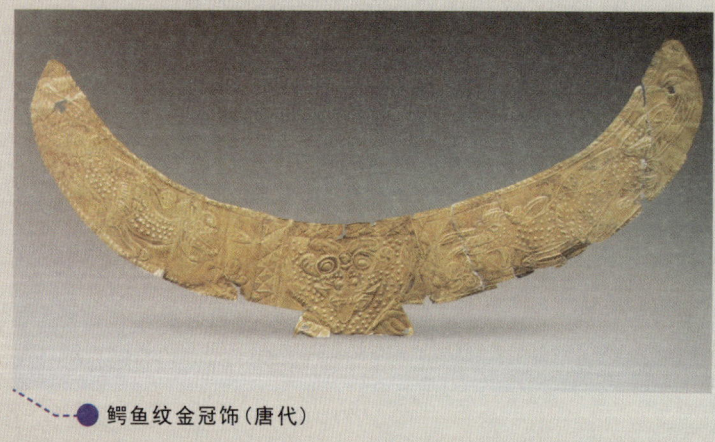
● 鳄鱼纹金冠饰（唐代）

北魏太武帝拓跋焘大破柔然后，为保卫平城，沿阴山设立六镇，成为北魏北边的国防要地。拓跋焘初建镇时，六镇之将皆为显贵宗室王侯或外戚中勇敢善战者。孝文帝迁都洛阳后，对国防采取重南轻北政策，原来六镇精兵悍将留守者已不被重视。

北魏孝明帝正光五年（524），戍守边关沃野、怀朔、武川、抚冥、柔玄以及怀荒（今河北张北县北）六镇的镇兵，由于中央和地方的疏隔所导致不平等的待遇之远因，以及六镇的饥馑未获适时救助的近因，因而爆发群体叛变，史称"六镇之变"。北魏政府引柔然主阿那怀之援，于孝昌元年（525）六月平息了六镇之变乱。在战乱中，六镇生产组织遭受严重的破坏。永安二年（529年），六镇起义失败。北魏元气大伤，从此一蹶不振。

魅力草原

■ 北魏怀朔镇

怀朔镇是北魏王朝在北方边境兴筑的六镇之一，城址在今固阳县百灵淖乡城库伦村。

怀朔镇城址位于大青山后，南面经昆都仑沟可进入山前，北面可通至山后的草原地带，是北魏时期南北交通的一处咽喉，西临沃野镇，东近武川镇，是在山后防御柔然的一处重要军事战略要冲。怀朔镇城垣依丘陵地势而筑，现城墙都已倒塌，残墙高1~1.5米。南北两墙都不呈直线，南墙两端向内折很多，因此城垣平面呈不规则的五边形，实测东墙长920米，南墙长1360米，西墙长约1000米，北墙长1213米。现今只看到有东、南、北三门，城墙上还加筑有马面。城内西北角加筑有子城，平面呈长方形，南北360米，东西220余米，西北两墙是利用大城墙，只加筑了东、南两面墙，门址已不清楚。子城内散布瓦砾较多，并有基石暴露地表，东南角上有一处建筑，经考古工作者试掘证实为一处佛寺遗址。出土有泥塑残佛像多件。在东、南、北三座门内，都有街道通至城内，南街与东街在城中心会合，形成丁字街；北街与东街又在其东会合，形成又一处丁字街，城内出土大量的砖、瓦、铁器等物。

● 怀朔镇遗址

第八章　隋唐统一

拓跋鲜卑建立的北魏结束了。但她的终端支出两条尾巴——一条是东魏（534年），一条是西魏（535年）。并且又分别蜕变出北齐（550年）和北周（557年）两个共时存在的王朝。中国的北方又出现了一个短暂的分裂时期。把北魏王朝肢解成两部分的豪强都是从阴山走出去的。一个是怀朔（今包头市固阳北）的高欢，一个是武川（今呼和浩特市武川）的宇文泰。高欢导演了东魏的出现，缔造了北齐；宇文泰则导演了西魏的出现，缔造了北周。

577年北周灭掉了北齐，高欢集团熄灭于世。而宇文泰及其豪强集团则延续了很久：宇文泰麾下的杨氏家族既有卓越功勋于宇文氏家族，又导演了灭周建隋的历史大剧。宇文泰麾下的李氏集团则建立了辉煌的盛唐王朝。

第八章 隋唐统一

第一节 隋朝疆治

关于隋朝的历史，可以阅读更多的史书。隋朝开国皇帝杨坚的父亲杨忠是北周的开国功臣，曾被赐以鲜卑姓氏——普六茹。杨坚的长夫人是北周另一位权臣孤独信的女儿（鲜卑族），杨坚的女儿杨丽华是北周宣帝宇文赟的皇后。581年，杨坚让自己的外孙——北周静帝宇文衍禅位给自己，建立了隋朝。

589年，隋朝灭掉了江南的陈朝，实现了自三国分裂以来的中华大一统。

隋朝立国不久，即实现了对北方少数民族的有效控制，既控制了北方强族突厥，也使东北的契丹、奚、霫等族脱离了突厥控制，争相内附隋朝。并在今内蒙古中西部地区设郡以治，自西而东为：

张掖郡北魏置凉州，西魏置西凉州。隋置张掖郡（治所在今甘肃张掖市），辖境包括今内蒙古额济纳河流域及巴丹吉林沙漠西段。

武威郡北魏属凉州。隋置武威郡（治所姑臧，今甘肃省武威市），辖境包括今内蒙古巴丹吉林沙漠南段及腾格里沙漠大部。

盐川郡西魏置安西州。隋置盐川郡（郡治在今陕西定边县）。辖境包括今鄂尔多斯市鄂托克前旗大部。

狩猎纹金蹀躞带

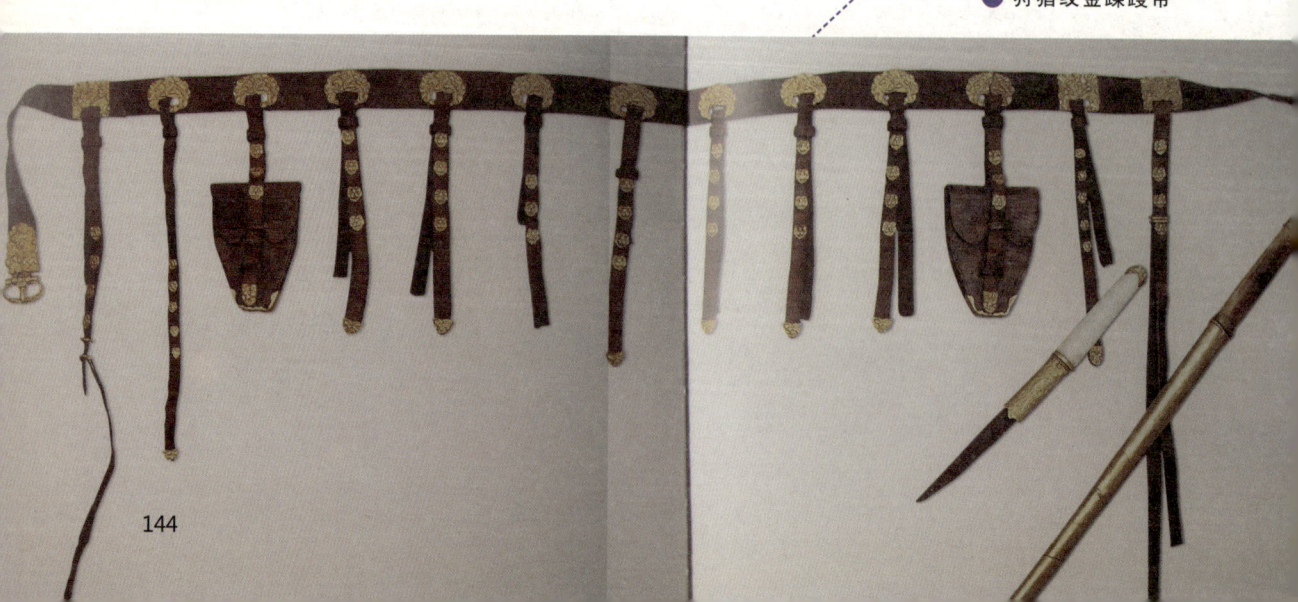

王逆修墓志（唐代）

朔方郡北魏置夏州，北周置总管府，隋初称夏州，隋大业三年（607年）改为朔方郡，郡治岩绿县（故址为今陕西靖边县与内蒙古乌审旗交界处的白城子）。辖境包括今鄂尔多斯乌审旗、鄂托克前旗东南部。

五原郡隋开皇五年（585年），废北周永丰镇置丰州。隋大业元年（605年）改称五原郡。郡治九原县（在今巴彦淖尔市乌拉特前旗境内）。辖境包括今包头市阴山南部及乌加河河套地区。

榆林郡隋开皇三年（583年）隋置榆林关。开皇二十年（600年）置胜州。隋大业五年（609年），改置榆林郡，郡治在今鄂尔多斯市准格尔旗十二连城古城。辖境包括今鄂尔多斯高原、呼和浩特平原西段。

定襄郡隋开皇五年（585年）置云州总管府。605年改称定襄郡，治大利（今内蒙古和林格尔县土城子古城）。辖境包括今和林格尔县、呼和浩特市区、卓资县、武川县等地。

马邑郡北魏属恒州。隋代治所善阳（今山西省朔县），辖境包括今内蒙古清水河县、凉城县、丰镇市、察哈尔右翼前旗和集宁区。

雁门郡北周置肆州，585年改为代州，大业年间改称雁门郡，辖境包括今内蒙古兴和县等地。

木雕菩萨像（隋唐）

第八章 隋唐统一

同时期中国境内

◆ 604年,隋文帝仁寿四年,隋文帝为皇太子杨广所害,杨广继位,是为隋炀帝。
◆ 606年,隋炀帝大业二年,正月,东京洛阳建成,隋朝正式迁都洛阳。
◆ 608年,隋炀帝大业四年,正月,隋炀帝发河北男女百余万开凿永济渠。

同时期全球视野

◆ 561年,法兰克王国再次分裂,由于贵族各派内部斗争,法兰克王国最终于618年解体。
◆ 593年,日本推古天皇时期,圣德太子摄政,日本进入飞鸟时代(至710年从飞鸟藤原京迁都平城京为止)。
◆ 610年,穆罕默德40岁,宣称受到安拉"启示",授命为使者,传播伊斯兰教。
◆ 702年,日本向中国唐朝政府告知国号为"日本"、君主为"天皇"。

历史百科

◇ 北周

　　北朝之一。西魏权臣宇文泰奠定,由其子宇文觉正式建立。历5帝,共24年(557—581年)。西魏恭帝三年(556年),实际掌握西魏政权的宇文泰死后,长子宇文觉继任大冢宰,自称周公。次年初,宇文觉废西魏恭帝自立(孝闵帝),国号周,都长安(今陕西西安市),史称北周。

人物故事

◇ 隋文帝杨坚

　　隋文帝杨坚（541—604年），汉族，小字那罗延。隋朝开国皇帝，弘农华阴（今陕西省华阴县）人，其父杨忠是西魏和北周的军事贵族，北周武帝时官至柱国大将军，封为隋国公，杨坚承袭父爵。

　　581年二月甲子日，北周的静帝以杨坚众望有归，下诏宣布禅让。杨坚登基称帝，定国号为大隋，改元开皇，宣布大赦天下。

　　杨坚称帝后，于开皇七年（587年）灭亡后梁，一年后下诏伐陈。开皇九年（589年）灭亡陈，统一了中原，结束了西晋末年以来近300年的分裂局面。

　　隋朝建立以后，杨坚精心治理，隋朝迅速强大繁荣起来。在政治、经济等制度方面进行了一系列的改革。在中央实行三省六部制，将地方的州、郡、县三级制改为州、县两级制，地方官吏概由中央任免，由此巩固了中央集权。杨坚开了科举制度之先河，于开皇七年（587年）命各州"岁贡三人"，应考"秀才"。在位期间，史称"开皇之治"。

　　杨坚下令修建西京大兴城（即后来长安城）和东京洛阳城，大兴城的设计和布局思想，对中国及日本、朝鲜城市建设都有深刻的影响。

　　隋文帝杨坚在位24年，终年64岁。

延伸阅读

● 隋朝大运河

　　世界上最伟大的工程之一。

　　隋朝大运河始建于605年，用工360万挖通济渠，连接黄河淮河，同年又用十万民工疏通古邗沟，连接淮河长江，构成下半段。3年后，用河北民工百万余，挖永济渠，到北京南，构成上半段。又过两年，重开江南运河，直抵余杭（杭州）。至此，共用五百余万民工，费时6年，大运河全线贯通，全长2700千米。

突厥古墓

第二节 突厥汗国

　　607年六月,又一次统一中国的隋王朝北部,黄河岸边的胜州(榆林郡城,今内蒙古准格尔旗十二连城古城)人山人海,欢呼雀跃。入夜则可见城西城北的大河中万灯闪烁。从城楼越河北望,可见辽阔的白道川(土默特平原)上空繁星眨眼,与大河中的灯火呼应。人们都知道,此时隋朝的皇帝杨广就驻跸在榆林郡城里。

　　607年六月二十七日,隋炀帝杨广在榆林郡城东设大宴,招待突厥、契丹、奚、室韦、沙陀等部族3500人,其中突厥的启民可汗是最显贵的客人。城梁高台之上,百戏齐作,启民可汗位列在诸王之上。面对着弯弯曲曲的大河,高官贵妇们白日观鱼,夜间赏灯。隋朝的百官后宫与北方各部族的可汗、酋长及其后妃们同欢共乐。欢声笑语回落在河湾。宴毕,大业皇帝对北方诸部族来宾一一封赏。

　　隋炀帝在黄河岸边住了54天后,才恋恋不舍地东返至太原。而受他邀请的启民可汗也回到了自己的汗庭。那么,这个启民可汗到底是什么人呢?

　　敕勒族到了隋唐时代,仍然很有影响,这时则被称为铁勒。按照突厥人自己的文字记载说:"九姓铁勒者,吾之同族也。"说明突厥和敕勒同族,都是从赤狄、丁零演变而来。

根据各种记载的突厥历史传说可知,突厥统治者阿史那氏的驻牧地发生过变迁。其祖先初居中国西北地区,439年北魏灭亡北凉沮渠氏时,突厥因受影响而迁移至高昌北山(今新疆博格多山)。5世纪中叶,柔然占据高昌,征服了突厥,突厥只好再移至金山南麓,为柔然贵族效劳,成为柔然的"锻奴"。到6世纪初,柔然汗国渐衰,突厥乘机发展势力。

突厥第一次见于汉文文献是在《周书·宇文测传》,说542年突厥首领阿史那土门曾派人到塞上交易缯絮,表示愿与中原王朝交往。545年,西魏派酒泉昭武九姓胡安诺槃陀出使突厥。又过了一年,突厥也派使者到西魏,开始了与内地王朝的交往。当时,柔然虽然有些落势,却仍然是漠北的强大部族。几年后,突厥阿史那土门协助柔然荡平铁勒诸部叛乱,降服铁勒5万余众,实力大增。这一回阿史那土门自认为有功于柔然,便大胆地向柔然可汗求婚,却遭到柔然可汗阿那瓌的拒绝,说你突厥人不过是我们柔然的"锻奴",有什么资格求婚?阿史那土门只好转而向西魏求婚。551年,阿史那土门婚配西魏长乐公主,与内地王朝的关系进一步趋于密切。552年,阿史那土门出兵进攻柔然,柔然不备,部众四散,柔然可汗阿那瓌兵败自杀,为自己的傲慢付出了惨重的代价。

柔然汗国衰亡了,阿史那土门于是创建了突厥汗国,设汗庭于乌德鞬山(今鄂尔浑河上游杭爱山之北山),自号伊利可汗。阿史那土门立国同时,派他的弟弟室点密西征,进行扩张。

突厥汗国建国第二年,伊利可汗阿史那土门卒,他的儿子科罗继位,号乙息记可汗,不久乙息记可汗也死了,只好传位于阿史那土门可汗的第二子燕都,号木杆可汗。木杆可汗英勇善战,且足智多谋,在位20年,彻底消灭了奄奄一息的柔然汗国,且西破嚈哒,东服契丹,联合中原王朝征服吐谷浑,北并黠戛斯,控制了东起辽河、西达西海(今里海地区)、北至北海(今贝加尔湖地区)、南抵阴山的广大区域。572年,木杆可汗燕都死,他的弟弟佗钵可汗立,在位10年,继续保持了木杆可汗时期的强大国

第八章 隋唐统一

● 石人（唐代）

势。当时中国北方有北齐和北周两个朝廷。北周和北齐相互对峙，争相联合突厥以限制对方，不惜厚输财物，以博突厥欢心。

581年佗钵可汗死，突厥内讧，东西分裂。阿史那土门的弟弟室点密的后裔控制了西域，从大一统的突厥汗国中分裂出去。留在本营的就是东突厥汗国，其汗帐仍设在乌德鞬山，统辖区域向东缩退。这一年，是隋朝开皇元年。

启民可汗这个名号就是隋朝的第一位皇帝杨坚赐封的，此前在突厥他称突利可汗，而他的名字则叫阿史那染干。581年佗钵可汗死后，突厥汗位传给了侄子摄图，号为沙钵略可汗，就是染干的亲伯父。当时，突厥汗庭已经没有太大的权威，因此沙钵略可汗把属部的管辖权进行了合理分配，以获取平衡，同时也给自己的弟弟处罗侯封了一个汗号，叫突利可汗，这个人就是染干的父亲。突利可汗受命管辖汗国东部契丹、奚、室韦，即鞑靼各族分布区，染干成长起来后，协助父亲执政。583年，大漠南北发生旱灾和疫病，人畜大批死亡。隋朝乘机分兵八路出塞攻击，大败突厥。突厥汗国在混乱中进一步削弱。沙钵略可汗向隋朝遣使求和，隋文帝允许突厥诸部落南迁阴山，寄居白道川。587年，沙钵略可汗卒，染干的父亲突利可汗即位大可汗，号莫何可汗，把"突利可汗"的名号给了儿子染干。588年，莫何可汗也死了，大可汗之位又交回到沙钵略可汗的儿子手里，号为都蓝可汗。

都蓝大可汗即位，立刻作出一项重要决定：与隋断交。同时开始进攻染干。染干被逼无奈，只好投奔隋朝。隋文帝杨坚将宗室女义成公主嫁给染干，并封染干为"意利珍豆启民可汗"，简称"启民可汗"。597年，隋朝方面为启民可汗筑大利城（今内蒙古清水河县境），以安置启民可汗所率的突厥部众。后因都蓝可汗不断侵扰，遂于599年将启民可汗部众迁到黄河以南（今鄂尔多斯地区）。在此期间，隋朝曾派大军攻击都蓝可汗。都蓝死，突厥部众纷纷南投启民可汗。隋朝又为启民可汗筑金河（今内蒙古托克托县哈拉板申）和定襄（今山西大同城南）两城。601年，启民可汗随同隋军一道北征，他的势力又向北扩展。

609年，启民可汗卒，他的儿子继汗位，称始毕可汗。这时是东突厥汗国力量最为强大的时期，北方诸族如契丹、室韦、吐谷浑、高昌等纷纷臣服于东突厥。始毕可汗即位初，与隋朝关系很融洽，但是很快就出了问题。615年，隋炀帝身边的黄门侍郎裴矩觉得突厥越来越强盛，便向皇帝献策，要削弱突厥势力，皇帝同意。于是隋朝方面先许诺在马邑（今山西省朔州市）与突厥互市，然后诱杀前来互市的突厥官员。事情发生后，转而告诉始毕可汗，说那些被诱杀的突厥官员有反叛朝廷的嫌疑。始毕可汗当然不会相信，于是与隋朝结怨。正巧隋炀帝又出来巡游，始毕可汗发重兵围攻雁门，险些将隋炀帝活捉。

607年，隋炀帝在胜州榆林郡城宴请启民可汗等，订有一个关于和平的盟约。8年之后这个盟约便被毁弃。而接下来，从617年开始，隋末动乱便风起云涌，反抗的义旗此起彼伏。第一个擎举反抗旗帜的郭子和在10年前歌舞宴乐的胜州榆林郡城起事。

● 突厥石人

第八章 隋唐统一

同时期中国境内

◆ 606年，隋炀帝大业二年，隋炀帝始建进士科，奠定科举制度。
◆ 610年，隋炀帝大业六年，开江南河，从京口到余杭，至此，隋大运河全部告竣。

同时期全球视野

◆ 552年，西班牙西哥特人地域被拜占庭占领。
◆ 629年，拜占庭帝国从波斯手中夺回了耶路撒冷。
◆ 7世纪初，伊斯兰教产生，一个横跨欧、亚、非三大洲的庞大的阿拉伯帝国建立。
◆ 7世纪，阿拉伯—伊斯兰医学就居于世界医学的先进行列，并对西方现代化医学有巨大影响。

历史百科

◇ 《北史》

唐李延寿撰《北史》100卷，其中本纪12卷，列传88卷。记述北朝从386年到618年，魏、齐（包括东魏）、周（包括西魏）、隋4个封建政权共233年的历史。

延伸阅读

● 突厥文明

突厥人属于中亚民族，其语言属阿尔泰语系突厥语族，文字为西方的阿拉米字母拼写，基本字母38个。突厥人创造文字，开北方民族之先河，遗字散见于阴山和乌兰察布草原的岩画和蒙古国的碑刻上。突厥一词的含义，根据17世纪成书的《突厥语辞典》，释为"最成熟的兴旺之时"。

突厥人原为柔然人的锻奴,有发达的冶铁技术,但以游牧经济为主。552年突厥打败柔然,建立起幅员广阔的突厥汗国,势力迅速扩展至蒙古高原。其文化及风俗习惯,如制造高轮木车、东向拜日、崇拜萨满巫师等,对契丹、蒙古多有影响。突厥人以狼为图腾,旗帜上绘制金狼头,以阿史那氏为最高贵的氏族,各部可汗均出自该族。可汗征发兵马时,刻木为信,并附上一枚金箭,用蜡封印,以为信符。各部接到信符,立即应征作战,战马的装备、给养皆由牧民自备。

突厥人实行火葬,死者停尸于帐内,子孙及亲属们杀羊马祭奠,并走马绕帐7周,其中一人至帐门前用刀割破自己的脸,血泪交流,连续7次。随后,择日取死者平生所乘之马和经常服用之物,与尸体一同焚化,收其骨灰。春、夏死者,待秋时葬;秋、冬死者,春季葬。埋葬之日,各地亲友前来会祭,仍举行设祭走马和割面仪式。葬毕,于墓前立石树标,依生平杀人之数立石,杀一人,立一石,并以供祭的羊、马头挂于石标上。石上刻有死者的相貌及生前所经过的战争场面,这种石人墓在内蒙古北部草原多有发现。

魅力草原

■ 十二连城

在滚滚黄河即将调头南转之段,即在今天鄂尔多斯市准格尔旗最北端的十二连城乡,至今遗存着一座古城旧迹,古城的名字就叫十二连城。

据《元和郡县志》记载,十二连城原为隋唐胜州榆林城,始建于隋文帝开皇三年,即583年,当时该城地处战略要点,可北凭黄河天险,控蒙古草原,南临中原大地,进退两易。至今,这座古城虽已只剩残垣断壁,但从那依稀可辨的轮廓之中,仍可想象出,当年这座城堡的不凡气势。与此相映的还有城西侧的战国秦长城。

● 十二连城(隋胜州城)

第八章 隋唐统一

第三节 盛唐胸怀

● 褐釉盘口穿带瓶（唐代）

唐朝的开国皇帝李渊也是武川宇文泰豪强集团的后代。李渊本人与隋炀帝是姨表兄弟，都是北周权臣独孤信的外孙。李渊本来是隋朝的一个地方官——太原留守，616年就任。一到职他就镇压了西河郡的一支农民起义军。可是接下来他就遇到了麻烦：617年正月，东突厥犯边，在马邑与隋朝军队展开战斗，当时李渊派副将高君雅统兵，与马邑郡守王仁恭联合，结果被突厥骑兵打败。巡游到江都的隋炀帝派人前来诏谕：处决王仁恭，羁押李渊。李渊被逼无奈，起了反意。他先沉住气，矫诏征兵，巧妙布局，继而联合突厥，忍辱称臣。最后于617年六月，在晋阳起事，成为隋末众多起义军中的一支。

618年三月，江都事变爆发，隋炀帝被部下所杀。五月，李渊废掉隋恭帝，在长安称帝，国号唐。而此时，中国境内还有13个地方割据势力，包括北方的东突厥汗国。626年六月四日，长安发生了著名的玄武门之变，唐高祖李渊的次子李世民发动政变，李渊禅让，李世民登上皇位，就是唐太宗。628年，唐太宗翦除了盘踞在夏州（今内蒙古鄂尔多斯南部）的割据势力梁师都，并于同年收降了北方的契丹、奚、霫等部族。接下来就要对付东突厥汗国了。

630年，唐朝军队在白道（今呼和浩特市北坝口子）大破突厥；二月，又于阴山击溃突厥部众。东突厥颉利可汗逃至铁山（阴山北），余众尚有数万。唐朝军队派六路大军远征突厥，突厥军大败，颉利可汗被俘，东突厥汗国溃亡。至此，南起阴山，北至大漠，尽归大唐版图。此后大约半个世纪，漠北无狼烟。颉利可汗被押至长安，被唐太宗李世民历数其五大罪状，但仍然饶颉利不死，并将他安置在太仆寺，供养丰厚。

可是如何处置10万突厥降众,这是一件大事。李世民遂召集群臣商议,有人主张将突厥分割开来往内地迁徙分化;有的主张原地离散;还有人认为突厥人"非我族类",反抗就杀掉,不反抗也不接受其降附,以免造成以后的内乱。李世民说:"自古皆贵中华,贱夷狄,朕独爱如一。"于是他采纳了中书令温彦博的建议,将突厥各部安置在河南朔方之地,并完整地保留其部落。根据这个建议,唐朝在贞观年间把突厥内附各部安置在东起幽州(今河北省承德地区)西至灵州(今宁夏灵武市)沿长城一线的广大地区。历史上称唐朝设置的这些府州为羁縻府州。羁縻政策的实行,使唐朝国内的民族关系得到了一次调整。在全国沿边内附的民族地区,先后设置羁縻府州800多个。唐朝对羁縻州采取了不同于普通州的统治形式。羁縻州内任用少数民族贵族为长官,并可世袭,可以保留少数民族传统的风俗习惯,生产方式也不强迫改变。羁縻州内可以使用各族传统的法律,允许保留自己的兵马,唐朝中央政府也有权调遣。唐中央一般不直接征收羁縻府州治下百姓的赋税,而由各族统治者按原有方式自行征收,象征性地向中央政府"纳贡"。羁縻府州的统治形式,是唐朝统治者在一定历史条件下实行的比较开明而有效的民族政策,它有助于加强封建国家的统一,对于民族间经济文化的交流和民族地区的生产发展起到了一定的积极作用。当时,北方各族都尊称唐太宗为"天可汗",并于大漠南北开辟了一条大道,名为"参天可汗道"。

李世民按照既定的怀柔策略,对前来降附的突厥人众作了安置,遣派了前已主动降唐的突利可汗回到大漠,召集余部;封给与颉利可汗一同被俘的阿史那思摩为怀化郡王,其余凡是降附到长安的突厥酋长都拜将军、中郎将等。突厥人布列朝廷,五品以上就有百余人,几乎占朝臣中的一半。随他们入居长安的突厥人将近万家。

缠枝花卉纹鎏金
铜蹀躞带
鎏金铜马镫

● 黄绿釉鹦鹉形提梁壶（唐代）

过了两年，当李世民听说颉利可汗郁郁寡欢，常与家人相对悲泣，便产生了怜悯之情。他觉得颉利可能想离开长安，就任命颉利为虢州刺史，因为那里地多麋鹿，可以游猎。但是颉利坚辞不去。634年，颉利死，李世民允许按照突厥人的风俗焚尸于灞水东，并追封颉利为归义王。

正是因为李世民的这种气度，才有了整个大唐的宽阔胸怀。唐代，在北部设置几个都护府，所管辖的羁縻府州，基本上按照唐太宗贞观年间的怀柔政策对边疆进行治理。又一方面，突厥汗国与隋唐间时有战争，但主要仍以臣、姻亲关系为主，如隋代曾两次以公主下嫁突厥可汗，突厥亦多次降附中原王朝。突厥人亦通过唐朝在内蒙古草原的大单于都护府，及东、中、西三受降城，进入中原营商，更有突厥人在唐朝任官。

同时期中国境内

◆ 641年，唐太宗贞观十五年，文成公主入吐蕃与松赞干布和亲。

◆ 645年，唐太宗贞观十九年，玄奘取经还，抵长安。《大唐西域记》成书。

◆ 682年，孙思邈卒。他曾撰有《千金翼方》记述了800余种药物的性味、主治、功效、异名、产地及采集时间。

◆ 728年，僧一行《大衍历》制成，该历法体例结构合理，逻辑严密，次年取代《麟德历》颁行全国，为后世历法的经典模式。

◆ 733年，唐玄宗开元二十一年，唐玄宗御注《道德经》。

◆ 762年，唐肃宗宝应元年，李白卒于当涂。李白与杜甫并称"李杜"，代表着唐代诗歌的最高成就。

同时期全球视野

◆ 622年，穆罕默德从麦加出走，在麦地那建立伊斯兰国家。
◆ 637年，耶路撒冷被阿拉伯人征服。
◆ 644年，伊斯兰教历纪元根据太阳历法计算时间，每30年为一周期，闰11天，622年为伊斯兰才智国纪元元年。
◆ 8世纪，巴格达出现药房，药物学和医疗学分开。

历史百科

◇ 羁縻府州

唐代周边少数民族地区设置的一种带有自治性质的地方行政机构。在行政上，由少数民族首领充任刺史或都督，并允许世袭其职。

机构有财政上的自主权，但必须接受唐在地方设置的最高行政机构都护府的监领。体现了唐代对少数民族采取笼络政策和松散管理方针，有利于民族之间的和平相处和自然融合。

人物故事

◇ 唐太宗李世民

唐太宗李世民（599—649年），唐高祖李渊次子。隋末随其父起兵反隋，李渊称帝时，封李世民为秦王，任尚书令。曾镇压窦建德、刘黑闼等农民起义军，剿灭薛仁杲、王世充等割据势力。

626年发动"玄武门之变"，继帝位。在位期间，推行均田制、租庸调法和府兵制度。又修《氏族志》，发展科举制度。他常以"亡隋"为戒，较能任贤、纳谏。当时社会经济有所恢复，被誉为"贞观之治"。630年击败东突厥，实行宽容的民族政策，被回纥等族尊为天可汗。还曾发展西域的交通，促进贸易和文化交流。641年以文成公主嫁给吐蕃赞普松赞干布，促进了藏族经济文化的发展，加强了汉、藏两族的亲密友谊。

第八章 隋唐统一

魅力草原

■ 三受降城

唐景龙二年（708年），中宗命张仁愿于黄河以北筑中、东、西三受降城，首尾相应。中城与东西两城相距各400里左右，置烽堠1800所，用以防御突厥统治者的侵扰，巩固了唐王朝北部边疆。中受降城在五原，即今内蒙古包头市西北；东受降城在榆林县东北，即今内蒙古托克托南，黄河北大黑河东岸；西受降城在丰州西北，即今杭锦后旗乌加河北岸、狼山口南。其后，东、西两城均曾改筑。唐李益《夜上受降城闻笛》诗："回乐峰前沙似雪，受降城外月如霜。"《旧唐书·张仁愿传》："时突厥默啜尽众西击突骑施娑葛，仁愿请乘虚夺取漠南之地，于河北筑三受降城，首尾相应，以绝其南寇之路。"清顾炎武《古北口》诗："却恨不逢张少保，碛南犹筑受降城。"

● 西受降城

第四节 羁縻府州

为了加强中央对地方的有效统治，唐太宗于唐贞观元年（627年）将全国划分为十道，即十个监察区。在唐朝统治的大部分时间里，实行道、州、县三级地方建制。今内蒙古自治区中西部地区分属唐代的河东道、关内道和陇右道（表述如下）。

唐代的内蒙古建制所属道州名管辖今内蒙古地方河东道云内州乌兰察布丘陵南段。关内道灵州一度辖有乌兰布和沙漠及河套一带，包括今鄂尔多斯西、西南缘。盐州鄂尔多斯市鄂托克前旗南部一带。夏州鄂尔多斯市乌审旗、鄂托克前旗一带。宥州鄂尔多斯市高原鄂托克旗南及鄂托克前旗部分。胜州鄂尔多斯市准格尔旗黄河两岸。丰州巴彦淖尔市河套地区及土默特平原。陇右道凉州阿拉善盟阿拉善左旗、阿拉善右前南端。甘州包括今阿拉善盟额济纳河流域。肃州包括今阿拉善盟额济纳旗西部。

而更重要的是羁縻府州。唐代，大漠南北的各民族相继统一于唐王朝。为了加强对边疆少数民族的统治和怀柔，唐朝在内蒙古高原设置了许多羁縻性质的都护府和羁縻府州。

安东都护府。唐高宗总章元年（668年），唐灭高丽，在平壤置安东都护府以统辖；676年后移治于今辽宁省境内；705年又迁至平州（今河北卢龙）。期间，唐朝在靺鞨族、室韦族居住区设置了渤海都督府、黑水都督府和室韦都督府，均隶属于安东都护府统辖。当时，室韦人主要活动在今内蒙古东部的呼伦贝尔市和兴安盟境内。

东夷都护府。648年，唐朝以内属的契丹和奚两部置松漠都督府和饶乐都督府，又在二都督府下分置数个羁縻府州，辖境包括今内蒙古西拉木伦河及老哈河流域，隶属东夷都护府统辖。东夷都护府府治营州（今辽宁省朝阳市）。

燕然都护府。646年，唐朝剿灭薛延陀，漠北铁勒诸部降服于唐，请置官府。647年,唐太宗同意在漠北地区设置瀚海府、金微府、燕然府、幽陵府(今呼伦湖附近)、龟林府、卢山府、皋兰府、高阙州(阴山西段迤北)、鸡鹿州(阴山西段迤北)、榆溪州、蹛林州、窴颜州(今呼伦贝尔市大兴安岭西)等府州,隶属于燕然都护府统辖,治所在故单于台(今内蒙古乌拉特中旗境乌加河北)。663年,迁燕然都护府于漠北回纥牙帐,改称瀚海都护府。

瀚海都护府。650年置,统辖以突厥诸部居住的狼山都督府、云中都督府、桑乾都督府及苏农等14州。663年,迁治于今内蒙古和林格尔土城子古城,更名为云中都护府,次年又改。以大漠为界,管辖漠南诸羁縻府州。

单于都护府。664年,改云中都护府为单于都护府,统大漠以南所有的羁縻府州。唐中期以后,节度使成为最高地方长官,因此从785年后,单于都护府隶属于振武节度使。

安北都护府。669年,改瀚海都护府为安北都护府。685年后,突厥占领漠北,安北都护府迁于漠南同城(今内蒙古额济纳旗东南),后又南移。

664年,白道川的大道上车马喧闹、仪仗林立。从西边的云中城到东边的盛乐城之间,不断有大唐的官员和北方各族的勋贵骑马通过。主管漠南上百个羁縻府州和数十万北方部族降众的云中都护府要改署为单于大都护府,府治从汉的云中故城迁到北魏旧都盛乐,这一年是唐高宗麟德元年,是祥瑞之年。长安的特使奉着皇帝和皇后(武则天)的诏令,陪同皇子殷王来就任单于大都护府的都护。单于大都护府官秩同五大都督,位在其他几个都护府之上,并由皇子督任,地位很显要。20世纪90年代,考古工作者在盛乐古城西南5里处发现一座唐代古墓,古墓中有十分珍贵的唐代文物贴塑陶器8件。这样的珍品仅曾在西安和洛阳等地有所发现。说明当年单于大都护府里曾经居住过唐朝廷的贵戚显要。

682年,突厥贵族骨咄禄建立割据汗国,后突厥时代开始,同时也进入了武则天掌控唐朝江山的武周时代。后突厥默啜可汗即位后,不断发兵侵入唐朝北部地区。武则天专注于加强中央统治,对突厥汗国的侵扰行为给

● 毗伽可汗碑

予了充分退让，曾将居于今鄂尔多斯的丰、胜、夏、灵及山西北部朔、代六州的突厥降户数千帐（户）退给后突厥，并且赠予大量的谷种、农具、铁器等。但突厥人欲壑难填，寇扰不绝。

708年，唐中宗李显命大将张仁愿出兵进击默啜可汗，夺取了阴山以南的土地，并于阴山南、黄河北的边防地带险要处，修筑了三座军事城堡，分别称为东受降城、中受降城和西受降城。三城间各相距四百里，从而阻绝了突厥骑兵的南下侵扰之路。极盛一时的突厥汗国，由于对外战争屡遭失败，加之内部分裂，以及单一游牧经济的脆弱性，终于由分裂而衰亡。745年，突厥汗国被回纥人所灭。突厥人的后裔，一部分留在蒙古高原，另一部分迁至中亚（今土耳其）及中国新疆。744年，后突厥被回纥所灭。其时，唐帝国海内晏安富庶，行者万里，不恃兵器。内蒙古地区的各民族享受到"开元盛世"的安详和平静。

同时期中国境内

- 690年，武则天载初元年，武后亲自策问贡士于洛城殿，殿试自此始。
- 754年，鉴真东渡日本，在日本创律宗，设戒台。
- 766年，唐代宗大历元年，开始编撰《通典》，是中国第一部记述典章制度的通史。
- 813年，李吉甫著《元和郡县图志》，是现存最早的地方总志。
- 823年，唐穆宗长庆三年，唐蕃会盟碑立，在拉萨立会盟碑，双方表示共崇旧好，息战言和，是为"长庆会盟"。

第八章 隋唐统一

同时期全球视野

- 642年，阿拉伯军队征服埃及、美索不达米亚和叙利亚，拜占庭帝国遭到相当程度的削弱。
- 705–715年，古太白·本·穆斯林任呼罗珊总督，率军征服中亚。
- 800年，教皇利奥三世在罗马圣彼得大教堂为查理加冕并涂圣油，称查理为查理大帝，亦即"伟大的罗马人的皇帝"。
- 843年，查理的三个孙子瓜分了帝国，形成东、中、西法兰克王国，此为现代德、意、法三国的雏形。

延伸阅读

● 六胡州

630年，唐平定东突厥后，679年将粟特人移居"河曲"（今内蒙古、宁夏、陕西省区境的黄河流域，即鄂尔多斯草原）中西部，设6个羁縻州（鲁、丽、塞、含、依、契），时称"六胡州"。行政上归灵州都督府监管。

唐代诗人创作了大量的边塞诗，描写了塞外风光和少数民族地区的风土人情。六胡州的独特人文景观，引发了诗人无限感慨，李益《登夏州城观送行人赋得六州胡儿歌》：

> 六州胡儿六蕃语，十岁骑羊逐沙鼠。
> 沙头牧马孤雁飞，汉军游骑貂锦衣。
> 云中征戍三千里，今日征行何岁归。
> 无定河边数株柳，共送行人一杯酒。
> 胡儿起作和蕃歌，齐唱呜呜尽垂手。
> 心知旧国西州远，西向胡天望乡久。
> 回头忽作异方声，一声回尽征人首。
> 蕃音虏曲一难分，似说边情向塞云。
> 故国关山无限路，风沙满眼堪断魂。
> 不见天边青作冢，古来愁杀汉昭君。

魅力草原

■ 突厥石人

锡林郭勒盟的考古工作者曾在锡林郭勒地区的东乌珠穆沁旗、阿巴嘎旗、西乌珠穆沁旗、正蓝旗和多伦县等地,发现了大量的突厥石人。在隋唐之世,此地一直是突厥人生活的地方,他们遗留下大批的突厥文物,这些石人就是其中最为重要的部分了。曾经散落在草原上,如今矗立在文物站内的"突厥石人",从造型上看,这些石人有男亦有女,有长者亦有儿童,多数在1.3米左右。据考证,这些石人,多数为墓前殉葬品。这些石人大都利用天然形状的巨石,雕塑线条流畅、逼真,表现出了古代突厥人雕塑艺术的精湛高超。

● 突厥石人

第五节 塞外诸族

● 双耳铁鍑（唐代）

隋唐大一统时期，塞外少数民族最重要的就是突厥，前文已经做了较为详细的介绍。此外还有一些民族需要介绍。

回纥（回鹘）在北朝至隋唐时为敕勒或铁勒诸部之一，或被记作袁纥、韦纥等，后更名为回鹘，属突厥语族民族。隋至唐初，回纥驻牧于色楞格河流域。唐贞观四年（630年），回纥协助薛延陀与唐共灭东突厥前汗国，薛延陀以鄂尔浑河为中心建立汗国，回纥则在薛延陀南面的土拉河畔建立牙帐，附属于薛延陀汗国，有时也与薛延陀分庭抗礼。唐贞观二十年（646年），回纥与唐共灭薛延陀，唐永徽七年（656年）又出5万骑兵助唐灭西突厥，回纥据有了东、西突厥汗国故地。此后，回纥7代首领均接受唐朝瀚海都督封号，受唐燕然都护府管辖。唐永淳元年（682年），东突厥后汗国兴起，一部分回纥被迫迁往甘（今甘肃张掖）、凉（今甘肃武威）之间，留居漠北的回纥则附属于后突厥。8世纪40年，后突厥溃亡，回纥汗国再兴于乌德鞬山与温昆河（今蒙古国鄂尔浑河）之间，唐封其可汗为怀仁可汗。回纥汗国存在了近100年（744—840年）。其间，曾于757年助唐收复长安、洛阳，平定安史之乱。15世可汗中有11世接受过唐朝的封号。与唐结为姻亲，开展巨额的绢马贸易。唐开成五年（840年）前后，回鹘可汗被黠戛斯人所杀，部众溃散，汗国灭亡。回鹘余众或南下降唐，或西迁西域。回纥汗国曾控制内蒙古高原北部的大漠地区。

薛延陀，铁勒诸部之一，突厥语族民族，与回纥族曾有许多关联。北朝至隋，驻牧于今阿尔泰山一带。630年，与回纥和唐共灭东突厥前汗国，并建立了薛延陀汗国。其时，薛延陀的能战之士有20余万，并且保持着与唐朝的政治、经济联系。640年前后，率军进攻阴山前后。646年被唐朝和回纥联军所灭。

黠戛斯原为铁勒诸部之一，突厥语族民族，现代少数民族柯尔克孜族的先民。《史记》作鬲昆，《汉书》作坚昆，《北史》作契骨，《隋书》作纥骨。唐称黠戛斯。早期驻牧于今俄罗斯叶尼塞河上游与阿巴坎河一带。长期臣服于突厥汗国和回纥汗国。回纥内乱中，黠戛斯灭回纥汗国，统治蒙古高原数十年，后退回叶尼塞河流域。

回纥、薛延陀、黠戛斯相继消亡或退出，至9世纪末10世纪，蒙古高原的主要民族是蒙古语族诸部落。

隋代，契丹有10部。契丹部落酋长或依附于隋廷，或依附于突厥。7世纪初期，契丹人居潢水（今西拉木伦河）之南、黄龙（今辽宁省朝阳）之北的鲜卑故地，东邻高丽，西接奚，南抵营州，北毗室韦。此时契丹各部落已组成部落联盟，附属于突厥。唐贞观二十二年（648年），契丹诸部都请求内附唐朝。7世纪末一度背唐附于后突厥，8世纪初重又附唐。8世纪中叶，回纥兴起，契丹臣服回纥，间或附唐。9世纪中叶回鹘汗国亡，又附属于唐朝。

隋初，汉文献将库莫奚略称为奚。分5部。初臣属于突厥，后附于隋。奚在契丹西，突厥东，营州（今辽宁朝阳）西北，约当今西拉木伦河上游南部。7世纪初，奚时附突厥时附唐。唐贞观三年（629年），奚与唐建立了贡赐关系。7世纪末，后突厥兴起，向东击败奚部，奚附后突厥。8世纪初，后突厥属部纷起反抗，奚复来附唐，并与唐室和亲。8世纪中期以后，奚与唐关系密切。唐末，契丹日渐强盛，直到彻底征服奚。

契丹与奚言语相通，习俗相近，具有绵长的历史渊源。

室韦—鞑靼隋唐的汉文献称为"室韦"，突厥语呼为"鞑靼（Tatar）"，说的是一个部族联盟。

隋代，汉文史书记载的室韦部落分成南室韦、北室韦、钵室韦、深末恒室韦和大室韦5大部,分布在嫩江流域、额尔古纳河和黑龙江上游地区。隋代室韦部落役属于突厥,酋长曾随突厥启民可汗见过隋炀帝。唐代,史书对室韦的记载较前代更为详细,有了具体名称的20多个室韦部落。其中"蒙兀室韦"是"蒙古"族名称见于汉文献记载的最早形式,蒙兀室韦应在额尔古纳河下游东南及黑龙江上游以南地区,北隔望建河与落坦室韦相望。这一时期,室韦地域东邻黑水靺鞨、西面相继与突厥、回纥接界,南邻契丹,各部主要分布于今霍林河南北,嫩江流域东西,大兴安岭山脉,呼伦湖周围、额尔古纳河及黑龙江上游两岸。7世纪初至10世纪,室韦各部依违于突厥(回纥)和唐朝之间。10世纪以后,随着突厥语族诸部落淡出蒙古高原,室韦—鞑靼部落几乎遍布蒙古高原,附属于契丹—辽。

吐浑又作吐谷浑,唐代后期称作吐浑,是西晋永嘉(307—313年)年间从东部鲜卑慕容部分出的一支,经阴山西迁至今甘肃、青海,建立政权,立国300余年。唐龙朔三年(663年),被吐蕃灭亡。余部附唐。唐末,晋北至阴山一带,也有吐浑人活动的足迹,参与了与沙陀、室韦等部的争夺。

阿拉善盟—贺兰山原始森林

党项古代羌族的一支（近年来也有学者认为系鲜卑余部）。唐朝，党项拓跋部居于松州（今四川松潘）一带。8世纪60年代辗转迁徙到今鄂尔多斯高原南部。晚唐割据，党项部首领被封为定难军节度使，势力进一步扩展。

沙陀或称沙陀突厥，原为西突厥属部，故地在准噶尔盆地东南一带。7世纪50年代归附唐朝。唐贞元六年（790年）被吐蕃征服。不久，摆脱吐蕃自甘州奔唐，进入贺兰山区和鄂尔多斯高原，后来被唐安置在晋北地区和呼和浩特平原。晚唐割据，沙陀势力最盛。

同时期中国境内

- 737年，唐开元二十五年，蒙舍诏首领皮逻阁统一六诏，建南诏国。902年，南诏灭亡。
- 781年，唐建中二年，波斯传教士伊斯立大秦景教碑，碑文由波斯传教士景净刻，是一座记述景教在唐代流传情况的石碑。

同时期全球视野

- 760年，日本《万叶集》成书，为日本最早的一部诗歌总集。
- 751年，唐玄宗天宝十载，怛罗斯战役，唐败，造纸工匠出身的唐兵为大食所俘，造纸技术开始传入中亚和欧洲，阿拉伯的极达（今伊拉克的巴格达）、大马色（今叙利亚的大马士革）、撒马尔罕等地兴建了第一批的造纸工厂。
- 750－1258年，阿拉伯帝国阿巴斯王朝时期，初建都伊拉克北部安巴尔，中国史称"黑衣大食"。

历史百科

◇《隋书》

唐魏征主编《隋书》，共85卷，其中帝纪5卷，列传50卷，志30卷。本书由多人共同编撰，分为两阶段成书，从草创到全部修完共历时35年。

延伸阅读

● 唐诗

唐代（618—907年）是我国古典诗歌发展的全盛时期。唐诗是我国优秀的文学遗产之一，也是全世界文学宝库中的一颗璀璨的明珠。

唐代的诗人特别多。李白、杜甫、白居易是世界闻名的伟大诗人，这一时期诗人像满天的星斗一般。这些诗人，今天知名的就有2300多人。他们的作品，保存在《全唐诗》中的也还有48900多首。唐诗的题材非常广泛。有的从侧面反映当时社会的阶级状况和阶级矛盾，揭露了封建社会的黑暗；有的歌颂正义战争，抒发爱国思想；有的描绘祖国河山的秀丽多娇；此外，还有抒写个人抱负和遭遇的，有表达儿女爱慕之情的，有诉说朋友交情、人生悲欢的等等。总之从自然现象、政治动态、劳动生活、社会风习，直到个人感受，都逃不过诗人敏锐的目光，成为他们写作的题材。在创作方法上，既有现实主义的流派，也有浪漫主义的流派，而许多伟大的作品，则又是这两种创作方法相结合的典范，形成了我国古典诗歌的优秀传统。

唐诗的形式和风格是丰富多彩、推陈出新的。它不仅继承了汉魏民歌、乐府传统，并且大大发展了歌行体的样式；不仅继承了前代的五、七言古诗，并且发展为叙事言情的长篇巨制；不仅扩展了五言、七言形式的运用，还创造了风格特别优美整齐的近体诗。近体诗是当时的新体诗，它的创造和成熟，是唐代诗歌发展史上的一件大事。它把我国古曲诗歌的音节和谐、文字精炼的艺术特色，推到前所未有的高度，为古代抒情诗找到一个最典型的形式，至今还特别为人民所喜闻乐见。

● 沙陀人建立的割据政权

沙陀族建立的4个政权分别是：后唐（923—936），五代十国时期的唐朝，由沙陀族统治者李克用之子李存勖建立。后晋（936—947），五代之一的晋朝由沙陀人石敬瑭建立，史称后晋。后汉（947—950），五代中的后汉朝，由沙陀人刘知远建立。史称后汉。北汉（951—979），五代时期十国之一的汉国，由沙陀人刘崇建立，史称北汉。

魅力草原

■ 回纥与参天可汗道

唐设燕然都护府，以回纥各部酋长为都督、刺史，各赐金银缯帛，各部酋长大喜，欢呼拜舞。他们回去时，唐太宗设宴为他们送行，诸酋长奏称："臣等既为唐民，往来天至尊（指唐太宗）所如诣父母，请于回纥以南、突厥以北开一道，谓之参天可汗道。"

唐太宗欣然应允，命司徒长孙无忌、司空房玄龄等人负责筹建"参天可汗道"。在各族人民的积极参与和共同努力下，这条大道很快竣工，置68驿，各有马及酒肉以供过使，成为唐朝与周边地区四方交通的7条干道之一。

盛唐时期，这条大道南起中受降城（今乌拉特前旗东边），向西北直到回纥牙帐城，全长1000多千米。这条道路的开通，加强了回纥诸部与中原内地的政治、经济和文化联系。

第九章　契丹建辽

　　契丹民族是一个历史悠久的民族，我们在北魏和盛唐时代都曾经看到契丹的踪影。契丹源于东胡，是东部鲜卑宇文部的后裔。他们长期活动在西拉木伦河和老哈河流域，西抵阴山，东达洮儿河、额尔古纳河流域。这是一片富庶且美丽的草原，繁衍生息于这片土地上的契丹民族积累了丰富的游牧生产经验，为以后建立封建国家奠定了物质基础。

　　契丹建国一般以907年耶律阿保机成为契丹部落联盟可汗算起，到1125年辽天祚帝被擒，其间218年。其国号时而为"辽"，时而为"契丹"，政治中心一直在今内蒙古境内。契丹（辽）政权自建立时起，先后经历了五代分裂、辽宋、辽宋夏对峙的历史时态，没有完成中国统一。但是，契丹（辽）政权在自己控制的地域内创造了独具民族特色的文化，是中华历史文化的重要组成部分。

第九章 契丹建辽

第一节 晚唐割据

755年（大唐天宝十四年）十一月初九日，身兼范阳、平卢、河东三镇节度使的安禄山起兵反唐。次年叛军进入长安、洛阳，进入所谓"安史之乱"的最高峰。安禄山叛军中有突厥、契丹、奚、室韦等民族成分。动乱持续时间达7年2个月。762年底，唐肃宗借助回纥兵收复失地，恢复了大唐王朝的安宁。然而，晚唐的割据也自此开始了。

晚唐割据始于藩镇割据。藩，就是保卫；镇则是军镇。唐朝中央意欲通过设立军镇来保卫中央安全。但军镇坐大，往往形成了对抗中央的势力，安禄山就是例子。"安史之乱"后，为了抵御叛军进攻，军镇制度进一步扩大，节度使控制了一方的军政财权，而其职位又往往由子弟或亲信部将承袭，藩镇势力无法控制。这种局面一直持续了近200年。

● 西拉木伦河

在中国北方，各民族因为唐朝中央的政治实力削弱，也开始渐次发展壮大。

682年，唐云中都督府突厥首领阿史那骨咄禄聚众反唐，建立后突厥汗国，仅在漠北活动。708年，唐朔方道总管张仁愿在阴山南建三受降城，以抵御突厥。745年，回纥首领骨力裴罗攻杀后突厥白眉可汗，建立回纥政权。840年，回纥政权被黠戛斯人灭亡，但黠戛斯没有建立统一的游牧汗国政权。漠北游牧区出现了短暂的汗权真空。

后突厥汗国时，契丹依附于突厥；回纥汗国时，契丹依附于回纥。9世纪末叶，当中原割据愈演愈烈时，北方也出现了混乱。

● "侍吏图"壁画（辽代）

回纥政权一覆亡，阴山北就迁徙而来一个人口众多、互不统属的游牧部落集团——阻卜，他们是一个多民族混居的散状部落，其主体由东部迁徙而来的室韦——鞑靼部落和当地突厥、回纥遗族组成。阻卜以东有室韦系敌烈部，或称八部敌烈。八部敌烈以东，就是额尔古纳河流域及呼伦贝尔草原，生活着室韦系乌古部，从事游牧和狩猎。阻卜东南，靠近大兴安岭及蒙古高原东南缘一带，生活着黄皮室韦和臭泊室韦，他们也主要以游牧捕猎为主；而黑车子室韦则已经到达燕山一带，与幽州藩镇刘仁恭集团建立了密切联系。

阴山以南也没有结构完整的游牧部落集团。晚唐在北方仍然有许多带有羁縻性质的军和州。在几个重要的州军及其附属村塞，聚居着大量汉族和随沙陀李氏集团内迁的沙陀人口，以及分散的游牧民族。这些人口主要从事农业生产，兼营畜牧业。阴山西段南部有分布银、夏（今鄂尔多斯南部）诸州的党项政权。漠南以南就是军阀混战的割据政权。

907年，中国历史进入五代时期。朱温废唐哀帝自立，改国号梁（史称后梁）。朱温本人曾经是唐末的农民起义领袖，后来由唐朝招安降附，朝廷还给他赐了一个名字，叫"全忠"，结果"全忠"全不忠，先弑唐昭宗，再废唐哀帝，结束了近300年的李唐王朝。

第九章 契丹建辽

● 鹿座石枕

后梁之后，依次是后唐、后晋、后汉、后周，基本上是历时嬗递的。在这五朝之外，另有十几个割据政权，相继或同时出现。从907年到960年宋王朝的建立，共53年，中国陷入了一个割据混乱的局面，北方尤甚。五代中的后唐、后晋和后汉都是沙陀贵族所立，说明北方少数民族也参与到了这种混乱之中。

同时期中国境内

- ◆ 唐代，象棋已很普及，至宋代上下都喜象棋。
- ◆ 五代时期，西蜀和南唐，经济繁荣，政局相对稳定，加之统治者对绘画的爱好和对画院事业的重视，使两个地区的绘画大放异彩，一时画手辈出，画派争妍。

同时期全球视野

- ◆ 约810年，波斯人穆罕默德·伊本·穆沙在巴格达的哈里发王宫里撰写一本关于数学方程式的书，第一次使用"代数"的概念。
- ◆ 约870年，印度出现包括零的十进制数码，后传入阿拉伯演变为现今的印度—阿拉伯数字。
- ◆ 887年，查理帝国最后一个皇帝胖子查理被废黜，统一的法兰克国家的历史结束，帝国彻底分裂。

人物故事

◇ 耶律阿保机

辽太祖耶律阿保机（872—926年），姓耶律，名亿，字阿保机，辽开国君主，勇善射骑，明达世务。并契丹余七部。任用汉人韩延徽等，制定法律，改革习俗，创造契丹文化，发展农业、商业。后梁贞明二年（916年），群臣及诸属国上尊号曰大圣大明天皇帝。建元神册。在位20年，即帝位11年，庙号太祖。

魅力草原

■ 辽太祖陵

辽太祖陵位于巴林左旗林东镇，是辽国开国皇帝耶律阿保机的陵墓。周围古木参天，小溪潺潺，是一处清幽静谧的所在。

辽太祖陵由陵区和奉陵邑祖州两部分组成，陵区的山门巧妙地借用了天然的山谷，构思奇巧，十分独特。原先的地面建筑宏伟壮观，后被毁，现仅存一些砖瓦碑石等。从其残存的石雕上，可以看出辽国契丹文化的特点，古朴拙致，秀丽自然，是研究契丹历史的重要资料。

● 辽祖陵

第九章 契丹建辽

第二节 契丹兴起

从西拉木伦河、老哈河流域向阴山东段、燕山以西、太行山北端恒山以北推进,就是契丹征伐兴起的路径。

契丹民族7世纪初形成了游牧部落联盟组织,这种带有血缘集团性质的部落组织到了10世纪初受到了冲击,新生的部落贵族耶律氏逐渐控制了契丹部落的领导权。901年,耶律氏家族的杰出人物耶律阿保机,以契丹部落集团迭剌部酋长的身份被选任为契丹部落联盟的夷离堇。这个职务在部落联盟中专门负责管理军队和指挥战争。耶律阿保机即任同一年,便带兵向北,击败了人数众多但互不统属的室韦(阻卜)集团。契丹军队回到乌尔吉木伦河畔的部落营地稍事休息,又打败了东南部的奚部落,俘获了大量人畜。

902年,耶律阿保机组织了契丹部落联盟的40万兵力,准备向南进攻。当时,在契丹正南方是幽州藩镇卢龙节度使刘仁恭防区,西南方是沙陀李氏集团河东节度使李克用防区。耶律阿保机避开守备甚严的正南方,而直驱河东沙陀李氏集团防区,连克9城,俘获男女95000人,驼马牛羊无数。经过这次出征,大大加强了耶律阿保机的装备基础,也提升了他在契丹部落联盟中的个人威望。903年,耶律阿保机东征女真;秋天,再行抄掠河东。

●绿釉龙首鸡冠壶(辽代)　●黑釉暗花葫芦瓶(辽代)　●包金水晶饰(辽代)　●白釉提梁鸡冠壶(辽

涂金木雕坐狮（辽代）

904年秋，耶律阿保机带兵向西南进攻，直逼早已内附的黑车子室韦。黑车子室韦向刘仁恭求救，刘仁恭就派养子赵霸领精兵援助。耶律阿保机依计全歼刘仁恭援兵，生擒赵霸。这一战使中原藩镇大为震惊。

905年秋天，耶律阿保机又行兵讨伐黑车子室韦，大胜。唐河东节度使李克用遣派使者请求与契丹结盟。十月，耶律阿保机与李克用在云州（今山西省大同市）相会，约为兄弟。返回途中，耶律阿保机进入刘仁恭蓟州地界，刘仁恭为避锋芒，未敢接战。906年，耶律阿保机再派部将南征刘仁恭及内附的奚族等部落。远在河南的宣武（开封）节度使朱全忠遣派使者绕行海道给耶律阿保机送来书函、玉带、珍宝及大批礼物，以为联络。906年冬天，契丹部落联盟可汗痕德堇病亡，遗诏禅让汗位给耶律阿保机。

907年春正月，耶律阿保机成为契丹部落联盟可汗。同一年，唐朝灭亡，宣武节度使梁王朱全忠称帝，中国历史进入五代十国时期。

人形金饰件（辽代）

耶律阿保机担任契丹可汗后，致力于对部落联盟体制的改革，推行新的政治制度。他设官职以管理族属和部众；建立属于可汗的斡鲁朵（营帐，即私属性质的部落人口等），扩充隶属于个人的侍卫亲军组织。911—915年，耶律阿保机又用近5年时间，粉碎了部落内部反对势力的叛乱，进一步推行了以私有化为核心的封建君主集权政治。916年，耶律阿保机宣布即皇帝位，建元神册，国号契丹。仿唐朝政治模式，健全国家机构，立长子耶律倍为皇太子，以亲信将领曷鲁为于越（总管家）；

177

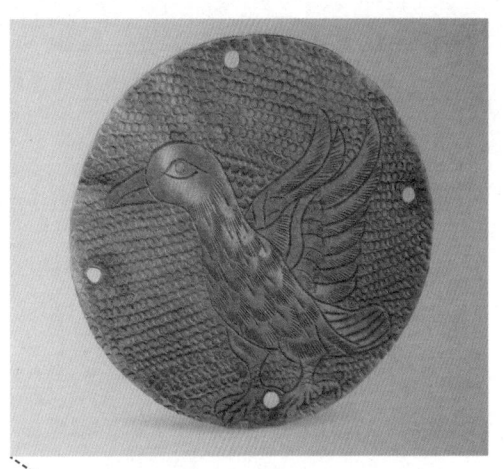
●海东青纹金饰牌（辽代）

以皇后家族萧氏（审密部）世为北府宰相，统领以契丹迭刺部为核心的北府5部；以皇弟耶律苏为南府宰相，统领契丹二室等3部。明确了契丹各部落的基本"镇驻区域"，将各部落统领军队的夷离堇改称为详稳，为直属于北、南府宰相统治下的一级官员。

919年，耶律阿保机派长子耶律倍率军征服了北方乌古敌烈诸部。923年，耶律阿保机亲率大军分兵两路征服阻卜，平定漠南；会师于古回鹘城后，向西进至阿尔泰山，征服了回鹘等西部各游牧部落，基本上完成了对北方草原的统一。同年，契丹与河东沙陀李氏建立的后唐国爆发了著名的"望都之战"，契丹胜，奠定了契丹在漠南地区的统治。926年，契丹国灭渤海，收服女真诸部，完成了对东北地区的统一。

同时期中国境内

◆ 953年左右，西瓜由回纥传入中国黄河流域。
◆ 960年，宋太祖建隆元年，陈桥兵变，赵匡胤称帝，是为宋太祖。废恭帝，后周亡。

同时期全球视野

◆ 10世纪初，日本"物语"文学产生。其代表作为《源氏物语》。
◆ 987年，加洛林王朝国王路易五世无子死去，巴黎伯爵雨果·卡佩被推选为国王，建立卡佩王朝。

历史百科

◇ 澶渊之盟

1004年,辽皇太后和辽圣宗率兵南犯北宋境内。十一月,抵达重镇澶渊城北,直接威胁宋朝的都城东京开封。北宋宰相寇准临危不乱,力请宋真宗亲征澶渊。宋军在澶渊前线射杀了辽军统军使萧挞凛,辽军士气受挫。宋真宗登上澶州北城门楼以示督战,宋军士气大振。两军对峙,辽军因折将受挫,同意与宋议和。同年十二月,双方达成如下协议:1.宋辽各守疆界,互不侵犯,约为兄弟之国,辽帝称宋帝为兄,宋帝称辽帝为弟。2.宋朝每年给辽绢20万匹,银10万两,称为岁币。3.双方人户不得交侵,对于逃亡越界者,双方都要互相遣送。澶渊之盟是宋辽双方势力均衡条件下的产物。此后宋辽形成了长期并立的形势,两国之间不再有大的战事。

人物故事

◇ 辽太宗

辽太宗(902—947年)即耶律德光,契丹的名字为尧骨,他是耶律阿保机的次子。在20岁的时候就做了天下兵马大元帅,阿保机对他寄希望很大,在阿保机的3个儿子当中,他和长子耶律倍都很受阿保机的喜爱,但耶律德光更像他的父亲,在阿保机到各处征战的时候,耶律德光都跟着出征,因此立功甚多,一直到后来平定渤海国,都有所建树。所以同样有勇有谋的母亲述律后才对他另眼相看,在继承皇位的问题上全力支持他,反对喜欢汉族文化的长子耶律倍继位。

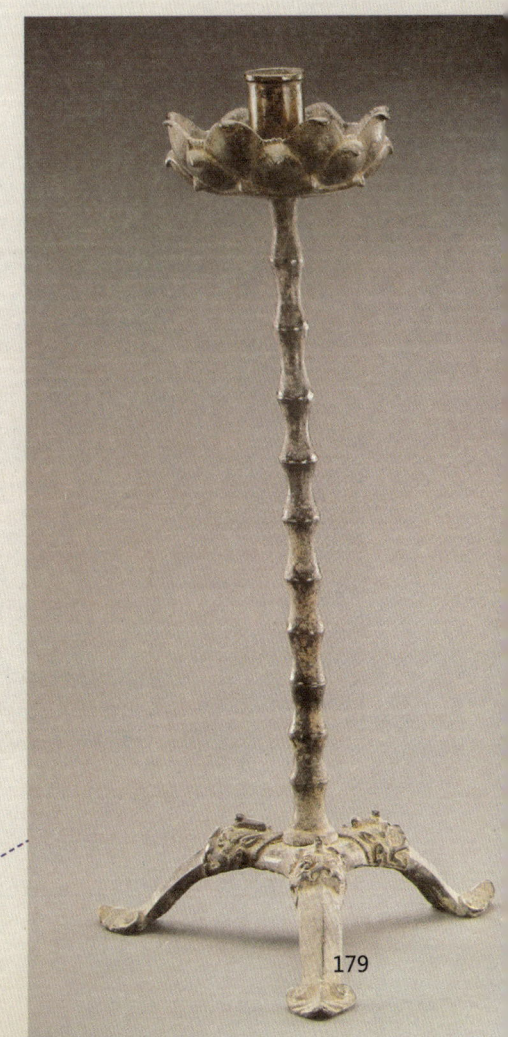

竹节形莲托铜烛台(辽代)

延伸阅读

● 宋词

宋词是中国古代文学皇冠上一颗光辉夺目的宝石，在古代文学的阆苑里，她是一座芬芳绚丽的园圃。她以姹紫嫣红、千姿百态的风神，与唐诗争奇，与元曲斗艳，历来与唐诗并称双绝，代表了一代文学之盛。后有同名书籍《宋词》。

宋词是继唐诗之后的又一种文学体裁，按照文学流派，基本分为婉约派和豪放派两大类，还有一种为花间派。婉约派的代表人物有柳永、李清照、秦观、晏殊、晏几道、周邦彦、姜夔等。豪放派的代表人物有辛弃疾、苏轼、岳飞、陈亮等。花间派的代表人物有温庭筠等。

宋词的发展共分为三个阶段。第一个阶段，晏殊、张先、晏几道、欧阳修等承袭"花间"余绪，为由唐入宋的过渡；第二个阶段，柳永、苏轼在形式与内容上所进行的新的开拓以及秦观、赵令畤、贺铸等人的艺术创造，促进宋词出现多种风格竞相发展的繁荣局面；第三个阶段，周邦彦在艺术创作上的集大成，体现了宋词的深化与成熟。这三个阶段在时间上非截然分开，而是互相交错在一起的，就其发展演变的实际情况看，继承与创新也不是相互脱节的。

魅力草原

■ 吐尔基山辽墓

吐尔基山辽墓，墓葬位于内蒙古通辽市科尔沁左翼后旗茂道吐苏木吐尔基山东南麓的山坡上，南距山水吐尔基山水库行政村约1000米，西南面有吐尔基山红领巾水库，西北有哲里木盟采石矿。内蒙古自治区文物考古研究所于2002年发现的一座未被盗掘的千年古墓。该墓为石室墓，由墓道、墓门、甬道、墓室及左右耳室组成。墓道为长斜坡墓道，长48米，两壁石墙残高约10米。墓葬中出土了大量的铜器、银器、金器、漆器、木器、马具、玻璃器和丝织品。该墓的发现，是近年来辽代考古的重要发现，在研究辽代的社会风格、风俗习惯、服饰、艺术以及丧葬习俗等方面都有十分重要的意义。

第三节　辽代五京

鸳鸯纹金花银碗（辽代）

耶律阿保机建国时，国号契丹。947年改国号为辽，又于982年回改为契丹；再于1066年复改为辽。直到1125年辽亡之际，一直称辽。

918年，耶律阿保机在西楼之地修建皇都（今赤峰市巴林左旗林东镇南博罗和屯辽上京遗址）。并下诏建孔子庙、佛寺、道观；创制契丹文字。除西楼皇都外，又于龙化州建东楼，木叶山建南楼，大部落北建北楼，四时游猎，往来于四楼之间。四楼之地应为耶律阿保机的私属斡鲁朵（营帐），保留了契丹民族的游牧特征。四楼行宫或谓四时捺钵（住坐处），构成了辽朝国家统治的权力中心（可移动的）。对于内附的农业民族人口，则仿照唐朝行政建置进行规划，至辽太宗时，基本上奠定了以五京为五道的行政区划。道下设府、州、军、城和县，府置留守或知府事，州、军有节度使、观察、防御、团练使或刺史，县有令、丞、尉、主簿，沿袭了唐代地方行政建置。

辽代的五京（五道）分别是：上京临潢府、中京大定府、东京辽阳府（928年称南京，938年改称东京）、南京析津府、西京大同府。

辽上京位于今内蒙古赤峰市巴林左旗林东镇南，是契丹帝国的龙兴之地。辽太宗天显十三年（938年）更名为上京，设临潢府。

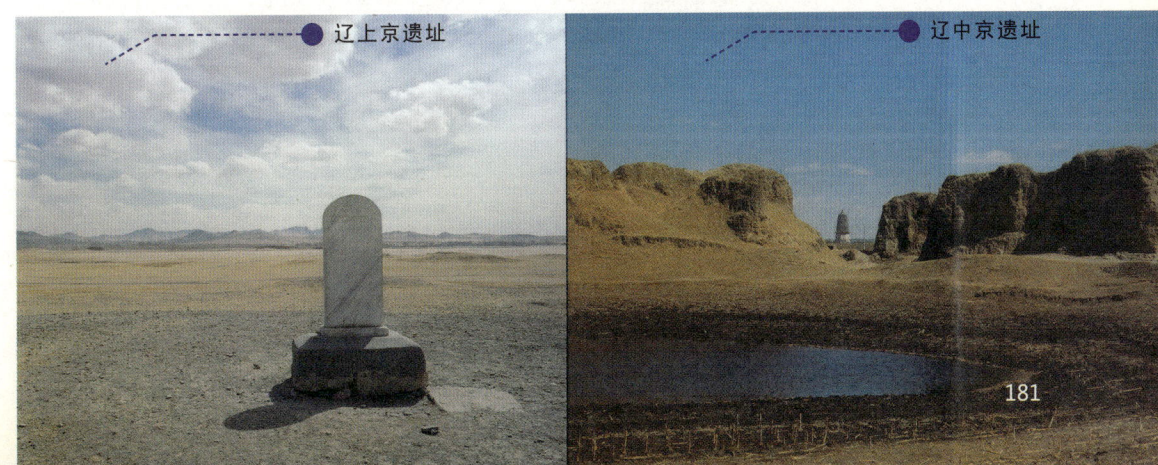

辽上京遗址　　辽中京遗址

辽中京位于今内蒙古赤峰市宁城县境。辽圣宗（983—1031年）期间收取的奚王府之地，是辽朝晚期的政治中心。

辽东京位于今辽宁省辽阳市境内。926年，耶律阿保机攻取渤海国，改名为"东丹国"，令皇太子耶律倍任东丹国王。

辽南京位于今北京西。辽太宗天显年间（927—938年）将原幽州城收纳改造。始称"幽都府"，后改称"析津府"。

辽西京位于今山西省大同市。是辽兴宗于重熙十三年（1044年）改云州为大同府而成的。

辽朝的五京道构成了其实际统治区域的座标。其中，上京、中京两道基本分布在今内蒙古自治区境内（东部），西京道部分州县在今内蒙古中南部，包括乌兰察布高原和呼和浩特平原。北宋使臣从南京（今北京）、中京（今内蒙古赤峰宁城县）到达上京（今内蒙古赤峰巴林左旗）有驿道。西夏使臣经西京（今山西大同）到上京有"直道"。这些交通干道和兴起于草原的城镇极大地推动了内蒙古地区的社会、经济发展。

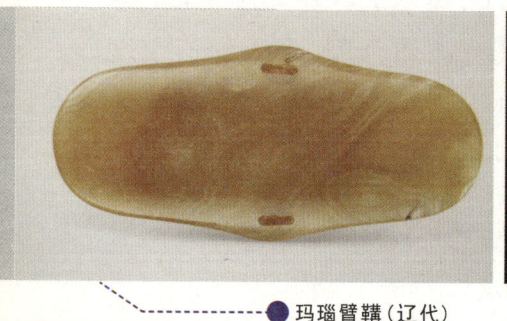
玛瑙臂韝（辽代）

玉熊（辽代）

水晶、玛瑙璎珞（辽代）

同时期中国境内

◆ 963年，宋太祖建隆四年，宋刊行《重定刑统》，又名《宋刑统》，为我国第一部刻版印行之法典。

◆ 998年，宋真宗咸平元年前后，在四川地区民间出现最早的纸币"交子"，这是我国也是世界上最早的纸币。

◆ 1087年，宋哲宗元祐二年，在泉州设立市舶司，外贸得到迅速发展，到南宋后期成为最大的外贸港口，超越广州。

同时期全球视野

◆ 914年，法蒂玛王朝军队攻占埃及亚历山大城。

历史百科

◇ 阻卜

　　阻卜名称仅见于《辽史》，汉意为沙碛、沙滩，是契丹人对蒙古草原各部族的通称。犹言沙漠地区的部族。内有西阻卜、北阻卜、西北阻卜、阻卜别部之分。大多居住在今蒙古国境内，今贝加尔湖以南部分地区亦为其故壤。主要从事游牧，辅以狩猎。

延伸阅读

● 南北交流犹彩虹

　　公元979年，宋朝灭掉北汉，结束了五代十国的割据局面。然而，在宋朝势力范围之外，还有辽、党项、西州回鹘、吐蕃等政权存在；在中原一带，辽朝不仅控制着东起东海，西至阿尔泰山的广阔地域，还占据着长城以南直至白沟河一带（今河北霸州市至天津市一线）。在辽朝的辖境内，北方草原与中原地区之间经济、文化联系密切，交流频繁，形成了近两个世纪的南北经济文化大交流局面。

　　从辽太宗耶律德光时，辽朝开始把行政管理机构分为"北面官"和"南面官"两个系统，分别管理契丹等游牧民族以及汉人等农耕人民。北部生活着各个游牧部族，南部生活着从事农耕的汉人、渤海人等。到了10世纪中叶，辽海地区成为"编户数十万，耕垦千余里"的富庶地方，其繁荣程度不低于燕云十六州。

　　稳定的社会、繁荣的经济推动了经济文化的发展和交流。辽朝政权地跨长城南北，犹如一道彩虹，把这个广阔范围里的草原文化与农耕经济联系在一起，促使其交融发展。正是在这样的历史条件下，契丹、汉等族人民又一次共同创造了灿烂的文化。

魅力草原

■ 达斡尔族

达斡尔族的族源有两种说法。一种认为，达斡尔族在17世纪中叶以前，分布于外兴安岭以南精奇里江（今俄罗斯境内吉雅河）河谷与黑龙江北岸河谷地带。这一区域在隋唐时是室韦各部的分布地，以后辽、金、元、明各代都在这些地区行使过管辖权，达斡尔族应是黑龙江以北土著民族的后裔。另一种认为，达斡尔族的语言、历史传说以及某些习俗与辽代契丹人有相同特点，达斡尔族的祖先是契丹人的一支，于金灭辽时北迁至黑龙江以北，发展为达斡尔族。达斡尔族的称谓，据记载最早见于清康熙初年，在此以前达斡尔族同鄂温克、鄂伦春被泛称为索伦部。1644年，沙俄入侵中国东北地区后，达斡尔族陆续从黑龙江北内迁到嫩江流域，被清朝编为三个"扎兰"队，由理藩院管辖。1731年，清朝又把达斡尔族编入了布特哈八旗，又称"打牲部"，除了为清朝统治者进贡貂皮外，还几十次被征调去戍边，远达新疆。17世纪中叶，沙俄第一次入侵中国黑龙江流域，首先遭到达斡尔族人民的迎头痛击。以后他们多次参加了抗击沙俄和外国侵略者的斗争。九一八事变后，不少达斡尔族的青壮年参加了东北抗日联军。解放战争时期，嫩江流域的达斡尔族人民，在共产党的领导下建立部队，为解放战争的胜利作出了积极的贡献。

达斡尔族经济结构中虽然农业占主导地位，但牧林渔猎也占据重要比重。古代达斡尔族人的饮食结构中以食粮为主，肉食次之。他们还吃各种蔬菜，喝牛奶，制作奶食品，善饮酒、喜抽烟。达斡尔人信奉萨满教，盛行敖包祭祀，这一点与北方游牧民族相同，说明达斡尔文化的多样性和丰富性。达斡尔的祭敖包活动成为他们的欢庆节日，进行传统体育比赛、歌舞表演，开展集市贸易的盛大的群众性活动，祭敖包大会上，男女老少熙熙攘攘，人人面带喜色，彩旗飘飘，鼓乐笙歌。

达斡尔族是一个尊老爱幼的民族，是一个热情好客的民族。

桦皮蝈蝈笼（近现代）
葫芦形绣鹤纹石青缎荷包（清代）

第四节　壮丽的辽塔

辽朝崇佛，为我们留下了许多雄伟而壮丽的佛塔。除建于辽末（1100—1120年）的北京天宁寺塔和山西应县的应县木塔外，在今内蒙古境内还有四座辽塔，让我们窥见千年历史文化的绚丽之光。

辽上京南塔，辽上京南北曾各有砖塔一座，俗称南塔、北塔，在今内蒙古巴林左旗。现存南塔属八角七层檐式宝塔，位于城外南10里的南坡上，高25米，台座每边宽3.8米，塔身嵌有佛、飞天、菩萨、小塔等浮雕，富有契丹民族文化特色。

辽庆州白塔，正式名称为辽释迦佛舍利塔，位于内蒙古赤峰市巴林右旗索博日嘎苏木东北。始建于辽兴宗重熙十六年（1047年）二月，是为辽兴宗耶律宗真的生母"章圣皇太后"建的。辽庆州白塔造型玲珑秀美，浮雕精湛细腻，为八角七级砖木结构塔。塔上七层共设假门28个，每门两旁都有天王浮雕一尊，共56尊。塔体浮雕将儒、佛、道及萨满的宗教思想表现得水乳交融，透出辽代佛教"星密圆通"的特色。1989年维修时从塔刹相轮樘等处发现了按照辽代佛教仪轨秘藏的一批佛经及木质法舍利塔108座。

● 辽庆州白塔

● 辽上京南塔

第九章 契丹建辽

白釉人首摩羯形提梁壶（辽代）

玉飞天（辽代）

辽中京大明塔，位于内蒙古赤峰市宁城县辽中京城遗址内。约建于辽圣宗重熙四年（1035年），是我国现存辽塔中最大的一座。大明塔筑于高约6米的夯土台基上，为八角十三层密檐式砖塔，高74米，底座每边长14米。塔座呈须弥形，分两层。塔身分八面，每个棱面上都附有佛龛，龛内雕饰着凸起的8尊神像，分别坐于仰莲宝台之上。每两面相交的棱面上，写着佛经上的警句和神像的尊名。雕像造型精美，栩栩如生。正南面的观音像特别引人注目，她体形丰满、姿态端庄、飘带卷风，端坐于云烟浩渺的莲花台上。观音头上有华丽的宝盖，两旁各有一个手持荷花、脚踏浮云的飞天。塔刹是小型藏式喇嘛塔，南北各有一小门，上面宝珠、相轮、宝瓶都是红铜铸造。塔共13层，每层塔檐椽头均挂有铜铃，计1350只，微风吹拂，千铃共鸣，如宫廷雅乐。塔身第一层南面存有清咸丰四年（1854年）重修时的蒙古文题记。

辽中京大明塔

万部华严经塔

辽万部华严经塔，又称白塔，位于内蒙古自治区呼和浩特市东郊白塔村西南方，是辽代丰州故城西北角，约建于辽圣宗时，历代都曾维修。塔身外侧有精美的砖雕，经塔各层有金、元、明、清各代游人题记，其中有些还墨迹如新，题记除使用汉字外，还有契丹文字、女真文字、蒙古文字、古叙利亚文字及古波斯文字等，是研究该地区历史文化的重要资料。白塔为楼阁式砖木结构，八角七层，通高50米。塔内还有设计精巧的旋转式阶梯走道。塔座大部分埋入地下，上部砌作仰莲瓣。塔身外表是仿木结构形式，每层开有两个半圆形拱门和砌有两个方形假门，各层之间真门与假门交错排列。外壁有天王、力士、菩萨等砖雕，造像精美生动，线条流畅，为辽代雕塑艺术的杰作。

同时期中国境内

◆ 973年，宋太祖开宝六年，潭州太守朱洞在原有僧人兴办的学校基础上创建了岳麓书院。
◆ 1056年，宋仁宗嘉祐元年，吐蕃建造了第一座寺院热振寺。

同时期全球视野

◆ 11世纪末，西欧第一所大学——博洛尼亚大学在意大利诞生。

历史百科

◇ 佛塔

佛塔，亦称宝塔，佛教建筑物。原为葬佛舍利之所。固有七宝装饰，故称宝塔，后为塔的美称。佛塔是佛教的象征。佛塔最早用来供奉和安置舍利、经文和各种法物。根据佛教文献记载，佛陀释迦牟尼涅槃后火化形成舍利，被当地八个国王收取，分别建塔加以供奉。

佛塔的造型起源于印度。汉代，随着佛教传入中国，佛塔的建筑在后汉末年，就已经风行全国了。《后汉书》记载了当时佛塔建筑的宏大与华丽。佛塔随着佛教自世纪初传入中国后，中国的工匠们将印度原有的覆盆式的塔的造型与中国传统的楼阁相结合，便产生了楼阁式的佛塔。继而由楼阁式衍生出密檐式塔。遍布我国南北东西的上万座佛塔，是古代高层建筑的代表，其用料之精良、结构之巧妙、技艺之高超、类型之丰富，远远超出了历代文人墨客的笔端。

延伸阅读

● 契丹字

契丹字是中国古代少数民族契丹族使用的文字，属阿尔泰语系，包括契丹大字和契丹小字两种不同类型的文字。小字与蒙古语非常相似，由于大字文献资料并未找到，至今没有被解读。大字仿造汉字形态创造，但所存资料有限（主要为碑记）所以很难完整解读。

契丹大字创制于公元920年，由辽太祖耶律阿保机下令由耶律突吕不和耶律鲁不古参照汉字创制的，应有三千余字。

契丹王朝建立后，曾参照汉字先后创造了两种文字，用以记录契丹语。后来又由耶律迭剌创制的已发展到拼音文字初步阶段的一种，称契丹小字。两种契丹文字在辽代与汉字并行。辽灭金兴，契丹字又与女真字和汉字并行于金朝境内。1191年，金章宗完颜璟明令废除契丹文字，契丹字在金朝境内遂渐绝用，但在中亚河中地区的西辽则继续行用。至明代已无人认识。

由于辽代书禁甚严和战乱等原因，除了宋人王易《燕北录》中摹写了5个契丹字的牌子外，没有任何契丹字的书籍留传下来。现在传世的契丹字资料都是20世纪陆续出土、发现的，主要是碑刻、铜镜、印章、货币和墨书题字等。

研究契丹文字，对于研究中国北方民族史和北方民族语言有重要意义，因而契丹文字资料出土后，中外学者竞相研究契丹文字。当前研究的重点是解读。

契丹大字的研究工作尚处于草创阶段，只有阎万章、刘凤翥和日本的丰田五郎及长田夏树发表过专门研究契丹大字的零星论文。两种契丹文字距离彻底解读都还很遥远。

● 辽（契丹）文化

契丹族在其200多年的发展中，政治、经济、科技、文化方面多有建树，并营建了一个地域辽阔的多民族大家庭。"辽（契丹）文化"以植根本土的原生（土著）文化为主体，以中原文化为依托，并吸收西域、东北各民族先进文化的内容，构成了特有的文化体系。

辽的绘画艺术在中国绘画史上成就突出。它以描写边塞草原风光、游牧骑射生活为主题，在中国画史上形成"北方草原画派"。

辽代的音乐和舞蹈也得到了极大发展，辽有祭祀祖先、神祇的傩舞和巫舞，还有民族节庆的大型踏歌舞，向中原学习的一般由66人表演的大型文舞，由68人同时表演的武舞。他们继承了唐十二和乐并由此发展融合而转为本民族的十二安乐。还有散乐、大乐、鼓吹乐，向汉族学习的鱼龙漫衍戏、百戏、角抵等。有宫廷民间、君臣共享的射兔、射柳等大型祈祷娱乐活动。体育活动有射箭比赛，摔跤比赛和蹴鞠比赛等，皇室在各京城中还设有专辟的鞠院。

辽代的文化教育也得到高度的重视，在立国之初创出契丹大字3000余字，并于920年颁行。此后创制契丹小字，这两种文字与汉文并行在辽及辽所辖的地区，使用了近300年。契丹族中有很多书艺高超的书法家，契丹文、汉文均书写的高妙叫绝。如《韩匡嗣墓铭》字体古朴委婉典雅。辽也极重视儒学，尊孔、建孔庙，各府、州、县均设府学、州学、县学，并有博士、助教来进行教授与管理，开科取士，录取进士授以官衔为国效力。佛教文化与道教文化也广为推崇和兴盛，佛寺、道观遍及各府州县，辽的佛塔是国内遗存最多的建筑。上京还有雕版印刷经卷机构。

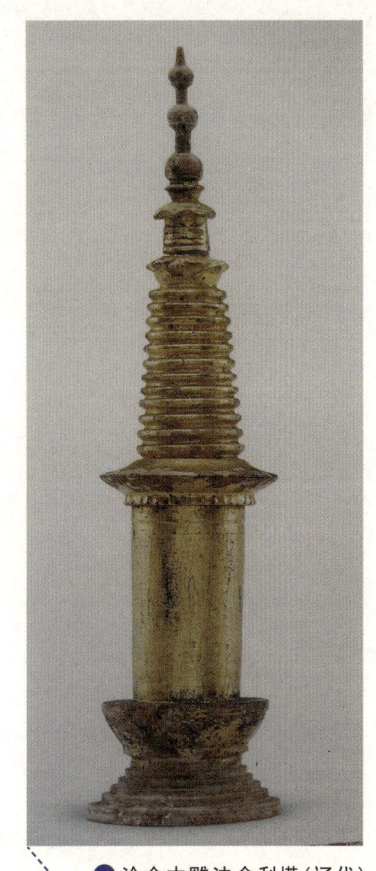

● 涂金木雕法舍利塔（辽代）

辽的雕塑艺术也有极大发展，上京真寂寺的石刻雕像、上京南塔、中京感圣寺佛舍利塔上的雕像，大同府的华严寺，佛坛上完整地保存了31尊菩萨，体态丰盈、衣饰自然，飘带流畅飘逸；辽奉国寺的7尊大佛等，成为辽代雕塑艺术的代表作。木雕技术精湛，庆州白塔所出的柏木涂金彩绘塔，雕刻精巧玲珑。辽的金银雕祖先像也十分精道。契丹的马具、革带雕塑装饰华丽。其玉石雕塑饰件精美肖实，其中表现游牧生活题材的玉饰件，一直影响到金、元以后。

辽的制瓷艺术也有长足发展，其中辽三彩在继承唐三彩并吸收转化所烧制的三彩佛像，有的同真人一样大小，有的大于真人2~3倍，佛造像根据其身份地位，面部表情乃至心灵神态各异，形象逼真生动。辽瓷器上所绘的花纹，多以草原习见的花草蜂蝶鸟兔鹿为图案，极具装饰性，亲切自然朴实。

第十章　西夏与金

辽兴于907年，宋建国于960年。在宋辽两个王朝并存的很长时间内，中国西北还有一个割据政权悄悄地发展自己的势力。1038年，这个割据政权终于宣布建国了，国号夏，首都兴庆府（今宁夏银川），控制着包括今内蒙古西部在内的中国西北一隅。西夏立国189年（1038—1227年），创造了其特殊的文化体系。

辽金嬗递。1115年金朝建国，1125年辽朝灭亡，辽的故地都被金朝所控制。金朝立国119年（1115—1234年），是辽、夏、金三朝中立国时间最短的王朝。但是金的疆域却比辽的更广。今内蒙古东部虽为金朝治下，但并不是统治中心。

第一节　西夏立国

907年，唐亡，耶律阿保机成为契丹部落联盟可汗。而在唐朝都城长安的正北、鄂尔多斯高原南部的夏州，却有一个割据的党项拓跋氏集团仍然雄踞在那里。因为在晚唐的平乱战争中获功，唐朝皇帝赐封给党项拓跋氏一位首领国姓——李，因此居住在夏州一带的党项拓跋氏俱称为李氏。

● 莲花形錾花金盏托（西夏）

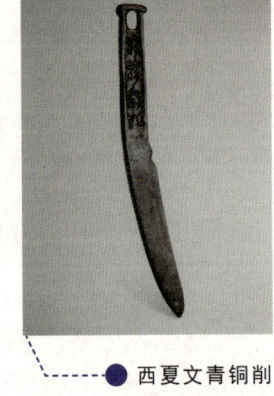
● 西夏文青铜削刀（西夏）

党项李氏集团避开了契丹大军的征伐风暴，在经历了梁唐晋汉周五代的风风雨雨后，站稳了脚跟，并逐步在包括今鄂尔多斯大部地区在内的夏州一带发展成割据势力。鄂尔多斯地区水草丰美的自然环境为党项李氏集团发展经济提供了物质条件。起初，他们在鄂尔多斯腹地地斤泽（今内蒙古乌审旗乌审召一带）有广阔的牧场，从事畜牧业生产。后来他们又在鄂尔多斯南部无定河、窟野河流域的肥沃土地上兴修水利、发展农业。鄂尔多斯南部乌池、白池盛产的青盐，是党项李氏集团与中原进行贸易的重要资源。他们用驼、马、牛、羊、毡毯、毛褐（毛织品）、草药、盐等物资与中原换取缯、帛、罗、绮、瓷、漆器、茶、谷。中原还在不同历史时期将大批史籍、医典、佛经及儒学著作输入党项。这些频繁的民族交流，使党项族的经济文化迅速发展起来。

960年，宋朝建立，中原割据势力纷纷被消灭，唯有党项李氏割据仍然存在。961年，党项李氏集团向宋朝贡马300匹，宋朝赐封党项首领"太尉"称号，双方保持着名义上的臣属和实际上互不相涉的关系。982年，因为掳掠奴隶及争夺定难军节度使世袭权问题，党项李氏集团内部发生了内讧。党项首领李继捧率部落、氏族长投附宋朝,留驻宋朝京师;而他的族弟李继迁则率众夺回了夏州故地。宋朝方面经过近两年的围剿,没有剿杀李继迁。985年,李继迁攻陷银州(治今陕西省横山县党岔),党项溃众又纷纷归附李继迁,力量迅速壮大。这时,东北的契丹(辽)国也开始插手党项夏地。986年,契丹授李继迁为定难军节度使,都督夏州诸军事,又将宗室女义成公主嫁给李继迁。988年,宋朝又授李继捧为夏州刺史、定难军节度使,以牵制李继迁。990年,契丹封李继迁为夏国王,接着李继捧也以夏州降契丹,受契丹国封为西平王。994年,宋军西进,占领夏州,拘捕李继捧,毁掉了有580年历史的夏州城(原铁弗匈奴所建大夏国都统万城)。为了迫使李继迁就范,宋朝对党项所据夏州采取了严格的经济封锁,禁止夏州出产的池盐外运,也不准中原的粮食运入夏州,其结果更激起各族人民的反抗。998年,宋朝改变对夏策略,授李继迁为定难军节度使。

1004年,契丹(辽)宋澶州之战爆发,宋朝无力顾及西北,给党项李氏集团发展提供了机会。1031年,李继迁之孙李元昊继位,不断开疆拓土,将统治范围扩大到了东尽黄河、西界玉门,南接萧关、北控大漠的中国西北一隅。

1038年十月十一日,李元昊称帝,建都兴庆府(今宁夏回族自治区银川市),国号大夏,史称西夏。西夏既立,宋、辽、夏三足鼎立之势形成。宋朝占据中原自视为正统;契丹(辽)地域广阔,奠基日久;唯有大夏国国基草创,偏居西北一隅,羽毛尚未丰满。因此,西夏立国伊始就采取了"联辽伐宋,北和东征"的国策。契丹方面也采取了"以夏制宋"的战略,利用西夏牵制宋朝。然而,辽夏和平时间并不长,1044—1049年爆发了两次辽夏战争,都是由辽朝方

● 酱釉花瓣口剔花瓶(西夏)

第十章 西夏与金

● 无定河

面发动的,战争发生地都在阴山南的黄河河曲(今鄂尔多斯北部)之地。

西夏建国后,疆域继续拓展。今内蒙古自治区阿拉善盟、鄂尔多斯市西部、巴彦淖尔市西段都属于西夏辖境。其中在阿拉善盟西有黑水威福军司,东有白马强镇军司,都是重要的军镇城寨。鄂尔多斯南部的夏州是党项李氏贵族的隆兴之所,也是一处重要的城垣。

1227年西夏亡于蒙古,立国189年。但是从夏地割据算起,在这一带活动了400余年,创造了灿烂的文化。

同时期中国境内

◆ 1041—1048年,宋仁宗庆历年间,杭州布衣毕昇发明了活字版印刷技术。

同时期全球视野

◆ 1048年,比鲁尼写《印度志》,书中包括许多天文学数据,他对占星术左右历史事件这种思想进行了批判。

◆ 1095年十一月—1099年七月，十字军分两路向土耳其进攻，一路是由隐修士彼得率领的农民十字军，在君士坦丁堡被土耳其人所屠杀；另一队是由欧洲贵族组织的十字军。

历史百科

◇ 兴庆府

西夏都城，今宁夏银川。城长方形，周十八余里，护城河阔十丈，南北各两门，东西各一门。

人物故事

◇ 李元昊

李元昊（1003—1048年），西夏开国皇帝（1038—1048年在位），党项族人，原为拓跋氏，李姓为唐所赐。少年时勤奋好学，手不释卷，尤好法律和兵书，通汉、蕃语言，精绘画，多才多艺。

1032年，李元昊以太子身份继位。1038年自立为帝，脱离宋朝，国号"大夏"，亦称西夏，定都兴庆府。建国后推动教育，创蕃学，启西夏文教之风。开凿"李王渠"，以便西夏国民耕种。3次分别于三川口（今陕西延安西北）、好水川（今宁夏隆德东）及定川砦（今甘肃固原西北）战中大败北宋，并于辽夏第一次贺兰山之战，大胜辽国。于1044年与北宋签订庆历和议，向宋称臣，被封为夏国王。

延伸阅读

● **西夏王陵**

西夏王陵位于宁夏回族自治区银川市西约30千米的贺兰山东麓，是西夏王朝的皇家陵寝。陵区占地53平方千米，分布有9座帝陵、253座陪葬墓。

西夏王陵是中国现存规模最大、地面遗址最完整的帝王陵园之一。被世人誉为"神秘的奇迹"、"东方金字塔"。西夏王陵不仅吸收了秦汉以来，特别是唐宋皇陵之所长，同时又受到佛教建筑的影响，使汉族文化、佛教文化与党项民族文化有机地结合在一起，构成了我国陵园建筑中别具一格的形式。西夏陵规模宏伟，布局严整，每座帝陵由阙台、神墙、碑亭、角楼、月城、内城、献殿、灵台等部分组成。

西夏王陵内现存为裕陵、嘉陵、泰陵、安陵、献陵、显陵、寿陵、庄陵、康陵，坐北面南，按昭穆（古代宗法制度）宗庙次序（左为昭，右为穆；父曰昭，子曰穆）葬制排列，形成东西两行。北端有1处三进院落建筑遗址，为陵邑（或宗庙）。东部边缘有砖瓦窑、石灰窑遗址，为陵区窑坊。

第二节 神秘的黑水城

内蒙古自治区的最西边有一个神奇的地方——额济纳。秋日的胡杨，梦幻般迷人。伟岸挺拔的千年树干把我们带进了神秘的意境。岁月沧桑，大漠无语。只有美丽而坚强的胡杨守护着那座半沉在沙漠中的千年古城。

1909年5月，居延湖边的胡杨树刚刚吐出绿芽，一支驼队裹着风沙便来到了额济纳，这是由沙俄皇家地理学会组织的"蒙古四川探险队"第二次来到这里，领队叫科兹洛夫，他们在这座叫"哈拉浩特"（黑城）的古城外，盗掘了一座被称为"辉煌舍利塔"的古塔，在塔内发现了大批西夏文文献。在这批文献中，既有写本，也有刻本；既有多种多样的世俗文献，又有浩繁的佛经。此外，还有许多汉文、蒙古文、回

● 黑水城

鹘文、突厥文和叙利亚文等多种文献。他们把这批文献运回彼得堡后，整理出约2000册书卷，等于在黑城边上找到了一座完整的书库。1914年，英国人斯坦因率领的第三次中亚探险队，也在这座神奇的黑水城盗掘了许多西夏文、汉文、藏文、回鹘文以及突厥文文献，其中尤以西夏文占大多数。这些稀世的文献，为解读早已沉寂的西夏语文提供了最为关键的材料，同时也为西夏社会、历史、文化、宗教等方面研究提供了重要资料。

那么，西夏的文字是一种什么样的文字呢？

西夏文是记录西夏党项族语言的文字。属表意体系。1036年，李元昊命大臣野利仁荣创制。三年始成，共5000余字，形体方整，笔画繁冗，称为蕃书或蕃文。结构仿汉字，又有其特点。用点、横、竖、撇、捺、拐、拐钩等组字，斜笔较多，没有竖钩。单纯字较少，合成字占绝大多数。两字合成一字居多，三字或四字合成一字者少。合成时一般只用一个字的部分，如上部、下部、左部、右部、中部、大部，有时也用一个字的全部。会意合成字和音意合成字分别类似汉字的会意字和形声字，约占总数的80%。部分译音字由其反切上下字的各一部分合成，类似拼音字。有的字以另一字的左右或上下两部分互换构成。两字多为同义字。象形字和指示字极少。书体有楷、行、草、篆，楷书多用于刻印，篆书散见于金石，行草常用于手写。

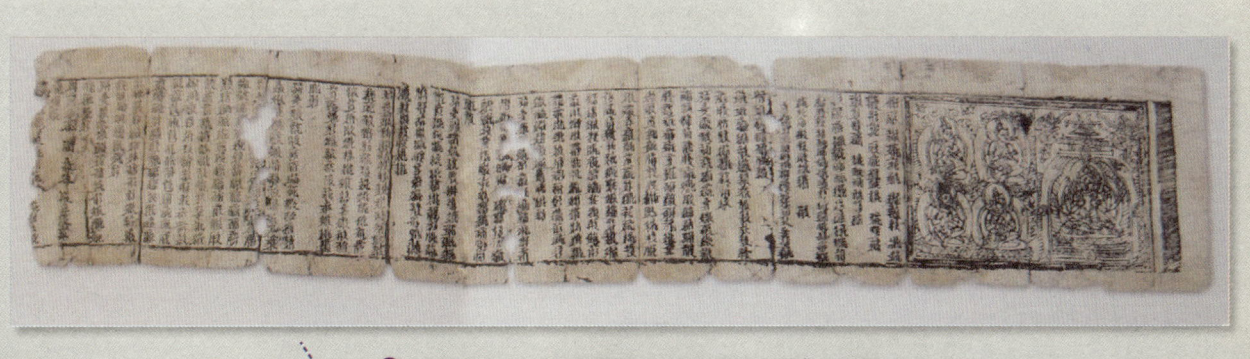

● 西夏文刻本《顶尊相胜总持功德依经集》（西夏）

西夏文创制后，被尊为西夏国字，下令推行，用于书写各种文书诰牒。还特设蕃字、汉字二院。汉字院掌管与宋朝的表奏，中书汉字，旁列西夏文；蕃字院掌管与其他王朝的文字往来，用西夏文书写，附以往来王朝使用的文字。辞典字书有《文海》、《音同》、《番汉合时掌中珠》、《圣立义海》、《义同一类》、《五音切韵》及《杂字》数种。

西夏灭亡后，西夏文仍继续使用。元代称为河西字，用它刻印了大批佛经，并有活字印本。明初曾刻印西夏文经卷，保定出土的两座刻有西夏文的古幢，建于明弘治十五年（1502年）。随着党项族逐渐融合于其他民族，西夏文也成为无人可识的文字。直至19世纪末才有人开始研究，逐渐成为一门专门学问。

● 西夏文刻本《顶尊相胜总持功德依经集》（西夏）

● 西夏文写本《佛顶相胜无垢光明入普门观察一切如来心陀罗尼经卷》

同时期中国境内

◆ 1046年，宋仁宗庆历六年，范仲淹写成《岳阳楼记》，因其中"先天下之忧而忧，后天下之乐而乐"的千古名句而流芳百世。

同时期全球视野

◆ 1185—1187年，俄罗斯古代英雄史诗《伊戈尔远征记》成书。

魅力草原

■ 古老神奇的额济纳河

额济纳河是内蒙古西部阿拉善高原荒漠区的内流河。它发源于祁连山山脉，全长821千米，南北流向，流域面积14.29万平方千米。额济纳河上游分东西两支，东支为干流，称黑河；西支源于陶勒寺，名北大河、临水河。黑河与北大河在甘肃省金塔县鼎新地方汇合后，向北流入内蒙古境内，称之为额济纳河。向北流150千米至狼心山后，又分为东河（额木纳河）和西河（穆仁河）。东河向北分8条支流，呈扇形注入东居延海；西河向北分5条支流，注入西居延海。

额济纳绿洲是由额济纳河水滋润而生成的，是内蒙古西部地区的绿色宝库，面积约1600平方千米。这里一片片粗壮高大的胡杨林枝繁叶茂，粗糙的表皮表明了它抗沙斗寒所付出的代价，旁逸斜出的枝杈，遮天蔽日，庇护着周围牧草的生长；一墩墩柽柳随风起伏；一棵棵沙枣树，迎风摇曳，枝上挂满了果实，散发出扑鼻的浓香；绿荫中点缀着蒙古包及牧舍，山羊成群，驼铃声声，渠水悠悠，凉风习习，一派田园牧歌景色。

额济纳绿洲还保留着灿烂的古代北方民族的历史文化。20世纪两次出土的居延汉简，轰动了中外史学界，被誉为中国考古学的一大奇迹。傲然屹立在沙丘上的西夏古城黑水城，向人们述说着昔日西夏文化的发达与繁荣。绿洲的主人土尔扈特蒙古部的先人，在清代历尽艰险，从伏尔加河下游万里回归祖国的壮举，至今激荡着人们的爱国之心。

● 额济纳

第三节 女真建金

女真民族的历史也很久远。商周时期活动在北方的肃慎人，就是女真人的远祖，到秦汉时称为"挹娄"，南北朝时称为"勿吉"，隋唐时更称为"靺鞨"。7世纪末，靺鞨粟末部建立了渤海政权，征服了黑水部外的靺鞨5部，而靺鞨黑水部仍然僻居黑龙江下游一带苦寒之地。10世纪初，契丹灭渤海，居民南迁，黑水部南下至长白山的渤海故地，开始被称为女真。

女真被契丹征服以后，辽朝曾将女真族的一部分迁居到辽阳以南，编入契丹属国户籍，称为"熟女真"。而数目更多的女真人口，则居住在松花江、牡丹江流域及以东地区，被称为生女真。生女真的社会发展水平相对落后，10世纪初，生女真还处在原始社会阶段，散处于山谷林间，穴洞以居，直到11世纪初才开始向阶级社会过渡。12世纪前后，生女真中的完颜部逐渐壮大，为统一女真各部奠定了基础。

1113年，完颜部的阿骨打继任为辽朝的女真部族节度使，开始与辽朝抗衡。1114年，完颜阿骨打率兵袭辽，先击渤海军，又败辽兵于出河店，以俘获的人口装备充实女真兵力。1115年，阿骨打率兵攻陷黄龙府，并追击辽军，辽军崩溃；女真各部统一，纳入完颜贵族的统治之下。同年，完颜阿骨打建立了女真政权，建都会宁府（今黑龙江省阿城县南），年号天辅。1122年，更改国号为大金。同年六月，阿骨打率军攻克了辽国的中京，不久又攻克了辽国的西京大同府。十二月，阿骨打亲自带兵攻下了辽国皇帝所在的燕京，辽天祚帝逃亡。金太祖天辅六年（1123年），阿骨打去世，其弟完颜晟继位，是为金太宗，继续对辽作战。1125年金军俘虏了辽天祚帝，辽亡。辽朝所辖的内蒙古高原的大片土地被金朝所占据，契丹辽的上京成了金朝自成一路的临潢府。

1124年冬，金国兵分两路，南下汴京。1126年初，北宋组织抵抗。汴京保卫战持续了近一个月，金军退却。八月，金军再次南下，顺利渡过黄河，直扑汴京。1127年，汴京陷落，北宋灭亡。

金朝在完成武装征伐后，着手制度改革。金熙宗天会十三年（1135年），金朝参照唐、宋、辽的模式，率先在中央实行三省六部制；1138年全面实行新官制，彻底废除了女真旧制。

"丰州之印"铜印（金代）

金主完颜亮天德三年（1151年）四月，完颜亮下诏迁都，弃离祖地上京会宁府，迁往燕京，于1153年春正式到达燕京，并改燕京为中都。完颜亮的迁都和随之进行的改革，为金国的持续发展打下了良好的基础。之后，金国进入了极盛阶段。

同时期中国境内

◆ 1119－1125年，宣和年间，世界上最早记载的指南针用于航海事业。
◆ 1127年，宋高宗建炎元年，赵构在应天府即位，南宋肇基。

同时期全球视野

◆ 1191年，亨利六世加冕为神圣罗马帝国皇帝。
◆ 1171－1250年，埃及、叙利亚阿尤布王朝时期。
◆ 12世纪初，首先在意大利，然后在法德展开了对罗马法的研究和应用，以补充法律的不足，这即是罗马法的复兴。

历史百科

◇ 女真文

金代女真人参照汉字和契丹大、小字创制的文字。有大字、小字两种。

金朝建国之前，女真人无文字，记事、传令以刻木为契。与辽王朝交往，借用契丹字。破辽获俘后，始识契丹文及汉文。金立国后的内外公文交往几乎全用契丹文。仿依契丹大字和汉文为基础试制的"女真大字"，于金太祖天辅三年（1119年）诏令颁行。

金熙宗天眷元年（1138年），参照契丹字创制新字，皇统五年（1145年）颁行，称为"女真小字"，从此女真大小字同契丹文、汉文一道并行国内。

金灭亡后，仅留居东北故地的女真诸部中尚有上层人士精通女真文。15世纪中叶，蒙古文化对女真人影响加剧，女真人渐习蒙古语文并借以书写自己语言，女真文终于弛废不传。现在流传下来的女真文字只有一种，即明代所编《华夷译语》中所收的"女真馆来文"、"女真馆杂字"和一些石刻。著名石刻有明永乐十一年（1413年）黑龙江口特林地方的"敕修奴儿干永宁寺"碑等。

◇ 猛安谋克制

猛安谋克制是以血缘为纽带建立起来的，原是女真人在氏族社会末期的部落组织，其组织按什伍进位编制，有伍长（击柝）、什长（执旗）、谋克（百夫长）、猛安（千夫长）。最初是单纯的出猎组织，后来变成平时出猎、战时作战的组织。

随着社会私有制的出现、阶级的分化，原来的女真族猛安谋克已不适应新的形势。完颜阿骨打称帝前，顺应女真族历史发展的趋势，于1114年改造原有组织，突破了血缘关系，规定以户为计算单位，以3百户为1谋克，设百夫长为首领。10谋克为1猛安，设千夫长为首领。由于实行了"壮者皆兵"即兵民合一制度，猛安谋克既是军事组织，又是地方行政组织（称为猛安谋克户），它是女真族的基本社会组织。

人物故事

◇ 完颜阿骨打

完颜阿骨打（1068—1123年），即金太祖，金王朝的创立者，女真族完颜部首领。12世纪初统一女真各部，并多次打败辽国。1115称帝，建国号金。曾命人创制女真文字。

延伸阅读

● 金代的文化艺术

一、文学。金代文人在我国文学史上有一定地位和影响的主要是王若虚、元好问。王若虚著有《滹南遗老集》，是金代著名学者，诗文之外，兼长经史考证。他的贡献在于初步建立了文法学和修辞学。元好问是金朝文学的集大成者，著有《遗山文集》。金代文人辈出，还有蔡珪、党怀英、赵沨、王庭筠（渤海人）、王寂、刘从益、赵秉文、杨云翼、李纯甫等，皆当时名士。

二、杂剧戏曲。杂剧戏曲在金朝得到相当地发展，已盛行以杂剧的形式作戏。金代院本的发展，为后来元代用北曲谱成表演故事的杂剧打下了基础。金章宗时人董解元的《西厢记诸宫调》，是我国古典戏剧中一部典范性的杰作，系根据唐代元稹《莺莺传》改写而成，被称为"古今传奇鼻祖"，"北曲之祖"。

三、儒学。金朝以儒家思想为统治人民的基本思想，此外，老庄之学、佛学，特别是法家刑名之学亦较广泛流传和应用。随着社会经济的繁荣，理学又得到传播。

四、史学。金朝除继承历朝史学之外，尚有其特殊的贡献。金代对传统的正统观展开批评，发扬了历史上的民族和包括各族在内的中华思想。元好问《中州集》是以诗存史，他把各地区、各族的诗人均视为中州人物，这是统一的包括各民族在内的中华思想的具体反映。

五、绘画、书法。金代绘画、书法艺术也取得很高成就。海陵完颜亮能画竹，显宗允恭画獐鹿人物，王庭筠善山水墨竹，王邦基善画人物，徐荣之善画花鸟，杜锜善画鞍马。

六、壁画和雕刻。金代壁画和雕刻艺术造诣亦深，现存的金代寺院壁画和已发掘的雕砖墓和遗物充分说明了这点。山西繁峙岩山寺的金代壁画，内容极为丰富。

● 铜蒸酒器（金代）

● 金代石刻

● 红绿彩人像（金代）

第四节 金长城故事

● 金界壕（达茂联合旗石宝镇坤兑滩）

如果在内蒙古自治区境内找到一处跨度最长，体量最大的草原文化遗存的话，我们就会想到金长城。那条蜿蜒延伸在内蒙古草原的古代军事堑壕，仿佛一条银蛇伏卧在辽阔的草原上。

金长城虽然也是军事防御工程，但它不是垒筑的长墙，而是挖掘的壕堑。在深壕边把挖出的土堆起，并夯实为长堤，堤上再加筑马面。所以，金长城也叫金界壕。

金界壕有南北两线，东西穿越内蒙古高原的是南线。金界壕南线东起内蒙古呼伦贝尔市莫力达瓦达斡尔族自治旗尼尔基镇北约8千米的前后七家村，那里是大兴安岭山地，森林草原景色迷人；界壕向西南行，并行两条，延伸10千米后合为一条，穿过银波闪耀的诺敏河、阿伦河和雅鲁河，经阿荣旗、扎兰屯市进入兴安盟扎赉特旗。同样要穿越一条美丽的河流淖尔河，穿越大兴安岭南坡的森林带，在科尔沁右翼前旗的索伦镇满族屯乡分为内、外两条主线。

外线经过兴安盟科右中旗北端，沿霍林河上游穿过兴安岭西南端，进入辽阔而壮美的锡林郭勒草原，在锡林郭勒盟东乌珠穆沁旗伸入蒙古国境内，又从锡林郭勒盟阿巴嘎旗甘珠尔庙东北返回中国境内，直向西南，经甘珠尔庙、苏尼特左旗贝勒庙（满都拉图镇）、苏尼特右旗，至乌兰察布市四子王旗补力太庙（查干敖包苏木）东约20千米处，与内线长城会合。

内线从兴安盟科右前旗满族屯乡向西南，越过霍林河，至科尔沁右翼中旗吐列毛都镇的巴音乌拉，沿大兴安岭东南麓经通辽市扎鲁特旗西北境、赤峰市阿鲁科尔沁旗，穿越大兴安岭，经赤峰市巴林左旗、林西县、克什克腾旗达里诺尔西北，可以眺望美丽的达里湖，继续向西南延伸，到达锡林郭勒盟正蓝旗东北的汉克拉，并沿闪电河北向西南太仆寺旗的贡宝拉嘎草原，然后西行过河北省康保县南境，回经乌兰察布市化德县，折转西北经商都县、察哈尔右翼后旗，到达四子王旗补力太庙与外线长城会合。

会合后的金长城主线，经乌兰察布市四子王旗大庙向西，过包头市达茂旗坤兑滩、呼和浩特市武川县二份子乡、大磁窑村，进入阴山北麓的山沟，止于武川县上庙沟西南的山腰，这里便是金长城的西端起点。

金长城还有北线。南线长城也另有3条支线。

金朝建国70多年后，金长城修筑完成，金朝修筑长城堑壕是为了防御哪一个民族政权的南下呢？蒙古。

1206年，蒙古民族领袖铁木真在斡难河源举行大聚会，竖九旄白旗，建大蒙古国。铁木真获得了成吉思汗的称号。

1211年秋，成吉思汗亲率蒙古大军跃过金长城的外线，由达里诺尔湖（今赤峰市克什克腾旗达里诺尔湖）攻入金境，直达金国边防重镇乌沙堡（今锡林郭勒盟镶黄旗境内）。金兵统帅独吉思忠领兵抵御，战败退兵，蒙古军乘胜向南推进。金朝方面因独吉思忠失守而又委任胡沙主持军事。胡沙不敢正面抗击蒙古军，一路撤退，退至宣平（今河北省张家口市西

内蒙古准格尔旗察罕苏力德

南），以大军10万守野狐岭（今河北省万全县膳房堡北）。蒙古军一路挺进，再过金长城内线，克抚州（今河北省张北县）、昌州（今锡林郭勒盟太仆寺旗西南九连城）、桓州（今锡林郭勒盟正蓝旗四郎古城），直逼野狐岭。双方大战，金兵大败，死者枕藉，原野充满了血腥之味。蒙古大军追击溃败的金兵于浍河堡（今河北省怀安县东），再歼金兵无数。

1212年，蒙古大军再过金长城，攻陷宣德（今河北宣化）、德兴（今河北涿鹿），直逼金朝西京（今山西省大同市）。

1213年，成吉思汗会集诸军越野狐岭，再下宣德，取德兴。在居庸关大败守关金军，然后兵分三路进军中原。1214年春，三路大军合围中都，金宪宗献卫绍王女歧国公主给成吉思汗，请和。成吉思汗退兵，在达里诺尔湖休养。这年五月，金宣宗南迁。1215年五月，蒙古军占领中都。蒙古军势力控制了内蒙古的中部地区。

同时期中国境内

◆ **1175年**，宋孝宗淳熙二年，学者吕祖谦约请陆九龄、陆九渊兄弟等会朱熹于信州（今江西上饶）鹅湖寺，共同论学，意在调和朱陆两家在学术上的争执，史称"鹅湖之会"。

同时期全球视野

◆ **1167年**，英国牛津大学建校。

历史百科

◇ 渤海国

渤海国（698—926年）是我国唐朝时期高句丽遗民和靺鞨族（满族祖先）建立的地方民族政权，始于武则天圣历元年（698年），初称"震国"。705年，渤海国归附于唐王朝，713年被册封为"渤海国"，由于谐音也成为北邵国，与南面的南昭国相呼应。926年被契丹国所灭，传国15世，历时229年。

延伸阅读

● 宋诗

宋诗是在唐诗的基础上发展起来的，但又自具特色。文学史上提到宋诗，有时作为宋代诗歌的简称，有时指某种与唐诗相对的诗歌风格。

宋代诗歌分为六个不同的发展时期。虽然其成就不如唐诗，但对后世的影响仍然很大，在中国文学史上占有重要地位。

魅力草原

■ 鄂温克民族

鄂温克族发源于贝加尔湖流域，早在公元前2000年，即夏、商时期，鄂温克人的祖先就居住在外贝加尔湖和贝加尔湖沿岸地区。"鄂温克"的意思是住在大山林的人们。鄂温克族有自己的语言，属阿尔泰语系满—通古斯语族通古斯语支，但没有文字。新中国成立前，鄂温克中的知识分子多通晓满、汉、蒙古文。如今牧区通

● 最后的"使鹿部落"鄂温克族

用蒙、汉文，农区和靠山区通用汉文。鄂温克族一般都信奉萨满教。牧区的鄂温克族同时也信奉藏传佛教，居住在陈巴尔虎等地的鄂温克人个别也有信奉东正教的。鄂温克族的婚姻基本上是一夫一妻制，但与别的民族不同的是有氏族外婚和姑舅表婚优先现象。鄂温克族人死后，主要是土葬，也有放殉葬物的习惯。鄂温克族的节庆日，除了春节、清明节等外，还有敖包会。鄂温克族有许多禁忌，如马鞍子、套马杆子不可侵犯，从不允许踩踏和从上边跨过去；骟马被视为是神仙骑乘的专马，不能出售、宰杀；骑马人进门前，马鞭子必须放在门外，否则会被认为是强盗等。这样的禁忌至今人们还遵守不变。

● 火枪及火药囊（清代）

● 鹿纹桦皮背板（近代）

● 桦皮船（近现代）

第十一章　蒙元时代

当唐末割据愈演愈烈时，突厥语族诸民族如突厥、回纥等相继退离蒙古高原，代之以蒙古语族诸民族，所谓"鞑靼—室韦"集团。12世纪初，当契丹民族向女真族移交西拉木伦河流域的统治权时，北方的"鞑靼—室韦"人正处在部落林立、群雄角逐的状态。终于，从这些部落中崛起一支，出现了一位惊天动地的英雄——成吉思汗；出现了一个文化凝聚力很强的北方民族——蒙古族。今内蒙古额尔古纳河流域是蒙古族的祖地。

13世纪的蒙古风暴席卷了辽、夏、金的故地，席卷了中国，也影响了世界的格局。13世纪中叶以后，在今内蒙古中部的草原上诞生了一个新的王朝——元，再一次把分裂了300多年的中国统一起来。

第一节 成吉思汗

成吉思汗是蒙古汗国的开国君主，中国历史上著名的军事家，中华民族英雄。他姓孛儿只斤，乞颜氏，名铁木真。

1162年，成吉思汗出生在漠北鄂嫩河畔一个蒙古贵族世家。他的五世祖和四世祖曾被契丹国封为属部官令稳和详稳；他的曾祖父合不勒汗、伯祖父忽都剌汗都做过蒙古部主；他的父亲也速该，有巴特尔称号，是一个有实力的贵族。当时，蒙古高原部落林立，争战不休。成吉思汗出生时，受金朝支持的塔塔儿人正与蒙古人发生激战，他的父亲也速该俘获了塔塔儿首领铁木真，便用俘虏的名字为婴儿命名，以纪念胜利。

1170年，铁木真9岁，他的父亲也速该被塔塔儿人毒死，所领部众纷纷离去，母亲诃额伦夫人领着铁木真和他的几个弟弟度过了几年艰难的生活。少年铁木真曾被泰赤乌贵族掳去囚禁，逃回后投靠了蒙古高原上最强大的克烈部部主脱里汗。不久，铁木真的妻子孛儿帖又被蔑儿乞人掳去，他求脱里汗约其附庸扎答阑部主扎木合共同出兵打败蔑儿乞人，夺回了妻子。约在12世纪80年代，铁木真称汗。

1196年，金兵征讨塔塔儿部，铁木真和克烈部脱里汗出兵帮助金朝，打败了塔塔儿人。金朝封授脱里汗为王，从此称王汗；授铁木真部长之官。不久，克烈部发生内乱，王汗的弟弟引乃蛮人来攻王汗。王汗只身逃奔西辽，又经畏兀儿、西夏返回蒙古高原。因为得到了铁木真的援助，王汗很快恢复了统治。后来，铁木真与王汗联兵攻打古出古乃蛮部，回师途中又与乃蛮本部相遇。王汗见敌军势力很强盛，不告而退，把铁木真留在乃蛮兵锋之下。铁木真发觉后，也迅速撤兵，回到自己的牧地撒里川（在今蒙古国克鲁伦河上游之西），反而把王汗暴露在敌前，王汗因此大败。铁木真又担心跟随王汗的蒙古部众被乃蛮吞并，便派手下被称为"四杰"的博尔术、木华黎、博尔忽、赤老温领兵救援王汗，击退了乃蛮。

针对铁木真和王汗的合作，蒙古高原上形成了塔塔儿、乃蛮、斡亦剌、泰赤乌、扎答阑、合答斤、散只兀等大小十余部的联盟，在犍河（今内蒙古额尔古纳河支流根河）共推扎木合为汗。1201—1202年，铁木真和王汗联兵，与扎木合联盟先后大战于海拉尔河（今内蒙古呼伦贝尔市海拉尔河）流域和金界壕沿边的阙奕坛等地，获胜。扎木合投降王汗。1202年，铁木真消灭了四部塔塔儿，占领了呼伦贝尔草原。

王汗看到铁木真在不断壮大，便在1203年对铁木真发起突然袭击，铁木真败退到哈勒哈河以北。不久，铁木真乘王汗不备，进行奇袭，直捣王汗牙帐，克烈部亡。同年，为金朝看守金界壕的汪古部也归附了铁木真。1204年，铁木真与乃蛮人决战，消灭了乃蛮太阳汗，成为蒙古高原最大的统治者。

1206年，斡难河（鄂嫩河）源召开了盛大的忽里勒台大会，树九旒白旗。铁木真建立蒙古汗国，即大汗位，号成吉思汗。蒙古国初期，成吉思汗把全体蒙古牧民划分和固定在95个千户中。千户下设百户、十户。千户那颜都是成吉思汗的封臣，成吉思汗把一部分千户作为领民分给诸弟诸子，形成左右手诸王。又以木华黎、博尔术为左右万户那颜，即两个最大的军事长官。把原来只有150人的怯薛（宿卫军）扩充到1万人，征调千户那颜、百户长、十户长的子弟充当怯薛，以此控制全国。设扎鲁忽赤掌管户籍、词讼等行政、司法事务。蒙古国建立后，原来的许多部落人口被分编到不同千户中，部落界限从此消失，开始形成蒙古民族共同体。

1207年，吉利吉思部归附；1209年，畏兀儿部归附；1211年，哈鲁剌部归附成吉思汗。1205年、1207年，成吉思汗攻入西夏，掠走了大批骆驼和财物。1209年又大举入侵，引黄河水淹灌西夏都城中兴府（今宁夏银川市）。西夏不得已，纳女请和。

第十一章 蒙元时代

1211年，成吉思汗率领大军南下攻金。1215年，蒙古军占领中都，华北、东北的地主武装纷纷投降蒙古，倒戈攻金。1217年，成吉思汗封木华黎为太师国王，专事攻金，自己准备西征。1218年，成吉思汗派大将哲别灭亡了西辽。

1219年，成吉思汗率20万大军西征，向中亚的花剌子模发动了侵略战争。1219年蒙古军围攻讹答剌城，次年攻克。1220年，成吉思汗攻下不花剌、花剌子模新都城撒麻尔干（今乌兹别克斯坦撒马尔罕）等城。成吉思汗的儿子术赤、窝阔台、察合台率兵攻克花剌子模都城玉龙杰赤（今土库曼斯坦乌尔根奇），成吉思汗幼子拖雷则率军进入呼罗珊地区。哲别、速不台奉成吉思汗之命穷追摩诃末算端，后者逃至里海孤岛病死。1221年，成吉思汗追击花剌子模新算端扎阑丁至印度河，不获而还。1222年，成吉思汗在中亚占领区设置达鲁花赤（行政官）监治。1223年，返回撒麻尔干驻冬，次年启程回国。

1226年，成吉思汗出征西夏，次年西夏亡于蒙古。1227年七月十二日，成吉思汗病逝，临终提出了联宋灭金的战略。

成吉思汗统一蒙古各部，在历史上起了进步作用。攻金灭夏，曲折地反映了当时中国各民族交往日益密切的客观形势，为统一的元朝建立奠定了基础。成吉思汗对中亚的征伐，有从游牧部落战争带来的野蛮残酷的特点。但客观上打通了东西方交流的通道，削平了东西方经济文化交流的堡垒，极大地推动了东西方文明的交流。

成吉思汗庙（乌兰浩特）

同时期中国境内

- 1164年，金军突破宋的两淮防线，逼近长江。同年底，宋金再次议和。
- 1165—1189年，南宋出现"乾淳之治"的中兴局面。
- 1206年，宋军发动北伐，攻金，史称"开禧北伐"。

同时期全球视野

- 1204年，十字军攻占君士坦丁堡，拜占庭帝国亡国。
- 1237年，蒙古西征军入侵分裂的基辅罗斯。
- 1258年，成吉思汗之孙旭烈兀率领蒙古军队攻陷巴格达，杀哈里发，阿拉伯帝国遂亡。

历史百科

◇ 《蒙古秘史》

书名。译称《元朝秘史》，亦称《元秘史》。撰者不详。全书282节，有12卷和15卷两种分法。13世纪中叶成书，是中国蒙古族最早用蒙古文写成的历史文献和文学作品。内容记述蒙古族的起源和成吉思汗、窝阔台汗时期的事迹，为研究蒙古族早期的历史、社会、文学、语言提供了宝贵资料。与《蒙古黄金史》、《蒙古源流》并称为有关蒙古民族的三大历史著作。有多种文字译本，现仅存明初的汉字标音本（附汉文翻译）。

◇ 斡耳朵

斡耳朵，又称斡鲁朵、斡里朵、兀鲁朵、窝里陀等，意为宫帐或宫殿，是突厥、蒙古、契丹等游牧民族的皇家住所和后宫管理、继承单位。最早见于唐代古突厥文的碑铭。辽、金、元时有斡鲁朵、斡里朵、兀鲁朵等不同的译写。

成吉思汗时设有4大斡耳朵，分别属于4个皇后。元朝建立以后，成吉思汗4大斡耳朵又分设4所总管府和1个都总管府，下辖提举司、长官司和各种造作司等20余个职司，其私属工匠、打捕户遍布大都、上都、保定、东平、彰德、泰安等地。这4大斡耳朵向中书省直辖之腹里地区每年征收五户丝，并向赣州路征收江南户钞。而且他们每年还可以得到朝廷赐给的大批银两及罗绢绒等物。

◇ 花剌子模

花剌子模在公元前6世纪为波斯帝国的一个省。公元前4世纪初独立，后受印度的贵霜帝国控制。3世纪，波斯萨珊王朝重新控制花剌子模。到了7世纪末，花剌子模被阿拉伯人征服。11世纪到13世纪，受塞尔柱突厥统治，领土包括波斯的东部和阿富汗。1219年被成吉思汗的蒙古帝国征服。1388年又被帖木儿的铁木尔帝国征服，后又归波斯统治。

到了16世纪初，花剌子模南部地区出现了独立的布哈拉汗国。1512年，花剌子模绿洲居民起义，摆脱波斯统治，拥立乌兹别克汗国王族成员为汗，建立了独立的国家，1873年被沙俄吞并。

1920年，花剌子模苏维埃人民共和国成立，但仅存在4年时间，解散其领土并入乌兹别克和土库曼两个加盟共和国。

人物故事

◇ 成吉思汗的"四杰"

"四杰"在蒙古语里是"四马"，就是四匹骏马的意思。在蒙古人眼中，马是很尊贵的动物，所以后来就把"四马"翻译成"四杰"。"四杰"是指木华黎、博尔术、博尔忽、赤老温。

延伸阅读

● 九斿白纛

"九纛"两字来自成吉思汗蒙古帝国的徽旗"九斿白纛"，九斿白纛，也称九足白徽或者九足白旗，蒙古人俗称"查干苏力德"，查干又译察汗，是白色的意思；苏力德又译苏勒德，是大竿的意思。

1206年，成吉思汗建立蒙古国，在斡难河源头召开大会。成吉思汗树起了一面引人注目的白色大旗，旗上还有9条飘带，史称"九斿白纛"或者"九足白纛"，蒙古人俗称"查干苏勒德"。蒙古人相信这个旗帜代表着军队的守护神，可以引导军队从胜利走向胜利，所以蒙古军队打仗前要祭旗出征，胜利后也要用牲畜摆供祭祀。据传，成吉思汗的仪卫存有纯白大旗备用，国王用九尾白旗，中间画着黑色月亮。后来蒙古族人民供奉的苏勒德，可能就是从这面大旗演变而来的，它象征着胜利、幸福、吉祥，是民族的守护神。

● 成吉思汗陵

魅力草原

■ 成吉思汗陵

纪念性陵寝建筑。位于内蒙古自治区鄂尔多斯市伊金霍洛旗阿拉腾席连镇东南20多千米处。是一座具有浓郁民族传统建筑风格的宫殿。陵园占地面积5.5万平方米。陵宫的主体由1座仿元代城楼的门庭和3个互相连通的蒙古包式的大殿构成。正殿高达26米,东西殿各高23米,后殿和东西殿走廊高20米。殿顶如伞盖,饰有蓝黄相间的琉璃瓦砌成的卷云纹图案,正殿八角飞檐下竖匾写着"成吉思汗陵园"蒙汉文金色大字。殿前立有2根15米高的旗杆,正中放着2米高的香炉,香炉上挂有小铃,风吹铃响,使整个建筑显得十分庄严肃穆。

祭祀成吉思汗陵是达尔扈特人的神圣职责。他们的祖先是成吉思汗的近卫军。每年的农历三月二十一、五月十五、九月二十和十月初三,蒙古族民众纷纷来到成吉思汗陵园,在达尔扈特人的引导下,进行各项隆重的祭祀活动。成吉思汗陵是纪念建筑,由最初供奉的"八白室"演变而来。15世纪末叶,蒙古鄂尔多斯部进驻河套一带,即供奉"八白室",初供奉于黄河岸边,至清初,移奉至现址。抗日战争中移至甘肃兴隆山,后迁到青海塔尔寺,新中国建立后迎回原地,兴建永久性陵园,成为各民族人民共同尊奉的地方。

■ 草原敦煌"阿尔寨石窟"

在鄂尔多斯高原西部鄂托克旗阿尔巴斯苏木,有一座孤立的圆形红色砂岩小山突兀地耸立在一望无际的荒漠草原上。小山四周壁陡岩峭,峭壁之上排列着许多洞窟,这就是"草原敦煌"—阿尔寨石窟。据说这里原有108眼石窟,故又名为"百眼窑"、"百眼窟"。该山略呈"凹"字形,东西长约400多米,南北宽200多米,高40余米。由于年代久远,风吹雨打,砂岩侵蚀,山岩坍塌,山体底层多被掩埋,目前还能看到的石窟只有49眼,在岩壁上不规则地分布为上、中、下三层,其中以南壁上分布的石窟最多。

阿尔寨石窟的壁画有近千幅,内容以佛教题材为主,不仅有汉地佛教的大量内容,而且荟萃了藏传佛教的不同风格,世所罕见,是十分珍贵的宗教历史文化遗产。

第二节 金莲川的元上都

● 忽必烈

进入七月,是锡林郭勒草原最迷人的时候。如果能来到正蓝旗的上都河(闪电河)畔,如果能融入到金莲川里,我们就可以感受到金黄色的金莲花,一望无际,簇拥着一个千年上都的历史遗梦。

1251年六月,蒙古汗国在斡难河畔的曲雕阿兰召开了一次忽里台大会,确认了两年前由宗王拔都的提议,议立成吉思汗四子拖雷的长子蒙哥为蒙古汗国的新大汗。于是蒙哥正式登上了大汗宝座。至此,蒙古汗统从成吉思汗三子窝阔台系转到了四子拖雷系。

蒙哥一即汗位,就任命自己的弟弟忽必烈负责"漠南汉地军国庶事",使忽必烈由蒙古汗室的普通亲王一跃而成为执掌汉地大权的首领。秋高马肥之时,忽必烈把自己的藩府南迁到了金黄色的草原——金莲川。随他一起南下的还有一些汉儒名士,如金朝状元王鹗,名士元好问、张德辉,以及早已投奔忽必烈的大学者刘秉忠等。当忽必烈的金莲川幕府一建立,天下名士竞相聚汇,都愿意为忽必烈效劳。

● 闪电河

1256年，忽必烈命谋臣刘秉忠在金莲川勘察地形，选址建城。刘秉忠选择了"龙岗蟠其阴，滦江经其阳，四山拱卫，佳所葱郁"的地方，建起了开平府城。从城西北的龙岗山上向南眺望，可见金莲川平坦辽阔，闪电河（滦河）由西向东，环绕着城垣缓缓流去。平川南部便是燕山山麓，有一道东西横亘的坝状高岗，登岗南望，可见燕山群峰如万顷波涛……

1259年，开平府建成。九月，传来大汗蒙哥阵亡的凶讯。当时忽必烈正指挥大军向南宋兵所据的鄂州进发。他的夫人察必派人驰报信息，要他速返蒙古汗庭哈剌和林。忽必烈召集将臣议事，谋臣郝经和廉希宪都劝他当机立断，速还京师，以正大位。

1260年三月，忽必烈至开平府，邀请东西道部分宗王，召开忽里台大会。到会诸王拥戴忽必烈即蒙古大汗位。根据刘秉忠的建议，是年五月建元中统，蒙古汗国至此有了年号。在忽必烈的建元宣言里，他强调蒙古汗国既要保留蒙古民族的"洪规"，又要按照中国历朝封建制度确定国家仪制。同时，他也明确宣告了统一中国的决心。

而在漠北的蒙古汗庭，则另有忽必烈的幼弟阿里不哥也登上了大汗之位。于是一场汗位之争不可避免。1260年冬，忽必烈率大军抵哈剌和林；1261年十一月，大胜阿里不哥军；但到1264年才迫使阿里不哥降服。这4年间，忽必烈一直在开平府坐镇指挥。

1262年，忽必烈在刘秉忠已经规划好的地方大兴土木。1266年，先建成内宫城的核心建筑——大安阁；1267年建孔子庙；1274年邀请尼泊尔籍建筑师阿尼哥建乾元寺。同时依

● 元上都宫城中的重要殿阁穆清阁的基墙遗址

第十一章 蒙元时代

元上都城墙

次完成宫城、皇城及外城建设。1264年，忽必烈诏令将金朝时的燕京移建为大都（今北京市），又由谋臣刘秉忠全权筹划。开平府便成了上都。大都和上都两都并行，一个在燕山南麓的农业区，一个在燕山北麓的牧业区。两都制是元世祖忽必烈的创造。两都制既适应了元代管理多民族条件下经济文化形态的需要；也适应按照蒙古民族习俗，与蒙古各部宗王经常保持联系的需求；还适应了游牧民族设置冬营盘与夏营盘的习惯。

上都宫城位于皇城中部略偏北。城墙东西570米，南北620米，黄土夯筑，外包青砖。南有阳德门，东有东华门，西有西华门。城墙四角筑高大角楼。城内有通向三门的厂型大街，分布着自成一组的许多建筑群，宫殿均建在高大的台基上，泉池穿涌其间。除大安阁外，宫城内还有大明殿、鸿禧殿、鹿顶殿、楠木殿及奎章阁等。

上都皇城外套宫城，方形。边长1400米。城墙以黄土夯筑，石块包砌。东西两墙各设两门，等距离排列。南北墙各设一门于中间，宫城的阳德门正好在皇城的中轴线上，城门布局对称，主次分明。皇城南部有许多大型建筑台基，是重要官署、府第遗址。皇城东北隅有龙光华严寺，西北隅有乾元寺，东南和西南角也各有一座寺庙。

上都外城包皇城，方形，边长2200米，东墙和南墙部分段落与皇城的东墙、南墙重合。城墙系黄土板筑，外以石块包砌。南面、西面

石雕龙纹建筑构件（元代）

龙首石门饰（元代）

各开一门，北面开两门。城西北角有宽25米的护城河。城的北部是苑囿，又称御马园，松柏葱郁，花草芳香。还有东西长350米，南北宽200米，用石块垒成的大围墙。这里是培植奇花异草和驯养珍禽异兽的场所。

外城向外的东西南三面都有面积颇大的关厢区。南关外延600米，过滦河，以石桥连接；东关外延800米，并向东北方向扩展；西关很大，约千余米，直到西山前古渠旁；外城外部为苑囿，设有关厢区。城厢除房屋外，还有密布排列的毡帐，供蒙古牧民居住。

上都城的建筑布局，显示了当时中国的建筑水平，兼有民族特色。作为元朝的夏都，上都城内官衙林立。而作为漠南漠北的要冲之地，上都同时也是重要的商品生产基地和商品集散之地。上都是中原汉族农业、手工业与北方蒙古族畜牧产品贸易的集散地，也是东西方商品贸易的集散地。从上都出发，向南有4条驿道通往大都，向北有两条驿道与哈剌和林相连。东接辽阳行省，西经草原丝绸之路到达新疆，抵中亚和欧洲。

1258年夏天，尚未称帝的忽必烈，以宗王身份在开平府主持佛道大辩论。到会僧人300余人，道士200余人，儒生、官员200余人。结果以藏传佛教萨迦派僧人八思巴为首的佛教获胜，此后元朝便尊崇释佛。

青花凤纹玉壶春瓶（元代）

1262年，元世祖忽必烈在上都召见了著名天文学家和水利学家郭守敬，听取了关于水利建设的有关建议。1280年，忽必烈又在上都为郭守敬、许衡、王恂等编写的新历法赐名为《授时历》。

1267年，元世祖忽必烈接受了阿拉伯天文学家扎马鲁丁献给他的阿拉伯系历法《万年历》及7件天文仪器，并于1271年诏令扎马鲁丁在上都

五子登科画像石

"大元国内"铁锈花罐

至元通行宝钞

兴建司天台（天文台）一座。1285年，忽必烈又命扎马鲁丁负责监修全国地理志——《大元大一统志》。

1260年，忽必烈在上都下诏发行"中统元宝交钞"等纸币。元代纸币对世界产生了广泛的影响。元朝政府规定，外国人来华所带来的金、银、珠宝、皮革、药材、香料等现货，必须从元朝官府处兑换成纸币，然后再购买其他货物，这样大大促进了世界货币的变革。

1274年，忽必烈将蒙古军20万交付征伐南宋的元帅伯颜，并携伯颜到上都驻夏。六月，发布讨宋诏书，开始了为期5年的征伐南宋战争。

1275年，元世祖忽必烈在上都接见了第二次到访的意大利商人尼柯罗兄弟，并第一次见到了随尼柯罗兄弟前来的马可·波罗。马可·波罗在上都用很短的时间就学会了蒙古人的礼仪举止，并且熟通了4种文字。忽必烈惊其才能，就把马可·波罗留下来。后来，马可·波罗在中国生活了17年，回国后口述了不朽的《马可·波罗游记》。

同时期中国境内

◆ **1237年**，元代大司农司编纂《农桑辑要》。
◆ **1279年**，元至元十六年，宋亡。元统一中国。在宋杂剧和金院本基础上发展起来的元杂剧逐渐成熟并开始兴盛。
◆ **1259年前后**，黄道婆把海南岛黎族的纺织技术带到江南，并改进了纺织工具与技术，促进了江南棉织业的进展。乌泥泾所在的松江，成了全国的棉织业中心。

同时期全球视野

◆ 1261年，米哈伊尔八世重建拜占庭帝国。
◆ 1326年，来自中亚的突厥部落在酋长奥斯曼率领下进攻拜占庭，占领大片地区，建立了强大的奥斯曼帝国。
◆ 1250–1517年，埃及、叙利亚马穆鲁克王朝时期。

历史百科

◇ 达鲁花赤

　　蒙古元代官名。蒙古语，意为"镇守官"，汉译"宣差"。又作答鲁花赤、答鲁合臣。蒙古汗国时始置，为所在地方、军队和官衙的最大监治长官。

　　成吉思汗及其继承者征服了很多地区和国家后，把这些地区和国家委付给本地的统治人物治理之外，还要在各主要地区、城镇、非蒙古军队中置此职，进行监临，其权力大于当地官员，以保障蒙古贵族在这些地区或国家的统治。元代，多数行政机构及各路、府、州、县等均设达鲁花赤。

◇ 忽里勒台

　　蒙古汗国及元朝的诸王大会、大朝会。又作忽邻勒塔。最初，蒙古人的忽里台是部落和各部联盟的议事会，用于推举首领，决定征战等大事。

　　1206年铁木真（即成吉思汗）建蒙古国后，召开忽里台，即大汗位。此后，历朝大汗即位，都由忽里勒台推戴。蒙古没有固定的嫡长继承制，汗位继承权或由先朝大汗生前指定，或通过明争暗斗强取，但形式上总要召开忽里台，由诸王、贵戚推举，才能即汗位。新大汗在忽里勒台召开期间，照例向诸王大臣颁发大量赏赐，以笼络人心，因而忽里勒台也成了蒙古显贵瓜分帑藏的一种形式。元朝以后，忽里勒台即大朝会的形式依旧保存下来，历朝皇帝即位都要召开忽里勒台，举行仪式，颁发赏赐。但忽里勒台远非决定帝位继承的具有实权的议事会，元朝大多数皇帝都是通过权臣拥立、武力争位或流血政变即位的。

◇ 大元都

元大都是元代政治、经济、文化中心。

元大都（今北京，亦称燕京）。初为金国都城，称"中都"，忽必烈于1264年"诏示中外，以为陪都"，1267年"设邦建都，以为天下本"。1271年，正式建国号为"大元"，次年，改中都为大都。

元大都呈南北略长方形，由外廓城、皇城和宫城组成，元大都的平面规划奠定了明清两代北京城的基本格局。

◇ 蒙元驿站

驿站的设置，始于成吉思汗时期到忽必烈建元后。驿站规模庞大、四通八达，在整个蒙古帝国统治区域及各大汗国通行无阻。元帝国时期制定了一整套管理制度。

驿站制度的建立对巩固政权，维护中央集权统治起到了积极的作用，加强了各地区、各民族的政治、经济、文化交流，促进了经济发展。

人物故事

◇ 八思巴

吐蕃萨斯迦人，元朝第一代帝师，学者。1260年，忽必烈封八思巴为国师。1269年，升号帝师、大宝法王。统领天下释教，并命其制造新字"八思巴文"。

◇ 马可·波罗

意大利威尼斯人。1270年随父亲、叔父波罗兄弟来华，旅居中国17年，大部分时间在大都度过，颇得忽必烈信任。在旅居中国期间，他遍游江南、西南各地。1292年护送蒙古公主去波斯，1295年返抵威尼斯。所著《马可·波罗游记》，对大都的城池、宫殿、街道、商业、纸币、朝仪、制度等均作了详尽的描述，引起了西方人对中国文明富裕的钦慕，激起了他们寻找东方商路的热潮。

◇ 忽思慧

忽思慧，又作和斯辉，回回人。元代营养学家、医学家。曾任元朝宫廷饮膳太医，主管宫廷饮食营养和饮食卫生事宜。他兼通蒙汉医学，积累了丰富的营养学知识。在此基础上集诸家本草、名医方术和宫庭日常所用的奇珍异馔、汤膏、煎造及谷肉果茶中的性味补益者，于1330年编成《饮膳正要》一书3卷。这是我国第一部营养学专著。

延伸阅读

● 行省制度

行省是元朝统治时期广泛设立于全国的地方大行政区，在中国地方行政制度史上具有重要意义。行省制度源于魏晋时的行台，当时为中央政权处理军国大事时的临时派出机构。金朝曾在边境广置行台尚书省。

蒙古人入主中原时仿金制，设行尚书省统辖一个大区的路府州县，演变成地方最高政治机构。元世祖中统年间，尚书省并入中书省，地方机构也改称行中书省，简称行省。从此，地方政治制度进入划省而治的阶段。元代行省置丞相、平章、左右丞、参知政事，其行政机构名称和官吏品秩与中枢相等，凡一省军国大事无 所不领。

● 忽必烈《七律·陟阮春山纪兴》

> 时膺韶景陟兰峰，不惮跻攀谒粹容。
> 花色映霞样彩混，垆烟拂雾瑞光重。
> 雨霑琼干岩边竹，风袭琴声岭际松。
> 净刹玉毫瞻礼罢，回程仙驾驭苍龙。

这首诗是元世祖忽必烈唯一传世的汉文律诗，诗中以帝王意象，渲染了眼前万物生机勃勃的景象，记述了春天在上都礼佛的过程。

● 宋辽金三史修纂

宋辽金三史修纂是元朝文化的重要贡献之一。中统二年（1261年）七月，忽必烈即令设置翰林国史院，其任务是"纂修国史、典制诏、备顾问"三项。首任翰林学士承旨为原金朝状元王鹗。王鹗建言除修编本朝史外，同时搜访遗事、附修前朝史（辽、金）。忽必烈同意其建议。

1279年，南宋亡，宋史的修纂已开始着手准备。但因为诸多原因，致使三史修纂工程直到元顺帝至正三年（1343年）才开始。元顺帝妥欢帖睦尔诏令右丞相脱脱担任三史都总裁，全面负责三史修纂工程。另委中书平章政事铁睦尔达世、中书右丞太平（贺惟一）、御史中丞张起岩、集贤侍讲学士吕思诚、翰林学士承旨欧阳玄、翰林侍讲学士揭傒斯六人为总裁官，全面开展修纂三史的国家重大文化工程。

三史修纂历时31个月，先完成《辽史》，继完成《金史》，最后完成《宋史》。三史修纂过程中，正统之争一直没有停息。脱脱都总裁提出的"三国各与正统，各系其年号"是三史修纂的指导思想。三史修纂完成是中国文化史的一大成就，在中国政治思想史与史学史上也具有积极意义。

魅力草原

■ 额尔古纳河

额尔古纳河在东晋十六国和隋朝时称完水，唐朝时称望建河，金、元时称也里古纳河，明朝时称阿鲁兀纳么连，清朝至今称额尔古纳河。

额尔古纳河是黑龙江的右上源，与俄罗斯境内的石勒喀河相汇后称黑龙江，然后外流入海。额尔古纳河的上源是海拉尔河，河水从阿巴该图山附近开始称额尔古纳河，是中俄两国的天然分界线。河水干流长970千米，流域面积153151平方千米。

额尔古纳河水系发达，支流众多，在我国境内的支流主要有海拉尔河、根河、莫尔道嘎河、激流河等9条。

额尔古纳河流域在中国历史上占有独特的地位，它以丰饶的自然资源，哺育了中国北方诸多的游牧民族，可谓是游牧民族生长的历史摇篮。这些民族利用这里独特的自然条件，繁衍自己的民族，武装自己的军队，壮大自己的力量，然后从此出发，向更辽阔的草原走去，演出了中国历史乃至世界历史舞台上的一幕幕话剧，为中华文明与世界文明的发展作出了重大的贡献。

9世纪时，成吉思汗的始祖孛儿帖赤那率领部众，离开了额尔古纳河，西迁至肯特山脉下辽阔的三河（鄂嫩河、克鲁伦河、土拉河）流域草原驻牧。经过铁与血的洗礼，成吉思汗统一了蒙古各部，并于1206年建立了蒙古汗国，蒙古民族开始登上历史舞台，中国历史和世界历史又翻开了新的一页。

第三节 汪古部与赵王城

阴山后的草原,连绵起伏,一望无际。内蒙古包头市达尔罕茂明安旗境内的艾不盖河上游有一座残颓的城垣,给草原的辽阔增加了历史的厚重。人们都知道,古代曾有一条从大都经上都到达中亚的草原丝绸之路,而这里正好是这条通道上的一个接点。这个接点就是赵王城。

1927年6月,初夏草绿的阴山后草原迎来了一支由中国和瑞典科学家共同组成的"西北科学考察团"。他们在距离百灵庙东北约30千米的艾不盖河上游发现了一座古城遗址。城垣已经颓败不堪,只有西墙和东墙尚残存一些,仍可见4米多高的城墙夯层。这座古城坐北朝南,平面呈长方形,周长6约3千米。城墙的四面都设有城门,墙的四隅可以看到当年角楼的土墩。古城内原有的那些殿堂楼宇和寺庙民宅都已荡然无存,只有那些突兀在瓦砾堆中的一座座平台、土墩,那满地的砖石,能让人们想象到其当年的巍峨壮观。古城中的街道不难辨认,正对四门都贯通一条大街。在中央大街交汇处的北侧,有一组建筑废墟格外引人注目:这是一处大型的四合院式殿堂,庭院正中有一座高约3米的大型台基,原有的柱础犹存,瓦砾中夹杂有许多黄色和绿色的琉璃瓦。考察团中一位考古学家黄文弼在这处遗址废墟找到一块刻有"王傅德风堂碑记"的石碑。这块石碑告诉人们:这里是元代汪古部的赵王城。

汪古部是一个老部落。它的族源可以追溯到突厥,也可以追溯到东胡系统的室韦。室韦中有一支叫黑车子室韦从遥远的东北来到阴山后突厥故地,有一部分人众与突厥沙陀

●赵王城遗址

等族杂居，形成了一个兼有突厥和室韦血统的新部族，就是汪古部。

汪古部在辽金时期都曾归附辽金，特别在金朝时，专门守护金长城。但是却于成吉思汗攻金前的1204年归降了成吉思汗，为成吉思汗攻打乃蛮部做先导。成吉思汗便与汪古部首领结为"安答"（意为兄弟），并将自己的女儿阿剌海别吉嫁给了汪古部首领的长子不彦昔班，不彦昔班被害后，又改嫁镇国。1206年，成吉思汗建蒙古国，封汪古部首领为北平王。1217年成吉思汗留大将木华黎专事攻伐金朝，曾将汪古部的一万人编入木华黎的亲军，同时令阿剌海别吉留守阴山，兼任蒙古国的监国公主。因为成吉思汗亲征西域，所以汗国内诸事都须由太师国王木华黎具体负责，而凡遇大事则须向监国公主谘禀而后行。

● 八思巴文金字银牌（元代）

● 荷花纹高足金杯

● 白釉黑花龙凤纹四系瓶（元代）

● 紫色荷花纹缂丝靴套（元代）

成吉思汗西征归来，身边带着汪古部的一位战将孛要合，他是汪古部首领的幼子。孛要合归来时，镇国已亡，成吉思汗令监国公主改嫁孛要合，授孛要合为北平王。

孛要合随成吉思汗西征期间，成吉思汗四子拖雷之女独木干公主嫁给汪古部的年轻首领聂古台。

1246年，成吉思汗三子窝阔台之子贵由继汗位，将女儿叶里迷失公主嫁给汪古部首领孛要合的长子君不花；1260年，忽必烈继汗位，嫁女给孛要合的二子爱不花。随后，又有爱不花之子阔里吉思娶忽必烈的孙女忽答迷迷失公主……

阔里吉思是一位忠勇刚烈的元朝驸马,并且喜读汉儒经史。1298年,阔里吉思率军与西北叛王笃哇交战,穷追笃哇于险地,终因孤军深入而被俘。笃哇是成吉思汗次子察合台的后代,也是黄金家族后裔,既俘阔里吉思,便提出将自己女儿嫁给他,遭到阔里吉思的严词拒绝:"我是皇帝的女婿,没有皇帝和皇后的命令,我怎么能再娶呢!"笃哇诱降不成,便将阔里吉思杀害在西北荒远之地。

阔里吉思死后,因其子术安年幼,便由阔里吉思的弟弟术忽难继任汪古部首领。1309年,术忽难受封为赵王,以后历任汪古部首领都袭封为赵王。

术忽难在侄子术安成人后,让术安袭任汪古部首领。1322年,术安娶

● 达茂草原

元世祖忽必烈的曾孙女为妻,元朝赐50万币帛给术安。术安继位后首先奏请皇帝要将先父阔里吉思的遗骨运回汪古部。元武宗海山闻奏后叹赏说:"术安真是一个好孝子啊",遂派将卒600多人将阔里吉思的遗骨运送回汪古部埋葬。

终元一代,汪古部首领代代为皇朝驸马,赵王城便成了驸马城。

1931年,当西北科学考察团的部分考察报告在《燕京学报》上发表后,赵王城古城遗址立刻引起了国内外学者的关注。1932年春天,美国旅行

家欧文·拉铁摩尔来到古城考察，他在赵王府遗址的附近发现了几块刻有十字架图徽的景教墓石。1939年和1942年，日本学者江上波夫在古城及附近一带也发现了一些景教墓石。这些墓石的标志和内容，证明汪古部在将聂斯托里派景教作为正宗信奉的同时，还曾一度信奉过罗马天主教，并证明汪古部直到12—13世纪，依然使用的是突厥文和古叙利亚文。在上述调查材料中，有汪古部首领阔里吉思的一块墓石，墓石的铭文为叙利亚文，其意为："神的仆人天主公教会教徒阔里吉思阿门"。从铭文中看得出，阔里吉思是一位罗马天主教教徒。有资料记载，阔里吉思率众在皈依罗马教后，还在赵王城建造了一座壮观无比的教堂。但是这座罗马建筑在哪一个位置呢？人们把搜寻的目光投向了城内西北角的一处高大建筑物遗址上。这组建筑物的遗址保存尚好，主体建筑的大殿面积近百平方米，在瓦砾中还拾捡到白色的琉璃瓦和雕有古罗马装饰风格的贴面花砖，这无疑便是阔里吉思建造的罗马天主教堂了。

汪古部的赵王城同时也是蒙古汗国的德宁路治所。由于其地处要冲，曾经是蒙元时期由中国通往中亚的草原丝绸之路的必经之地，是中西文化交流的桥梁，也是宗教文化荟萃的一座古老名城。除了景教教堂、罗马天主教教堂，还有佛教寺宇、儒学文化遗存等，文化风貌之丰富令人叹为观止。

1368年，元朝溃亡漠北。汪古部的最后一个首领汪古图降附了明军。明廷为防止汪古部反叛，便将汪古部部众迁离赵王城，分散安置，消融在北中国的其他民族中。以往的辉煌渐渐消失了。

今天，达茂旗的蒙古族牧民把这座城垣遗址称为"敖伦斯木"，意为"有众多寺庙的地方"。

同时期中国境内

◆ 1296年，元成宗元贞二年，郭守敬制成水浑运浑天漏。

同时期全球视野

◆ 1096 – 1270年，十字军8次东侵后，意大利、法兰西、西班牙等国同东方贸易增多，东方不少先进的生产技术如纺织、丝绸、印染、制糖、以及多种作物如稻、甘蔗、芝麻、甜瓜、杏等传入西欧。

◆ 约1311 – 1350年，元代著名航海家汪大渊，字焕章，江西南昌人，西文学者称他为"东方的马可·波罗"。汪大渊曾随船到东西洋，记其山川物产，著有《岛夷志略》。

◆ 13世纪时期，意大利出现的《马可·波罗游记》是城市文学的优秀作品，它第一次向西方介绍东方神秘国土中的政治、经济、社会风貌和风土人情。

◆ 14世纪，欧洲文艺复兴。

◆ 14世纪后，铸造金币之风扩及整个欧陆。

历史百科

◇ 景教

　　景教是唐代传入中国的基督教聂斯托利派。起源于今日叙利亚，被视为最早进入中国的基督教派。

　　唐朝时曾一度在长安兴盛，并在全国都建有"十字寺"，但信奉者多为非汉族民众。

　　景教始创人为聂斯托利，他生于叙利亚，提出"基督二性二位说"，认为圣母玛利亚只是生育耶稣肉体，而非受予耶稣的神性，因此反对将她作为神灵膜拜。

　　明天启五年（1625），西安掘出一块石碑，正面写着"大秦景教流行中国碑并颂"，以1780个汉字撰写，另附数十字叙利亚文，引起当时传教士轰动。现在景教流传中国的早期历史，大多以此作为引证。

　　唐代景教的寺院不仅建于长安，地方府州也有。唐肃宗即位，在西北地区建立寺院，信奉者不仅是来华的西域人，也有中国人，并有翻译的经典。唐武宗会昌废佛，景教同被禁止。后来衰微，元代再度传入，教徒与来自欧洲的天主教教徒，并称为"也里可温"。元亡后，再次衰落。

　　明朝建立后，明太祖朱元璋大力扶持儒、释、道三教，对其它宗教进行了压制，景教再度衰微，直到十六世纪中后期，天主教传教士开始展开中国传教工作，景教才从中国绝迹。

人物故事

◇ 监国公主

1958年，武川县的一位村民在挖土脱坯时，在地下1米多深处发现了一枚铜印，这枚铜印为我们提供了阿剌海别吉担当"监国公主"一职的物证。

武川县出土的监国公主铜印是件珍贵的文物，1974年由内蒙古博物馆征集收藏于馆内，现为国家一级文物。

铜印正方形，边长10.8厘米，宽10.7厘米，印高6.3厘米，重1400克，系黄铜质地，印背有台阶一层，长方形直钮，钮上凿刻一"上"字。印文为阳刻篆体九叠文，分3行，共14字，为"监国公主行宣差河北都总管之印"。印的正中有两行畏兀儿蒙古文。字体古朴，字迹因为年代久远漫漶不清。经自治区文物考古部门鉴定，此为元代监国公主阿剌海别吉的铜印，这也是首次发现监国公主的文物。

1204年，铁木真为了联合汪古部打击乃蛮部，将他最疼爱的三女儿阿剌海别吉嫁给了汪古部首领的儿子。结成亲家后，汪古部的首领和铁木真同心协力，灭掉了乃蛮部。蒙古族各部落统一，铁木真成为全蒙古的大汗"成吉思汗"。

阿剌海别吉虽在成吉思汗的女儿中排行第三，却深受成吉思汗的疼爱和信任。成吉思汗率大军出征之时，将帝国事务都交给受他器重的木华黎管理。与此同时，他任命三女儿阿剌海别吉为"监国公主"，木华黎所做一切决策，都必须与监国公主商议，并经监国公主的许可，方能实施。

在《驸马高唐忠毅王碑》中这样评价阿剌海别吉："公主明睿有智略，车驾征伐四出，尝使留守，军国大政，咨禀而后行。师出无内顾之忧，公主之力居多。"

● "监国公主行宣差河北都总管之印"铜印1（金代）

● "监国公主行宣差河北都总管之印"铜印2（金代）

延伸阅读

● 元代纸钞

1983年，在维修呼和浩特东郊的辽代万部华严经塔时，在塔体内发现了元代纸钞，经专家鉴定，认为是忽必烈时期发行的"中统元宝交钞"。这是我国迄今发现的最早的纸币实物。

元代的纯纸钞流通体制，不仅是我国最早的，也是世界上最早的纯纸币制度。元代的国力强盛，版图辽阔，横跨欧亚，交通发达，纯纸钞流通制影响很大，得到世界人士的公认。当时的印度、朝鲜、日本、安南等邻近国家，曾经羡慕地主动与元代纸钞建立了兑换比率关系。

● 元代东西文化交流

元朝是中国历史上疆域最广阔、国力最强盛的王朝之一。元朝中西经济文化交流的空前繁荣，使不同地区、国家和地区间的经济文化双向交流加速。元代中西文化交流信息量之大、传播范围之广、对未来历史影响之大，都是人类历史上空前的。可以说，中西方文明成就第一次出现了全方位共享的局面。

一、西方文化东传

1. 宗教方面：元代对宗教宽容，回教、基督（也里可温）教、犹太教、祆教等再度传入。

2. 艺术方面：西欧绘画理论技巧、外国乐器（如胡琴）及回教建筑艺术（如广州、泉州等地之清真寺）传入，使中国艺术的内涵更为丰富。

3. 科技方面：元代优礼色目人，并重视技术人才，所以西方的天文、数学、历法、医术、炮术等也相继传入中国。

4. 欧人东来：意大利人马可波罗著《东方见闻录》一书，引起欧人东来的欲望，促成日后欧人探求新航路，并沟通中西文化，改变欧人对东方的观念。

二、中国文化西传

1. 罗盘：罗盘经阿拉伯、波斯传入欧洲，改善欧洲的航海技术，后来哥伦布发现新大陆及葡萄牙人东来，都与此有很大关系。

2. 火药：火药和火炮的制造技术，随着蒙古西征而西传。欧人武器得到改善，摧毁欧洲诸侯的堡垒，导致欧洲封建制度的崩溃及民族国家的兴起。

3. 印刷术：中国的雕版印刷术及活字印刷术，在元代经阿拉伯西传，自此西方书籍流传更广，有助欧洲教育及学术普及，间接促成文艺复兴及宗教改革产生。

4. 其他：纸币、算盘及瓷器，亦由蒙古西征，以及驿道之间进行中西贸易时传入欧洲，推动了欧洲的财政与商业经济发展。

第十一章 蒙元时代

魅力草原

■ 草原丝绸之路

"丝绸之路"是古代东西方之间的贸易之路，主要是为贩运中国丝绸而形成的贸易通道，它是古代中国文明作用于世界历史的重要渠道，也是中国走向世界、接受世界其他地区文明的主要通道。中国文化性格的塑成，中国历史的具体形态，都与丝绸之路的荣衰息息相关。"草原丝绸之路"是指汉唐时期形成的由我国北方游牧民族开拓的漠北通往西域、欧洲的古道，是所有丝绸之路中年代最为久远的。

汉代，草原丝绸之路就已经被北方草原民族开拓出来。草原丝绸之路的繁荣，则与突厥汗国和回鹘汗国的兴起及唐朝的建立有密切关系。如果说突厥对草原丝绸之路西段的发展起了重要推动作用的话，唐朝的统一则是草原丝绸之路东段大发展的决定性因素。随着唐朝对漠北草原诸部的统一和在西方的进展，草原上的交通得到了进一步发展。唐代晚期，吐蕃兴起，占据了河西走廊，阻断了绿洲丝绸之路，但草原丝绸之路依然畅通无阻。当时控制草原丝绸之路的是善于经商的回鹘人，所以草原丝绸之路又被称为"回鹘路"。

草原丝绸之路分为南北两线，北线开拓于北匈奴西迁之时，东起西伯利亚高原，经蒙古高原向西，经过咸海、里海、黑海，直达东欧；南线东起辽海，沿燕山北麓、阴山北麓、天山北麓，西去中亚、西亚和东欧。随着蒙古族的崛起和蒙元帝国的建立，草原丝绸之路再次进入繁荣期。元代的草原丝绸之路也分两道，南道从大都（今北京市）开始，经上都（今锡林郭勒盟正蓝旗）、丰州（今呼和浩特市）、居延（今额济纳旗）、哈密，西接波斯道，进而通往地中海沿岸各国。据说，马可·波罗正是沿着此道来到元朝的。北道从大都开始经上都、哈刺和林（今蒙古国乌兰巴托西）、阿勒泰，西接钦察道之后通往欧洲各国。

草原丝绸之路已有2000多年的历史。它所经之地，到处都留下了以石人、岩画、鹿石、古墓等为代表的草原文化遗迹。

● 阿尔寨石窟寺

第四节 达里湖畔的应昌府

●"墓主人对坐图"壁画

大兴安岭西南部尾端与辽阔的内蒙古高原汇接的地方，团抱着一颗明珠，那就是美丽的达里湖，或称达里诺尔。民国诗人王枢在他的《访古诗》中写道："中函岛屿水平铺，绝妙禽鱼飞跃图。自古英雄勤远略，至今留得大儿湖。"所谓"大儿湖"就是"达里诺尔"，蒙古语，意为肩胛形湖。位于内蒙古赤峰市克什克腾旗西部，湖水水面238平方千米。达里湖是珍禽栖息之所，有天鹅、鸥、鹭、雁和罕见的丹顶鹤。

达里湖之东是一望无际的贡格尔草原，有贡格尔河、石里河蜿蜒流入湖中，仿佛两条发亮的银带，飘在绿茵茵的草地上。达里湖北有一座平顶山，蒙古语称"独石乌拉"，平缓而峭丽。微微地向西北倾斜。在湖水伸向低山的平台上，一座古城的遗址散落在荒草和石林之间……

1170年，9岁的铁木真（成吉思汗）跟随父亲也速该到斡勒忽讷惕氏去求亲，那是铁木真的母舅氏族，但在半路上却遇到弘吉剌氏的德薛禅，这位知礼通达的德薛禅看中了铁木真的气质，就将也速该父子请到了自己家，把自己10岁的女儿孛儿帖许给了铁木真。后来，铁木真的家破落了，德薛禅一家不践婚约，把女儿嫁给了铁木真。而德薛禅所属的弘吉剌部在铁木真的统一大业中，一直是坚定的支持者。

弘吉剌部牧地北起海拉尔河、额尔古纳河上

●应昌路新建龙兴寺碑（元代）

第十一章 蒙元时代

游,南至喀尔喀河、乌拉盖河一带,大致位于今呼伦贝尔市西端。成吉思汗与弘吉剌部的孛儿帖结婚以后,加强了两部之间的亲密关系。元世祖忽必烈的两位夫人也出自弘吉剌部。

1211年,成吉思汗率大军南征金朝,就是从达里湖岸旁进入的。也许当时战马嘶鸣、征伐在即,成吉思汗没有过多地留意达里湖的旖旎,但当1214年他从金国返回时,他不会再错失欣赏和体味草原湖色的优美了。成吉思汗驻夏于达里湖,他想到了弘吉剌部,他妻子的家族。于是他便把附近这片草原分封给了弘吉剌部德薛禅诸子。到了成吉思汗的继位者窝阔台汗时,更下旨令:"弘吉剌部生女世为后,生男世尚公主……世世不绝。"这样,弘吉剌部终元一朝出过21位后妃和19位驸马。

1270年,元世祖忽必烈的女儿囊家真公主携夫君弘吉剌部万户长斡罗陈一起到上都拜见忽必烈皇帝,请求在达里湖畔建城居住,忽必烈允准,并赐名"应昌府"。后来弘吉剌部子孙受封为"鲁王",应昌府(路)同时也称为鲁王城。

● 克什克腾草原

应昌府城由内城、外城和关厢三部分组成。外城呈长方形，南北长800米，东西宽650米，城墙为黄土板筑，辟东、西、南3门。外城南部，街道交叉，形成8块近于方形的街区，多为店铺民宅。其东部为儒学所在地。外城北半部西北隅有寺观建筑群。应昌府的内城近似正方形，鲁王宫座落于外城中间稍靠北处，南北长240米，东西宽220米，四面围墙中部均辟有城门。鲁王宫内曾经有殿宇林立、亭榭拱卫，而前面的湖河和草原也尽收眼底。

应昌王府同样处于漠南通往漠北的要冲。鲁王宫东西两侧分别有都总管府、钱粮总管府、怯怜口总管府、兵马司、转运司等衙署，可以见证当年这里的繁华。

1368年夏天，明军主帅徐达率兵进逼大都。兵临城下，元朝皇帝妥欢帖睦尔夜开建德门，与后妃、太子及臣僚百余人北走上都。上都虽然几度遭到红巾军的攻毁，但当妥欢帖睦尔皇帝到达上都后，还是控制了局势，并组织力量，准备进行收复大都的军事行动。皇帝命令扩廓帖木儿率兵从太原方向进攻大都。徐达则率兵袭击太原。扩廓帖木儿还兵救援，与徐达军决战。徐达使计夜袭扩廓帖木儿军营，大败元军。1369年五月，妥欢帖睦尔再令丞相也速出兵大都，同样没有结果。妥欢帖睦尔只好于八月撤离上都，抵达应昌府。

达里湖清澈的湖水和湖岸美丽的草原风光，此时都不能给这位刚刚失去两都的皇帝以更多慰籍。好在明军还要巩固那些攻占不久的城池，没有往草原纵深追来。妥欢帖睦尔皇帝松了一口气，仍然坚持不懈地组织收复大都的军事行动。数十万元军再一次应诏前来，以应昌为中心，在数百里内布起防线，并遥控陕西元军与明军周旋。

应昌府成了皇帝的离宫，达里湖畔出现了只有在皇宫才能感受到的笙歌燕舞。然而前方的消息越来越糟糕，收复大都的反攻元军一次次被击溃，拱卫应昌的战略要地也相继失守。1370年初夏，妥欢帖睦尔皇帝一病不起。接着，由皇太子爱猷识里达腊继承了皇位。

此时，明军将领李文忠又一次进逼上都，从投降的上都守军那里得到

第十一章 蒙元时代

妥欢帖睦尔已亡，还从报丧信使处侦知到应昌府的兵力情况，于是亲率精骑5万昼夜兼程奔袭应昌。爱猷识里达腊率领着不足2万的老弱残兵仓促应战，无济于事。元军一触即溃，爱猷识里达腊北遁而去。应昌府挂起了大明的旗号。

此后，应昌城成为明朝反击北元军的前哨阵地，惨烈的拉锯战持续了数十年。1450年，数度易手之后的应昌城最终还是被明军焚毁，这座倚立在美丽草原的湖岸城池，就此湮灭于萋萋荒草之中……

● 阿斯哈图石林

同时期中国境内

◆ 1345年，元顺帝至正五年，十月，《辽史》、《金史》修成。十一月，《至正条格》成。

◆ 元顺帝至正年间，新安虞氏刻有包括《三国志平话》在内的《全相平话五种》，为明代长篇章回小说的滥觞。

同时期全球视野

◆ 1318年，法国设立国务会议。

◆ 1345年，法国巴黎圣母院建成，为哥特式建筑的代表作。

历史百科

◇ 北元

元末明初，当北伐的明军攻陷元首都大都之后，蒙元势力被迫北迁。大都的失陷标志着元朝的灭亡。此后，残存于塞外的元政权，史称"北元"。

元朝末年，统治集团腐败，汗室内部的汗位之争愈演愈烈，阶级矛盾和民族矛盾日趋激烈，终于暴发了全国性的大规模农民起义。1368年，明将徐达率军攻克大都（今北京），元惠宗（即顺帝）妥欢帖睦尔率汗室及部分臣民北走上都开平（今内蒙古锡林郭勒盟正蓝旗东上都河北岸），至此，元朝在内地的统治覆亡。

翌年，明军进攻上都，惠宗只得退守应昌（今内蒙古赤峰市克什克腾旗达里诺尔湖西岸）。1370年四月惠宗死后，太子爱猷识理达腊继位。五月明军攻克应昌，爱猷识理达腊北走和林（今蒙古国鄂尔浑河上游哈剌和林）。次年改年号为宣光。后又经过脱古思帖木儿、恩克卓里克图、额勒伯克、坤帖木儿五汗，仍称元朝，史称北元。自鬼力赤称汗，明人称之为"鞑靼"，而蒙古内部仍称"大元"。史学界将其下限划至明末后金吞并林丹汗统治下的察哈尔部为止。北元与明朝形成长达265年的对峙局面，共传22位大汗。

人物故事

◇ 元顺帝妥欢帖睦尔

妥欢帖睦尔（1320—1370年），元朝末代皇帝，谥号惠宗，明太祖朱元璋为其加号"顺帝"。从1333年登上皇位到1368年放弃大都（今北京）、率领残余蒙元势力撤回漠北，他统治中国长达35年，是元朝所有皇帝中在位时间最长的一位，比正式建立元朝的声威显赫的元世祖忽必烈大汗还多了一年。

当时，元朝政治腐败，财政危机严重，社会矛盾尖锐。妥欢帖睦尔面对这样的形势，曾经有过励精图治、中兴元朝的决心。为此，他铲除权臣伯颜，支持脱脱更化，推行至正新政，使朝政一度有所改观。但是，当时自然灾害频发，农民起义风起云涌。妥欢帖睦尔已回天无力。他信用奸佞，治国无方，致使内乱迭起，民不聊生，元朝进入最黑暗的年代，终于在1368年被明军赶出了大都。

1370年，妥欢帖睦尔病死于应昌府，终年50岁。

延伸阅读

● 元曲

在中国五千年的文化发展历程中,"唐诗"、"宋词"代表了中国古典诗歌的最高峰,而"元曲"则是中国古代诗歌的最后辉煌。元曲是在"蕃曲"、"胡乐"的基础上发展起来的,首先在民间流传,被称为"街市小令"或"村坊小调"。随着元灭宋入主中原,它先后在大都(今北京)和临安(今杭州)为中心的南北广袤地区流传开来。元曲有严密的格律定式,每一曲牌的句式、字数、平仄等都有固定的格式要求。

元代是元曲的鼎盛时期。一般来说,元杂剧和散曲合称为元曲,两者都采用北曲为演唱形式。散曲是元代文学主体。不过,元杂剧的成就和影响远远超过散曲,因此也有人以"元曲"单指杂剧,元曲也即"元代戏曲"。

虽有定格,但并不死板,允许在定格中加衬字,部分曲牌还可增句,押韵上允许平仄通押,与律诗绝句和宋词相比,有较大的灵活性。

● 京杭大运河全线开通

京杭大运河,是世界上里程最长、工程最大、最古老的运河之一。

京杭大运河开掘始于春秋时期,完成于隋朝,繁荣于唐宋,取直于元代,疏通于明清,前后共持续了1779年。1293年,通州至北京的通惠河开通。至此,京杭大运河全线贯通。

1291年,在郭守敬的建议和主持下,引大都(今北京)西北白浮泉等诸泉水,经大都西门汇于积水潭,然后再出文明门(今崇文门)至通州(今北京通州)高丽庄入白河,全长164里,称通惠河。

开通后的京杭大运河以杭州为起点,以北京的积水潭为终点。全长超过1790千米。

● 元青花瓷

随着国内外贸易的发展需要,中国瓷业到了元代后较宋代又有更大的进步,景德镇窑成功地烧制出青花瓷器。青花瓷渐趋于成熟,产销兴旺。

元青花瓷以景德镇为代表,其制作精美而传世极少,故而异常珍贵,根据时间大致分为延祐期、至正期和元末期三个阶段,其中又以"至正型"为最佳。

元青花瓷开辟了由素瓷向彩瓷过渡的新时代,其富丽雄浑、画风豪放,绘画层次繁多。是中国陶瓷史上的一朵奇葩,同时也使景德镇一跃成为中世纪世界制瓷业的中心。

● 钧窑鸡心罐（元代）

● 鸳鸯水草纹青花盘（元代）

魅力草原

■ 百鸟翩跹掠银沙——达里诺尔湖

"达里诺尔"为蒙古语，意为"肩胛形湖"。它位于赤峰市克什克腾旗西部的达里诺尔国家级自然保护区内，面积约为238平方千米，一般水深10米左右，最深处为13米，储水量约16亿立方米。达里诺尔湖属高原内陆湖，湖水无外泻，靠贡格尔河、亮子河、好来河、沙里河4条河流及涌泉补给。湖水含盐量约为5.4克/升~5.9克/升，为封闭式半咸水湖。达里诺尔湖是内蒙古4大内陆湖之一，素有"百鸟乐园"和"草原天鹅湖"的美称。

达里诺尔湖畔是中国北方重要的候鸟迁徙通道，也是候鸟重要的集散地之一。在这里集散迁徙的鸟类有16目36科160种，重点保护鸟类主要有黑鹳、丹顶鹤、白枕鹤、大鸨、玉带海雕、黄嘴白鹭、灰鹤、蓑羽鹤、大天鹅等。每年春秋两季是观鸟的最佳时节。举目远望，湖面、岸边群鸟翩飞，掠过碧波白沙。

达里诺尔湖东西两侧有一对姊妹湖。湖东15千米，为岗更诺尔湖，面积为17平方千米，水深5米左右，湖内盛产鲤鱼、鲫鱼、华子鱼，岸边生长着大片芦苇和红柳，如同座座低矮的水塔涵养着水分。达里诺尔湖西16千米，是多伦诺尔湖，面积为2.2平方千米，湖内多涌泉，水质优良，以盛产鲤鱼而闻名。

第十二章 明蒙互市

　　1368年，朱明王朝崛起，元朝退出大都（北京），蒙古各部除了部分仍留在中原腹地归附明朝外，大部分退归大漠。到17世纪中叶清军入关这将近300年时间里，明蒙之间经历了战争、交流、阻隔、和平互市四个阶段。其中战争阶段从明洪武、永乐到成化年间，约100年左右；交流阶段从明成化到嘉靖年间，约60年左右；阻隔阶段从明嘉靖到隆庆年间，约50年左右；和平互市阶段从明隆庆到明末，约70年左右。当然，战争中有交流，和平间也有摩擦，但是明蒙关系的历史过程基本上反映了从战争到和平，从分隔到交流的南北民族关系走势。今内蒙古绝大部分地区位于明代漠南蒙古活动的中心地段，也是见证明蒙关系的主要区域。

第一节 明初战争

1370年应昌府被攻陷之后，明军继续实施对北元汗庭的进攻。1388年，明军以蓝玉为元帅，率兵15万人远征，在捕鱼儿海（今内蒙古呼伦贝尔市贝尔湖）重创北元军队。北元大汗直接指挥的军队和直接拥有的财产丧失殆尽。随后，北元大汗脱古思帖木儿也被缢杀。自此，蒙古草原大乱。

1402年，明朝结束了数年的"靖难之战"，由燕王朱棣夺得皇位，是为明成祖。明成祖即位初年，北元蒙古方面已经明显分裂成两部分，即东部的蒙古本部（明朝称为鞑靼）和西部的瓦剌蒙古。明朝方面采取威胁利诱的手段，分化瓦解东西部蒙古。明成祖并于1422—1424年连续出征蒙古。1424年四月，明成祖御驾亲征，兵发北京。六月，大军到达大兴安岭西南的纳墨尔根河。四望荒尘野草，未见一人。分兵搜索远近山谷，在周围三百余里范围内，也没有找到一人一骑。六月二十一日，明成祖宣布班师；七月十六日，明成祖在回军途中突然患病，次日到达榆木川（约当今内蒙古东乌珠穆沁旗东南）暂驻，七月十八日病逝。

明成祖之后，明军再没有发动大规模进攻蒙古的战争。而在蒙古高原上，却不断有东、西蒙古的争战以及蒙古汗庭的内讧。1434年二月，西部蒙古瓦剌部领主脱欢和他所拥立的脱脱不花可汗率部袭击东部蒙古权臣阿鲁台。阿鲁台率残部徙居母纳山（今内蒙古乌拉特前旗乌拉山一带）。七月，脱欢出兵再击阿鲁台，阿鲁台死，部属溃散，阿鲁台所拥立的阿台可汗等残部百余人遁往远处。这样，曾经主持蒙古本部（东部蒙古）政局近30年的一代强臣阿鲁台覆灭了。西部瓦剌蒙古控制了局势。

1439年，瓦剌强臣脱欢逝世，他的儿子也先继承了他的地位，统领瓦剌部众，成为蒙古高原的实际统治者。此前80年间，蒙古经济处于迅速衰退时期。由于连年混乱，致使草原城市遭到破坏，城市手工业也随之消失；货币绝迹，畜产品的交换以易物形式进行。人口锐减，牲畜头数也在大幅度减少。广大的蒙古牧民处于最艰难的境地。在这种背景下，草原上的蒙古人厌恶战乱，渴望统一。瓦剌部统一蒙古后，草原经济开始得到一定程度的恢复。

1449年，也先发起了向明朝的进攻。七月十一日，也先派出由他控制的脱脱不花汗入辽东，为东路；中路由阿剌知院率领入侵宣府（今河北省宣化）；也先自己率大军进军大同；另遣一将入攻甘州（今甘肃省张掖市）。七月十七日，明英宗御驾数十万军队仓促迎敌。八月十四日，经过几个回合交战后，明军撤至土木堡（今河北省怀来县东），被瓦剌军包围。八月十五日，明军开拔，被瓦剌军全线攻破，全军覆没，死伤数十万，明英宗本人被俘。瓦剌军获得了意外的胜利。史称"土木堡之变"。1453年夏，瓦剌部领主也先在清除了傀儡可汗脱脱不花和其他部落主之后，自立为汗。成吉思汗以来，也先是第一个非黄金家族子孙出任蒙古大汗的人，也是唯一一位。然而，也先任蒙古大可汗的时间只有一年多一点。1454年八月，也先在突然爆发的内讧中被杀。

也先一死，蒙古又陷入混乱之中。虽然断断续续有过几位黄金家族后裔出任可汗，但并没有有效控制局势。直到二十多年后，出现了中兴之主达延汗，蒙古才又走上了统一之路。

同时期中国境内

◆ 1374年，明太祖洪武七年，颁《大明律》，罢市舶司。严海禁。

◆ 1385年，明朝在南京鸡鸣山建立观象台，是世界上最早的设备完善的天文台。

◆ 1403年，明永乐元年，《永乐大典》开始编纂，至永乐六年（1408年）完成，共22937卷，为中国古代规模最大的类书（今残佚）。

◆ 1433年，明宣宗宣德八年，郑和第七次自西洋还。郑和下西洋前后28年，经30余国。

◆ 元末明初，罗贯中在民间创作和历史资料基础上，写成长篇小说《三国演义》，为古代历史演义小说代表作品。

永乐款释迦佛鎏金铜像（明代）

第十二章 明蒙互市

同时期全球视野

◆ 1337年，英王爱德华三世率军进攻法国，英法百年战争（1337—1453年）开始。
◆ 1392年，日本合并南北朝。幕府机构进一步完善。

历史百科

◇ 兀良哈三卫

兀良哈三卫，也称朵颜三卫。1388年，明朝廷通过军事打击，同时并用政治手段迫使元朝辽东守将纳哈出投降，从此，东北蒙古诸部相继归附明朝。

1389年，明廷在东北地区设置朵颜、泰宁、福余3个蒙古卫。朵颜卫在今大兴安岭南麓朵颜山一带，其成员主要是蒙古兀良哈部人；泰宁卫在今洮儿河流域一带，其成员主要是蒙古翁牛特部人；福余卫在嫩江和今乌裕尔河流域一带，其成员主要是蒙古乌齐叶特部人。到15世纪30年代，他们逐渐向南迁移，15世纪中叶到达明长城外牧驻。朵颜卫在喜峰口和宣府之间牧驻，泰宁卫在锦州至辽河之间牧驻，福余卫在沈阳、铁岭、开原之间游牧。3个卫在广宁、开原等地设马市，与明朝长期保持通贡互市关系。

人物故事

◇ 明太祖朱元璋

朱元璋(1328-1398)，幼名重八，又名兴宗，字国瑞。濠州钟离（今安徽凤阳）人。1328年，朱元璋出生在今安徽省凤阳县的一个贫苦农民家庭。朱元璋自幼穷苦，曾为地主放牛，一度入皇觉寺当和尚。25岁时参加郭子兴领导的红巾军反抗蒙元暴政，郭死后统率郭部，任小明王韩林儿的左副元帅。接着以战功连续升迁，1361年受封吴国公，1364年自称吴王。1368年，在扫平元的残余势力后，于南京称帝，国号大明，年号洪武。在位31年（1368—1398年），建立了全国统一的封建政权。

朱元璋在位期间实行了抗击外侵、革新政治、发展生产、安定民生等一系列有利于社会前进的政策，在政治、经济、军事、思想等方面大力加强君主专制的中央集权统治，是中国历史上最富传奇也最具争议的皇帝之一。

延伸阅读

● 火铳

火铳，有时又称"火筒"，是中国古代第一代金属管形射击火器。火铳的出现，使火器的发展进入一个崭新的阶段。火铳通常分为：单兵用的手铳，城防和水战用的大碗口铳、盏口铳和多管铳等。中国元朝和明朝对火铳的使用和发展发挥重大作用。

▪ "永乐柒年"铭铜火铳（明代）

▪ "永乐拾叁年"铭铜火铳（明代）

● 郑和下西洋

郑和（1371-1433年）原姓马，名和，字三宝，出生在云南省昆阳州人（今晋宁县宝山乡和代村），一个世代信奉伊斯兰教的回族家庭。少年进宫当了太监，在朱棣争夺皇位的战争中立下了军功，因而被赐姓名为郑和。关于郑和下西洋史书上的记载纷纭不一，有的说是明成祖怀疑建文帝流亡海外，派郑和等人寻找其踪迹；有的说是"耀兵异域，示中国富强"。

明成祖继位时，持续三年之久的"靖难之役"及迁都北京使财政耗费极其浩大。为了弥补财政上的亏损，明成祖不惜耗巨资，亲自选派郑和下西洋（越南、柬埔寨、泰国、马来西亚一带）寻宝。郑和下西洋虽以寻宝为目标，却促进了明王朝与邻近各国的友谊，尤其郑和远航亚非各国，在政治、经济和科学文化方面都产生了深远的影响。郑和下西洋后，亚非许多国家都先后派遣使节与明朝开展贸易。

第二节 达延汗重整漠南

1479年，成吉思汗十五世孙达延汗（本名巴图孟克）在亦思马因等权臣的簇拥下，继位为蒙古大汗，这年仅有7岁。另有一位贵族遗孀满都海彻辰夫人，嫁给了年幼的达延汗，共同承担起了重整蒙古的大任。

当时对蒙古大汗的最严重威胁，仍然是盘踞在西北和北方的瓦剌。也先被杀，瓦剌一时群龙无首，但瓦剌仍然有很强大的势力，况且瓦剌与黄金家族后裔还有血仇。因此，出征瓦剌是统一蒙古的第一步。1481年，满都海夫人厉兵秣马，出征瓦剌。仅有9岁的达延汗年幼体弱，经不起远征跋涉，满都海夫人就令做一只大皮箱，将皮箱缚在马背上。达延汗坐在里面，既不怕旅途颠簸，又不误行军速度。这样他们赶到漠北，逼近了瓦剌的营地。满都海夫人列兵成阵，发出进攻命令，群情激愤的蒙古骑士们呐喊着，向瓦剌冲杀过去，双方绞杀在一起，草原上卷起了无边的烟尘。最后，瓦剌的防线崩溃了……

达延汗画像

重挫了瓦剌人的锐气之后，满都海夫人决定剪除强横而狡诈的权臣亦思马因太师。从1482年到1486年间，满都海夫人调动各种力量，削弱、追剿亦思马因势力，最后终于射杀了这位曾经控制过蒙古汗庭的权臣。

亦思马因之死，消除了达延汗和满都海夫人的最直接威胁，使他们能集中精力清剿瓦剌残余势力。后来多次对瓦剌的用兵，主要由达延汗指挥。在激烈的斗争中，达延汗已经成长为一位勇武而富于谋略的可汗。

最后由达延汗完成了右翼三部的征服，打击了异姓赛特（非黄金贵族）的势力，着手统一东部蒙古。1510年，达延汗来到了已经由他控制的鄂尔多斯营地，在成吉思汗八白室前，向圣主叩拜，重新宣布大汗的称号。东部蒙古六万户已经全部置于他的统治之下。达延汗宣布,以后将不再设置由异姓封建主担任的太师、宰相之类官职;各万户的统治者,全部由成吉思汗后裔的黄金家族担任。

左翼三万户——

察哈尔万户在今锡林郭勒盟境内,是大汗的直属万户,达延汗就驻牧在这个万户的领地内。

喀尔喀万户位于察哈尔万户领地的北方,以喀尔喀河(今中蒙边境的哈拉哈河)流域为中心的地区。

● 满都海彻辰塑像

兀良哈万户在今锡林郭勒盟、乌兰察布市北部以及蒙古国境内。因为早期兀良哈人主要以狩猎为主,所以又被称做"林木中百姓"。

右翼三万户——

鄂尔多斯万户位于今内蒙古河套(鄂尔多斯高原)、阿拉善及甘肃东南部一带。鄂尔多斯是"斡耳朵"(意为宫帐)的复数形式,因为成吉思汗灵寝八白室设在该部落而得名。达延汗时代,鄂尔多斯万户是右翼三万户济农的直属领地,达延汗派其三子巴尔斯博罗特驻牧于鄂尔多斯。

土默特万户在今呼和浩特市、包头市、巴彦淖尔市和乌兰察布市地区。

永谢布万户位于今河北省张家口、宣化以北地区。

通过分封诸子,达延汗让成吉思汗黄金家族的后裔牢牢控制了各个万户和鄂托克。成吉思汗在建立蒙古汗国后,就把帝国视为家族的共有财产分配给自己的子孙,但在元朝退离中原之后的一百余年间,随着大汗权力的衰微,草原上的异姓封建主控制了各个领地。达延汗夺回了这些领地的统治权,重新分配给黄金家族成员,并由黄金家族成员重建六万户,使割据混乱的蒙古高原复归统一,给渴望安定统一的草原人民创造了较为有利的生活和生产环境,有效地改善了畜牧业生产条件,也利于扩大对外部的产品交换,促进了社会进步。

同时期中国境内

- 472年,明宪宗成化八年,王守仁生。发扬光大陆九渊之学,形成阳明学派。有《传习录》、《大学问》等。1528年卒。
- 1513年左右,苏州建拙政园。

同时期全球视野

- 1453年,土耳其人攻占君士坦丁堡,拜占庭帝国灭亡。
- 1480年,俄罗斯摆脱蒙古人统治。
- 1492年,哥伦布在西班牙王室的资助下发现新大陆。
- 1498年,葡萄牙人达·伽马开辟了印度航路。
- 1543年,哥白尼的《天体运行论》出版。

历史百科

◇ 黄金家族

苏勒德(元代)

"黄金家族"指的是纯洁出身的蒙古人,也有的说是成吉思汗家族成员。传说蒙古族有一个始祖母阿兰豁阿,阿兰豁阿与她的丈夫生了两个儿子,在她丈夫死后又生了三个儿子。两个大儿子对此事心存疑惑,于是阿兰豁阿扯了个谎说:"每日夜间,我见一金色人从天窗隙处进来,钻入我被,抚摸我的肚皮,把光明透入我腹。末了,那人便借着日月的光芒,宛如黄狗一般摇摇摆摆地飘升着出去了,我因是怀孕,连生三男。"她还预言这三个孩子的子孙有朝一日将成为世界的征服者。而这三个孩子的后代被称为纯洁出身的蒙古人,即所谓"黄金家族"。

实际上,在成吉思汗死后,只有他的直系后裔,即术赤、察合台、窝阔台、拖雷4人的后代才被称为"黄金家族",才有资格继承各汗国的汗位。

◇ 鄂托克

北元时期蒙古社会行政单位，其前身为蒙古帝国时期的千户，由一部或地理上邻近的几个部组成。有血缘关系组成的鄂托克和非血缘关系组成的鄂托克。鄂托克的首领称斋桑，每一个蒙古人都必须属于一个鄂托克。由几个鄂托克组成一个万户或兀鲁思。由鄂托克中挑选壮丁组成的武装集团叫和硕。16世纪中叶鄂托克和和硕往往混用，后被和硕代替。

◇ 济农

"济农"来自元代的"晋王"一词的讹音。也作吉囊，意为副大汗。北元时期蒙古官职。主要是协助大汗处理蒙古右翼事务，一般由大汗的兄弟或儿子充任。

魅力草原

■ 漠南与漠北

中国古代的少数民族就长期生活在大漠南北。漠南与漠北，是一个非常辽阔的地理概念。北接西伯利亚，西接阿尔泰山，东连大兴安岭，南逾阴山，大体上包括清朝以来所称的内、外蒙古，在内、外蒙古之间，横亘着一片大沙漠（大戈壁），故史书上通常称这个地方为漠南与漠北。

漠北多山，从西向东，蜿蜒着阿尔泰山、唐努山、萨彦岭、杭爱山和肯特山。漠北地区也有很多大河、湖泊，如色楞格河、鄂尔浑河、鄂嫩河、克鲁伦河、额尔古纳河、库苏古泊、乌苏沙泊、乌留淖尔、喀拉湖、慈母湖等湖泊散布其间，山河交错，湖泊纵横，水草丰美。故历代北方各草原部落都在这里生息繁衍，此消彼长，相互融合，共同生活。

漠南地区，北接大戈壁，地貌以高原为主，是我国的最大牧场之一，著名的有呼伦贝尔草原、锡林郭勒草原、乌兰察布草原、鄂尔多斯草原等。当年，一望无际的草原上，夏季阳光明媚、碧草如茵、牛羊遍地，牧马奔驰，冬季则"原驰蜡像，欲与天公试比高"。塞外风光，美丽如画。在东北部，大兴安岭的原始森林遮天蔽日。在中部，辽阔的土默川平原、河套平原、鄂尔多斯高原物产丰美、土地肥沃、河流纵横、湖泊众多。从东部的鄂尔古纳河、西拉木伦湖、呼伦湖，到西部的居延海、乌梁素海、岱海、黄旗海、查干淖尔。除此之外，漠南西部的巴丹吉林沙漠、毛乌素沙漠也是一道独特的大漠风景。

第三节 波折互市

达延汗分封诸子，重新控制了蒙古本部。六万户蒙古分成左、右两翼：左翼由长子系统领，蒙古汗庭也设在左翼察哈尔万户；右翼由三子巴尔斯博罗特统领，济农（副汗）帐设在右翼鄂尔多斯万户。巴尔斯博罗特济农的次子阿勒坦为右翼土默特万户领主。到16世纪40年代时，蒙古右翼的实际领导人成了阿勒坦。

阿勒坦汗戎马一生，早年主要是征讨蒙古兀良哈和卫拉特部，意在牢牢地掌握统治权，巩固由他祖父达延汗创造的统一局面。到了中年以后，阿勒坦汗则主要致力于谋求与明朝的经济贸易，为此不惜多次发动对明战争，意在通过武力迫使明朝开关互市。

蒙古汗庭退出中原之后，长期与明朝对峙，失去了农业支援，战事频繁，商路阻断。单一的原始畜牧业使蒙古族人的生活陷于极其困难的境地。为了摆脱困境，各时期的蒙古封建主都曾与明朝进行过通贡。所谓通贡就是由蒙古商团赶着马到明朝地界，向守边将军交验明廷所赐敕书，或者加盖明朝所赐官印的一份贡表，由边官送往京师，在明朝方面这叫"进贡"。明朝皇帝收到贡表御览，然后作出两个层次的回复：第一是"给赐"，显然有给赏的意思；第二是"回赐"，就是将贡物计算价值，给予相应的货物或货币。"给赐"和"回赐"的货物一般都是珍贵如彩缎、纻麻、折纱、绢等物，常常针对蒙古贵族和特权者。与朝贡并行的是马市，是一种广泛形式的贸易形式。如果朝贡还在进行，那么马市就开放着；如果蒙古和明朝关系恶化，那么马市也就关闭了。马市关闭，战争就发生。贸易和战争这两种情形交替进行，构成了当时明蒙关系的最主要内容。

1541年，阿勒坦汗第一次出面向明朝求贡。他派出了两位使者，一个是汉族人石天爵，一个是蒙古人肯切。两人到了大同阳和塞的边关，持书求贡，言词恳切，请求恢复通贡互市：如果能够得到大明皇帝陛下的允许，我们塞外蒙古将立刻约束部众，永不犯边。大同巡抚赶紧拿着阿勒坦汗的书信到北京。这一年是嘉靖二十年，明朝的皇帝是明世宗朱厚熜。接到阿勒坦汗的求贡书后，皇帝召集大臣商量，在大同等地执行公务的巡按御史谭学发表意见，认为阿勒坦汗确实有诚意。兵部开会讨论，也同意谭学的判断。皇帝起初也有通贡的意愿，后来却突然变卦了，不但拒绝通贡，而且要悬赏阿勒坦汗首级。于是战争爆发。阿勒坦汗率兵破关，长驱直入晋中平原，杀掠万计。

1542年盛夏，阿勒坦汗再派石天爵、满受秃为特使，到大同镇边堡求贡。这一回大同巡抚龙大有索性诱捕了特使，皇帝为此提拔了龙大有为兵部右侍郎兼右副都御史，并把石天爵和头一年扣留的蒙古使臣肯切杀掉，传首九边。阿勒坦汗震怒，一场更大规模、更持久的杀掠战争又一次爆发。

1546年五月，阿拉坦汗再派信使到大同左卫求贡，却不料又遭到诱杀。阿勒坦汗这一回没有发怒，七月又递书求贡，表现出极大的耐心。明朝的宣大总督翁万达也反复上书，一方面批评朝廷滥杀信使，失去道义；另一方面强烈请求批准通贡，到1548年三月，翁万达4次上书，都遭到明朝皇帝的严厉斥责。贡市之门彻底封闭了。

1550年六月，阿勒坦汗又发动了一场战争。八月十四日，阿勒坦汗循潮河川南下至古北口，拥众进攻北京关城。十六日，蒙古军主力从黄榆沟拆长城而入，阿勒坦汗则率骑兵由密云转掠怀柔、顺义，长驱直入；十七日至通州，明朝京师为之震恐。阿勒坦汗等待答复。二十一日，明朝廷派出密使答应通贡事宜；二十三日阿勒坦汗开始撤退，到二十八日出边。这就是明朝历史上著名的"庚戌之变"。

1551年，中断了多年的马市开放了。先开大同镇羌堡，随后宣府、延宁也都开放了马市。但是仅仅开了一年。1552年九月，嘉靖皇帝下诏："罢各边马市，复言开马市者斩。"

明蒙的通贡互市又蒙上了一层阴影。

第十二章 明蒙互市

同时期中国境内

◆ 1578年，李时珍撰《本草纲目》成书，李时珍另有《濒湖脉学》《奇经八脉考》。

同时期全球视野

◆ 1522年，麦哲伦绕行世界一周后返回葡萄牙。
◆ 1526年，阿富汗人在第一次帕尼巴特战争中失败，德里苏丹国为成吉思汗后裔建立的莫卧儿王朝所灭亡。
◆ 1537年，教皇正式批准用人体解剖教学。
◆ 1549年，英国农民反圈地运动的罗伯特·凯特起义。

历史百科

◇ 明长城

明朝在北部地区修筑的军事防御工程，亦称边墙。东起鸭绿江（山海关，但有争议），西达嘉峪关，横贯今辽宁、河北、天津、北京、内蒙古、山西、陕西、宁夏、甘肃等9省、市、自治区，全长8800多千米，俗称"万里长城"。

明长城是中国历史上费时最久，工程最大，防御体系和结构最为完善的长城工程。

● 三关口明长城

◇《阿勒坦汗传》

蒙古文历史文献。蒙古文原本题为《名为宝贝汇集之书》。作者系阿勒坦汗的贴身侍从官员，成书于17世纪初。全书比较详尽地叙述了阿勒坦汗生平以及与之相关的重大历史事件等。《阿勒坦汗传》对研究16世纪蒙古右翼三万户的政治、经济、军事，特别是藏传佛教在蒙古地区的传播史方面有着重要的参考价值。蒙古文抄本《阿勒坦汗传》是1958年在内蒙古西乌珠穆沁旗王府家庙内发现的。

人物故事

◇ 阿勒坦汗

阿勒坦汗，亦称索多汗、葛根汗，明史称俺答，生于1507年，卒于1582年，达延汗之孙，是明代蒙古右翼土默特万户的首领。1542年，他的兄长墨尔根济农死后，阿勒坦成为右翼三万户事实上的首领。

阿勒坦汗的主要历史功绩是发展了蒙古族的经济与文化。明蒙之间长期对立，积怨甚深，明朝拒绝与蒙古互市。从1543年开始，阿勒坦汗用和平与战争两种手段，不断要求明朝开放关市，明蒙双方终于停止对抗，走向合作。阿勒坦汗还接受了明朝的"顺义王"封号。阿勒坦汗向部属宣布了13条和平条款，表示与明朝世世友好，永不相犯。明朝在宣府到甘肃一线向蒙古开放11处马市。自此明蒙边境数十年无大冲突。通贡互市加强了漠南蒙古草原与明朝的经济文化联系。

阿勒坦汗还重建了蒙藏关系，使格鲁派藏传佛教在蒙古地区广泛传播。格鲁派藏传佛教给蒙古社会带来了宗教文化知识。如天文、历法、医学、建筑、艺术、宗教哲理等知识，对于丰富和发展蒙古族文化起到了显著作用。

延伸阅读

● 九边

明代北部边塞的9个军事要镇。明朝建立后，逃亡北方边塞以外的北元仍不时骚扰，严重威胁着明朝的统治。明太祖朱元璋为巩固北部边防，屡次派将北征，同时，还分封朱棣、朱权等将重兵驻守北部边塞。

永乐八年，明成祖朱棣第一次北征，之后于永乐十二年、二十年、二十一年和二十二年五出漠北，又于沿边设镇，派兵驻守。初设辽东、宣府、大同、延绥四镇，继设宁夏、甘肃、蓟州三镇，又设山西、固原两镇，是为九边。

九边各镇设镇守总兵官、副总兵官、参将、游击将军、守备、千总、把总等官，无品级、无定员。其总镇一方者为镇守，独镇一路者为分守，分守一城一堡者为守备，与主将同守一城者为协守。此外，又有提督、提调、巡视、备御等官。各镇都驻有重兵。万历中期，各边仅主兵就有60万左右，还有为数甚多的客兵。

九边之设使明朝北部边塞形成一条东起鸭绿江，西抵嘉峪关，广袤万里，烽堠相望、卫所互联的北方防线。对加强北部边防起了一定的作用，但也耗费了大量人力物力。明朝为此加饷加税，尤其在明中叶以后，使人民负担沉重，而各级军官的残酷盘剥，又使饷银短绌，军士往往因生活无着而发动兵变。

第四节 隆庆议和

1566年十月，明朝的嘉靖皇帝病死。继位的皇帝朱载坖任用了两位具有远见卓识的宰相高拱和张居正。在明穆宗朱载坖的隆庆年间，明蒙关系有了良好改善。1570年，明朝选调了两位干练之才主持大同防务，一位是宣大山西总督王崇古，另一位是大同巡抚方逢时。两位良吏刚一到任，就遇到了一件很意外的事情。

●大同古城

榆林镇北台

万里长城第一台

1570年九月十八日，塞外的风已经有了一些凉气。长城外有十几匹蒙古马正向大同平虏城西北的败胡堡而来，那些蒙古人在很远的地方便呼喊着要投降。经过哨官们的仔细询问，知道这十几个人中为首的是一位蒙古族青年贵族。

王崇古和方逢时十分谨慎，他们反复译审，终于搞清楚了原委：原来那位青年蒙古贵族叫把汉那吉，是阿勒坦汗的孙子。把汉那吉3岁时，父亲去世，由祖母伊克哈屯（大夫人）抚养。阿勒坦汗的大夫人十分疼爱这位爱孙，视其为掌上明珠，阿勒坦汗也很宠爱他。既然是这样，把汉那吉怎么还要叛逃呢？原因并不复杂，就是因为他的稚气和任性。

把汉那吉出逃到大同时只有18岁，已经结婚，并且又要续娶一位美妾，可是不知什么原因，阿勒坦汗做主，把这位美丽姑娘转嫁给了鄂尔多斯部的一位贵族。阿勒坦汗作完这个决定，也没有过分在意，便率兵西征瓦剌部去了。而把汉那吉却怎么也想不开，加上旁人的怂恿，就离家出走，投奔明朝了。

王崇古与方逢时立刻将这些情况汇报给了朝中的宰相高拱和张居正。两位内阁大学士也迅速复信给他们，中央与边关共同配合，很快就制定出一套科学而合理的外交方案。十月，隆庆皇帝任命把汉那吉为明朝的指挥使。

阿勒坦汗一得到消息便从西征中途返回，迅速率大军到达了大同边外。王崇古和方逢时都作了充分的准备，一方面准备应战，另一方面准备谈判。他们派出了一位既勇敢且有智慧的旗牌官鲍崇德，与阿勒坦汗进行沟通。阿勒坦汗自恃威勇，恫吓来使。鲍崇德巧妙地向阿勒坦汗阐述了利害关系，阿勒坦汗不得不接受明朝方面提出的要求。1570年十一月十九日，阿

第十二章 明蒙互市

勒坦汗如约把叛逃到草原上的白莲教成员赵全等8人解送到大同左卫。第二天,大同巡抚方逢时也命部将为把汉那吉送行。在长城边上的一条小河旁,经过一度紧张的分离岁月后,阿勒坦汗和爱孙禁不住相抱呜咽。

1571年三月,明朝与蒙古右翼达成封贡互市协议,明朝政府封阿勒坦汗为顺义王,接着又先后任命阿勒坦汗的弟弟、长子、侄子为都督同知、指挥佥事、千户、百户等军职。五月二十一日,阿勒坦汗在大同得胜堡外会集所属各部大小首领举行隆重的典礼,以迎接朝廷的诏书,并用蒙古族的泼洒礼祷天发誓:"我蒙古地方新生孩子长成大汉,马驹长成骏马,永不犯中国(原)本部。"与明廷订立信守和平的规约13条。这就是著名的"隆庆议和",奠定了此后70余年明蒙关系的和平安定。

1571年,长城各镇东自宣大,西至延宁,共开辟了张家口、新平堡、得胜堡、水泉营、红山墩、清水营等6个互市场所(次年增开守口堡)。这一年,仅张家口、新平堡、得胜堡、水泉营4处的官市和民市,蒙古人共售马、骡、驴、牛、羊等牲畜共计28654头(只),同时购回了大量的绸缎、布匹、米、豆、盐,特别是锅。200年来,失去了与中原联系的蒙古人最苦就在于缺铁锅。而这回,明朝方面取消了铁出口禁令。

● 张家口老城区

同时期中国境内

◆ 1581年，万历九年，张居正推行一条鞭法。
◆ 明朝中后期，原产美洲的玉米、甘薯和马铃薯等传入我国，已经广泛种植桑麻棉。

同时期全球视野

◆ 1588年，英国败西班牙无敌舰队，海上霸权建立。
◆ 1590年，丰臣秀吉完成统一日本大业，但并未开设幕府。
◆ 1600年，英国东印度公司成立。

魅力草原

亦城亦寺美岱召

美岱召寺

美岱召，是蒙古土默特部在丰州滩上建的第一座召庙。美岱召位于呼包高速公路中段的土默特右旗美岱召镇，北倚阴山，坐落在绿树浓荫之中。1575年，蒙古土默特部首领阿勒坦汗主持修建，原名为"灵觉寺"，清康熙年间更名为"寿灵寺"。1602年，四世达赖喇嘛云丹嘉措在西藏僧界人士的邀请下，由蒙古地方入藏坐床，蒙古地方缺少了宗教领袖，西藏僧界特派迈达里·呼图克图来蒙古地方主持宗教事务。1604年，迈达里·呼图克图来到呼和浩特，成为达赖喇嘛在蒙古地方的全权代表。因迈达里·呼图克图曾为弥勒佛像（蒙古人称其为迈达里佛）主持开光仪式，由此人们便将这座寺庙称为"迈达里召"，后谐音为"美岱召"。

美岱召的建筑布局主要由城墙和寺庙组成，是一座城寺结合、人佛共居的喇嘛庙。在这座亦城亦寺的大院内，既有王公住宅，又有供奉佛像的庙宇和安置骨灰的殿堂，是一座著名的明代塞外"城寺"。

美岱召的历史与土默特部阿勒坦汗家族的历史有着十分密切的联系，它既是阿勒坦汗家族的统治中心，又是藏传佛教再度传入蒙古地区的重要弘法中心。美岱召对于研究蒙古族历史、佛教史、建筑史和美术史都具有极其重要的资料价值，是研究明代蒙古和土默特部历史的珍贵实物遗存。

第五节 塞外青城

内蒙古大青山前的平原在魏晋南北朝时叫敕勒川；隋唐时叫白道川；辽金元时叫丰州滩；到了16世纪时，因为这里驻牧着蒙古右翼三万户之土默特万户，这里就开始叫土默川。

16世纪40年代，阿勒坦汗主政土默特，势力影响漠南蒙古右翼三万户。他积极地寻求与明朝建立通贡互市关系，但是十分艰难。于是他便同时考虑开发土默特，让中原地区的农业、手工业进入土默特平原，以弥补蒙古草原上畜牧业单一而脆弱的状况。

可是中原地区的农业、手工业能够进入草地吗？

明朝从16世纪初年，国内社会矛盾空前激化，农民起义此起彼伏。当时的农民、城市手工业者和城市贫民往往以白莲教作为他们团结斗争的旗帜。在晋陕一带防守长城的戍卒中，同样有白莲教组织。他们为了反抗官僚地主们的重重剥削和役使，不时发动兵变。而当兵变失败后，由于官府追捕紧急，他们往往偷越长城投奔到草原地区，而他们的同教、同族、同乡，又常常会受到株连，这些人不堪明朝政府追迫，也度关出塞，逃到北方。从1551—1570年，迁移到土默特地区的汉族人口总数已经有5万左右，其中白莲教徒有1万人左右。他们从蒙古族封建主那里领到土地，用他们的铁锹和锄头，耕牛和犁耙，在黄河和黑河之滨，开辟了良田万顷。于是，在星罗棋布的蒙古包之间，又出现了一些农业村落。这些有汉族农民聚居的村落，被蒙古族人称为"板升"（蒙古语，意为房子）。

1566年，随着土默特平原的农业经济的发展，一些汉族地主发起要为阿勒坦汗修建一座城市。与建筑行业有关的各种工匠都被征发来应付这项差役。在这座城市之内，有阿勒坦汗的朝殿和寝殿，共有七重。宫殿所用的柱、梁，是从大青山上采伐下来的古木；宫殿顶上覆盖着涂以彩釉的琉璃瓦；坊额、藻井等处画着五彩的龙凤……远远望去，一片丹青金碧，在阳光的照耀之下闪闪发光。草原上的蒙古人都称这座宫城为"伊克板升"（蒙古语，意为大村镇）。

1571年"隆庆议和"后，土默特平原的经济得到了进一步发展，长城内外的和平贸易使在土默特平原营建一座更大规模的城池成为可能。1572年，阿勒坦汗在大青山脚下、黑河之滨大兴土木，又兴建了一座城廓，于1575年竣工，明朝皇帝朱翊钧给赐名为"归化城"。

归化城落成后不久，蒙古土默特部开始了一个新的历史选择，那就是选择信奉藏传佛教的格鲁派。

阿勒坦汗在对西部卫拉特部的频繁用兵中，就曾接触到了业已在青海等地广泛传播的藏传佛教。1571年，从西藏地方来了一位阿兴喇嘛，向阿勒坦汗传播关于藏传佛教的教义。65岁的阿勒坦汗对这位喇嘛很感兴趣，当时因为与明朝进行"通贡互市"和营建归化城等事宜，无暇到青藏高原去礼佛。在西藏和蒙古各方面的努力运作下，1578年五月，阿勒坦汗到青海湖边会见了藏传佛教格鲁派高僧索南嘉措。这是一次盛大的聚会，有蒙古、藏、汉各族近10万人参加了这次盛会，他们在专门为这次盛会营建的仰华寺举行了佛教法会。才华横溢的鄂尔多斯贵族库图克台彻辰洪台吉发表精彩的演说，赞赏了这次盛大的聚会："……今蒙福田施主如日月升空，开辟了正教之路，使血海变成乳海，此恩浩荡！"

● 杀虎口

第十二章 明蒙互市

盛会结束后,阿勒坦汗和索南嘉措会晤,他们都把这次会面与元朝时忽必烈皇帝与帝师八思巴的会面相联系。阿勒坦汗和索南嘉措都给对方赠送了名号。

阿勒坦汗奉给索南嘉措的名号是"圣识一切瓦齐尔达喇达赖喇嘛"。"圣识一切",汉语,是指在显宗方面取得最高成就;"瓦齐尔达喇"是梵文音译,意为"执金刚",表示在密宗方面取得最高成就;"达赖"是蒙古语,意为大海。

索南嘉措也赠给阿勒坦汗一个尊号:"咱克喇瓦第彻辰汗"。"咱克喇瓦第",梵语,意为"转轮王";"彻辰汗",蒙古语,意为聪明睿智的王。

这样,藏传佛教就出现了一个"达赖喇嘛"的转世系统。索南嘉措是第三世达赖喇嘛。

归化城还在继续扩建。因为阿勒坦汗皈依了藏传佛教,所以要在城内修建一座藏传佛教寺庙以供佛。在阿勒坦汗到青海会见索南嘉措期间,阿勒坦汗的爱孙把汉那吉负责土默特部的农业开发,而阿勒坦汗的一位年轻夫人则负责建城事宜。这位年轻夫人称钟金哈屯(钟金夫人),汉文典籍中则称其为三娘子。她本是瓦剌部的蒙古人,于16世纪60年代阿勒坦汗西征瓦剌时嫁给了阿勒坦汗,受到阿勒坦汗的宠爱。1570年,阿勒坦汗接受了三娘子的建议,与明朝和平互市,促成了"隆庆议和"。此后,在与明朝的和平交往过程中,三娘子一直是阿勒坦汗最得力的助手。

● 呼和浩特大召

1580年，藏传佛教格鲁派在蒙古地区的第一座寺庙落成，名释迦牟尼寺，也名伊克召（蒙古语，意为大庙），其占地面积29171平方米。明朝皇帝赐名为"弘慈寺"。与此同时，阿勒坦汗和三娘子又主持扩建归化城，到1581年建成了方圆20华里的宏大城市，称为"呼和浩特"（蒙古语，意为青色的城）。因为呼和浩特城建城工程浩大，阿勒坦汗曾通过当时的宣大督抚请求明朝在技术工人、运输车辆和建筑物料方面给予帮助。明朝首辅大学士张居正答应了他的请求。

　　1581年，阿勒坦汗去世。后期主持建城的主要是三娘子。阿勒坦汗在这座青城里只住了几个月，此后较长时期居住在城里的是三娘子，因此，这座城也有一个别称："三娘子城"。

　　1585年，第三世达赖喇嘛索南嘉措来到呼和浩特，为青城的大召银佛像开光，同时诵经为阿勒坦汗超度。为了迎接索南嘉措的到来，土默特部的信众又在呼和浩特城里修建了一座较大规模的寺庙——席勒图召。1588年，三世达赖喇嘛索南嘉措圆寂在从呼和浩特到北京的途中。根据他的遗愿，确定阿勒坦汗的曾孙云丹嘉措为第四世达赖喇嘛。幼年时的云丹嘉措也在呼和浩特学经。1602年云丹嘉措被迎回西藏后，由西藏派出迈达里呼图克图来呼和浩特主持佛教事务。在这期间，明朝政府也不断向呼和浩特输送各种汉文佛教经典。大量的藏、汉佛教经典在呼和浩特被译成蒙古文。蒙古各部都纷纷派人到呼和浩特请僧学经，同时学习呼和浩特的召庙建筑艺术。1585年，在漠北鄂尔浑河中游右岸建立额尔德尼召时，僧俗各界都一致同意采用呼和浩特大召的图纸模式。在汉、藏文化的影响下，蒙古民族建筑艺术水平得到了高度发展。呼和浩特成为召庙林立、金碧辉煌的美丽城市。16世纪末叶，呼和浩特已经成为漠南蒙古的政治经济和文化中心。

同时期中国境内

◆ 明朝中后期，随着商品数量的增多，商业资本的活跃，在全国出现了更多的商人。其中最多的是徽商，其次是晋商、川陕商。

第十二章 明蒙互市

同时期全球视野

◆ 1527－1598年，奥特利乌斯在世，他是地图册的主要发明者。地理学作品有《德意志记述》、《欧洲地图》、《新世界》等。

历史百科

◇ 藏传佛教

藏传佛教，或称藏语系佛教，又称为喇嘛教，是指传入西藏的佛教分支。

藏传佛教是中国佛教三大系统（南传佛教、汉传佛教、藏传佛教）之一，自称"佛教"或"内道"，清代以来汉文文献中又称之为"喇嘛教"。

藏传佛教始于7世纪中叶，当时的藏王松赞干布迎娶尼泊尔尺尊公主和唐朝文成公主时，两位公主分别带去了释迦牟尼8岁等身像和释迦牟尼12岁等身像，以及大量佛经。松赞干布在两位公主影响下皈依佛教，在拉萨建大昭寺和小昭寺。

贝子庙夜景

◇ 格鲁派

格鲁派，是藏传佛教中最后形成的重要宗派，由宗喀巴大师（1357-1419）创立。宗喀巴是一位著名的佛学家、哲学家、思想家和宗教改革家，在藏传佛教史上被尊称为"第二佛陀"。宗喀巴主张僧侣要严持戒律，并积极倡导学经要遵循次第。因此，人们称宗喀巴创立的宗派为格鲁巴，即格鲁派。"格鲁巴"意为"善规者"或"善规派"。

格鲁派是藏传佛教各大教派中最后兴起的一个，兴起于15世纪。它一兴起就迅速取代了其他各教派的地位，成为后期藏传佛教的主角，在西藏社会发展史上，它具有任何教派都无法达到的重要地位。学修并重、讲修并重的学风使格鲁派成为藏传佛教中影响最大的派别。

◇ 白莲教

白莲教是跨越多个历史朝代的一个秘密民间宗教组织，发展过程中融入了包括弥勒教在内的其他组织的内容，渊源于佛教的净土宗。相传净土宗始祖东晋释慧远（334—416年）在庐山东林寺与刘遗民等结白莲社共同念佛，后世信徒以为楷模。北宋时多称白莲社或莲社，主持者既有僧侣，也有在家信徒。南宋绍兴年间（1131—1162年），吴郡昆山（今江苏昆山）僧人茅子元（法名慈照）在流行的净土结社的基础上创建新教门，称白莲宗，即白莲教。其派神职人员不出家，多娶妻生子，常被视为附佛外道和邪教而遭朝廷查禁。

白莲教作为一个秘密民间宗教组织，在历史上发动多次民变，屡次受到镇压。元、明、清三代在民间流行，农民军往往借白莲教的名义起义。

人物故事

◇ 云丹嘉措

云丹嘉措，蒙古族，明代土默特部人，阿勒坦汗之曾孙。生于1589年（明万历十七年），由西藏喇嘛教格鲁派上层喇嘛认定为三世达赖喇嘛索南嘉措的转世灵童，为第四世达赖喇嘛。卒于1616年（明万历四十四年）12月15日，终年28岁。

1602年，藏传佛教格鲁派甘丹、哲蚌、色拉三大寺正式派出使者迎请云丹嘉措进藏。蒙古土默特部专门用清一色的白骆驼队驮了很多财物，派5000名骑兵加以保护。1603年，四世达赖云丹嘉措在西藏热振寺举行坐床典礼，受沙弥戒。

1606年（明万历三十四年），迈达里活佛为美岱召弥勒佛开光，并驻锡美岱召宣教、传法数十年，受到当地人民的尊崇。迈达里活佛晚年还到外蒙古及内蒙古东部传教，把格鲁派扩展到整个蒙古高原，完成了三世达赖没有完成的事业。云丹嘉措在住藏期间，还派东科尔呼克图到卫拉特四部传教。这些高僧喇嘛到蒙古各部传教，对格鲁派喇嘛教在内蒙古地区的传播、发展起到了重大作用。

1607年，云丹嘉措前往后藏扎什伦布寺向四世班禅罗桑曲吉坚赞求法，受比丘戒。其时，云丹嘉措担任哲蚌寺池巴兼色拉寺池巴。之后，他派遣迈达里活佛到蒙古地方主持教务。1606年，迈达里活佛到土默特的灵觉寺弥勒佛开光，并驻锡灵觉寺（即今美岱召），宣教、传法，受到当地人民的尊崇。迈达里活佛晚年还到漠北蒙古地区传教弘法。

1616年，明朝廷派高僧及汉官多人，持金钢佛陀之号、职衣、职帽及法印入藏，赠于四世达赖云丹嘉措，并请其到北京。云丹嘉措答应前往，但未成行，便于同年十二月十五日在哲蚌寺入寂，年仅28岁。1617年，四世班禅为四世达赖举行法会。会后由蒙古土默特部的罗卜桑丹津扎木苏奉其心脏舍利而归，安置于福田。

◇ 库图克台彻辰洪台吉

库图克台彻辰洪台吉（1540—1586年），杰出的蒙古军事家、史学家、政治家。生于乌审旗南，是成吉思汗第十九代孙，衮必里克墨尔根济农之孙。也作彻辰诺颜，明朝汉文史籍称做"切尽黄台吉"。

库图克台彻辰洪台吉为国家安定和中华民族统一曾多次出征额尔齐斯河和西藏地区，平定卫拉特四部和西藏叛乱。久经沙场，战功赫赫。1562年，率鄂尔多斯万户军队西征土尔扈特部。1566年，又行兵收服土伯特（西藏），招降三部土伯特。明穆宗隆庆五年（1571），曾下诏封他为龙虎将军，并赏赐玉鞭。1576年，蒙古大汗图门汗任命库图克台为汗庭5位执政理事之一，作为首席执政理事，辅佐大汗，处理朝政。1577年，他作为蒙古右翼部落的代表礼请西藏高僧索南嘉措（三世达赖喇嘛）。1578年，与阿拉坦汗等右翼首领在青海仰华寺与三世达赖喇嘛会晤，并举行盛大法会。会上，库图克台代表蒙古发表演讲，赢得赞誉，达赖喇嘛授其为"库喀·噶尔弼彻辰洪台吉"之号。会期，库图克台对《十善福经白史》进行整理修订，并在蒙古封建主大会上宣读。库图克台主张与明朝友好相处。1571年，明廷封其为指挥佥事。在与明朝达成贡市之时，他"亲为表文"。后升封为指挥同知、都督同知、龙虎将军。阿勒坦汗去世后，库图克台调停了土默特万户内权力纠纷。库图克台善于"传经译字"，还通晓汉、藏、畏兀儿等文字，其著述有《白史》一书。

魅力草原

■ 呼和浩特的几座著名寺院

大召，又称"弘慈寺"、"无量寺"，兴建于1578年，位于呼和浩特旧城，是呼和浩特最早兴建的佛教寺院，也是呼和浩特现存最大、最完整的木结构建筑。

席力图召，汉名"延寿寺"，位于呼和浩特旧城，也是在明万历年间建成，清康熙时重修并扩建。

五塔寺，汉名"慈灯寺"，位于呼和浩特旧城五塔寺街。现在通称的"五塔寺"，原是慈灯寺内的一座建筑，后来慈灯寺的其他建筑荡然无存，仅剩这座金刚座舍利宝塔，一座塔承接了一座寺的余韵，塔也就成了寺。

● 席力图召

第十三章 后金崛起

　　晚明时期，在东北一隅悄悄地崛起了一支新的民族政治力量。在建州女真努尔哈赤的经营下，女真实力迅速壮大。1616年努尔哈赤建立了爱新国（女真语，意为金国。为了与历史上的金朝相区别，也称后金）。后金的崛起，使漠南蒙古地区的政治局势变得异常复杂。

第十三章 后金崛起

第一节 林丹汗西迁

1612年，长期主政右翼土默特部的钟金夫人（三娘子）去世，明朝封她为"忠顺夫人"。1604年，年少的林丹汗即蒙古大汗位。当时，蒙古各部又处于割据状态，蒙古大汗的实际统辖权仅限于其本部察哈尔。长期习惯于割据、不听蒙古大汗号令的右翼蒙古和漠北喀尔喀贵族甚至认为，林丹汗只是察哈尔汗。这样，摆在林丹汗面前的一个重要使命就是用武力重新统一蒙古各部。

然而，随着林丹汗力量的加强，另一股政治势力也在壮大——那就是后金。1619年，后金取得了抗击明朝的萨尔浒大捷。1621年，后金攻陷辽阳、沈阳，连克明朝在辽东的70余座城池。向西，后金千方百计地与林丹汗争夺割据蒙古各部，利用各部与林丹汗的矛盾，积极与蒙古各部联姻、结盟，以图孤立林丹汗。明朝方面则采取扩大互市的方法，积极拉拢林丹汗，试图造成明蒙联合呼应的态势，制约后金。在这种形势下，林丹汗决定武力征讨游离不定的右翼蒙古各部，实现其先统一蒙古，再与明朝及后金争锋的政治方针。

林丹汗鎏金马鞍及马镫（明代晚期）

至1626年，科尔沁及内喀尔喀等左翼蒙古部落纷纷投向后金。这样，林丹汗不得不设法向西扩张，以蒙古右翼为根据地，再与后金周旋。

1627年七月，林丹汗率领所属浩齐特、苏尼特、乌珠穆沁及克什克腾诸部向西迁徙。

十月底，林丹汗攻入右翼喀喇沁境内。十一月进入右翼土默特部境内，土默特部首领卜失兔汗为避其锋芒向西进入鄂尔多斯，呼和浩特被林丹汗的军队占领。十二月底，林丹汗自呼和浩特攻打大同以北的土默特左翼诸鄂托克，在此，又一次和喀喇沁部主力交锋，喀喇沁汗和洪台吉西逃。这时，由土默特、鄂尔多斯、喀喇沁、罕哈诸部共同形成了反林丹汗联盟，联盟军曾一度攻占了林丹汗所控制的呼和浩特。但是到1628年初，林丹汗大军组织反扑，重新夺回了呼和浩特。因为呼和浩特又称"召浩特"（意为寺庙之城），所以这次战役又被称为"召城之战"。1628年八月，林丹汗在艾不哈之役（今内蒙古达茂旗艾不盖河一带）大败右翼蒙古联军，从而完全控制了东起辽河、西到鄂尔多斯的广袤地区。

同时期中国境内

- 1607年，徐霞客（1587–1641年）开始旅行考察，写《徐霞客游记》。历时二十余年，北至燕晋，南及闽广。
- 1610年，明神宗万历三十八年，黄宗羲生。启蒙思想家和学术史专家。代表作有《明夷待访录》、《明儒学案等》。1695年卒。
- 1637年，《天工开物》初刊，是中国古代一部综合性的科学技术著作，作者是明朝科学家宋应星。外国学者称它为"中国17世纪的工艺百科全书"。

同时期全球视野

- 1603年，日本德川家康被任命为征夷大将军，在江户设幕府，至第3代将军德川家光时，幕府机构大体完备。

历史百科

◇ 后金国

17世纪初,兴起于东北一隅的女真族实力迅速壮大,到了1616年,努尔哈赤在赫图阿拉(今辽宁省新宾县境)自立为汗,建立后金国。几年之间,后金攻伐明辽东七十余城。后金在与明朝的攻战中,也与蒙古发生复杂的军政关系。通过威胁利诱,蒙古科尔沁部归顺了后金,内喀尔喀、喀喇沁、阿鲁、察哈尔等蒙古诸部也在后金的攻势下相继归附。1634年,蒙古大汗林丹汗去世后,后金控制了漠南大部分地区。通过对漠南蒙古的编旗,内蒙古地区纳入后金的有效统治之下。后金对明朝的攻战中,逐步击溃明的防御体系,占领东北大部分地区。1636年,漠南蒙古16部49个封建主云集盛京(今辽宁沈阳),尊皇太极为可汗。同年五月,皇太极称帝,定国号为大清,改元崇德,建立了清朝。

◇ 《蒙古源流》

蒙古人重要的史书之一,问世于结束蒙古文化"黑暗时期"的17世纪。原名《宝贝史纲》,鄂尔多斯部萨囊彻辰台吉著。原为蒙古文,1777年译为满文,又由满文译为汉文。分8卷。根据《古昔蒙古汗等源流大黄册》等蒙、藏文资料7种写成。与《蒙古秘史》、《蒙古黄金史》并称为有关蒙古民族的三大历史著作。现有多种文字译本。书中有关明代蒙古的大量记载,是研究明代蒙古史的重要史料,书中有关蒙古汗系祖源以及蒙元时期蒙古史的记载,反映了17世纪蒙古人历史观方面的变化。

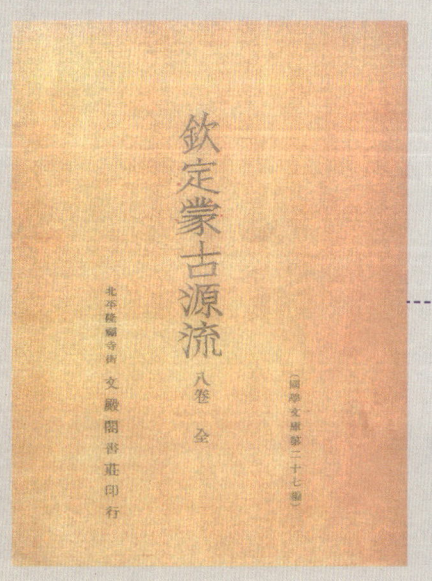

蒙古源流

龙纹镶银银蒙古刀(清代)

◇《蒙古黄金史》

中国古代蒙古文重要历史著作。亦译称《蒙古黄金史纲》、《阿勒坦·托卜赤》。为别于无名氏的《黄金史纲》,俗称《大黄金史》。蒙古族编年史,蒙古族学者罗卜藏丹津著,成书于明末清初,是一部承上启下较为完整的古代蒙古史,书中记述了蒙古族从古代至明末清初的历史,书的前半部转录了《蒙古秘史》全书282节中的233节,补充了蒙古族兴起前后的一些历史和其他内容。后半部主要利用了无名氏的《黄金史纲》等书,对窝阔台之后至明末清初的蒙古史作了较为完备的记述和补充。

人物故事

◇ 努尔哈赤

努尔哈赤,姓爱新觉罗,号淑勒贝勒,明嘉靖三十八年(1559)出生在建州左卫苏克素护部赫图阿拉城(辽宁省新宾县)的一个满族奴隶主的家庭。中国历史上最后一个封建王朝的奠基人,后金开国君主。早年投到明辽东总兵李成梁部下,屡立战功。他勤奋好学,粗通汉文,受汉文化的影响很深。努尔哈赤的先祖许多人受明代册封,担任指挥使等官职。父亲塔克世为建州左卫指挥,但被明军误杀。后努尔哈赤袭父职回建州,任建州左卫指挥。于是他打起为祖、父报仇的旗号,以"遗甲十三副"起兵,开始了他的戎马生涯。

他一方面拉拢蒙古,团结朝鲜,与明廷仍然保持臣属关系,以取得明廷的信任;另一方面对邻近的女真各部,采取恩威并行,顺者以德服,逆者以兵临的武力统一办法。这些措施推动和加速了女真各部统一的进程。

1599年,努尔哈赤命额尔德尼和噶盖以蒙古文字母与女真语音创制满文,称为老满文,作为本民族文字开始应用推广。1615年,建立八旗制度,成为兵民合一的社会组织形式。接着又置理政听讼大臣扎尔固齐,与八旗旗主共同佐理政务。1616年,在赫图阿拉称汗,建立爱新国(女真语,意为金国,史称后金),改元天命。

1618年,努尔哈赤誓师统兵攻陷明抚顺、清河等地,由防御转入进攻。1621年二月,率领大军相继攻占沈阳、辽阳等70余城,辽河以东尽为后金所有。于是,由萨尔浒城(今辽宁新宾西)迁都辽阳,后又迁至沈阳。1626年正月,努尔哈赤统率大军进攻宁远(今辽宁兴城),被宁远守将袁崇焕击败,损失惨重。他满怀忿恨返回沈阳。七月身患毒疽,八月病死。初谥武皇帝,后谥高皇帝。

第十三章 后金崛起

◇ 林丹汗

林丹汗（1592—1634），又称作丹巴图尔台吉、灵丹、或旦，北元末代大汗。1603年，蒙古布延薛禅汗去世，次年由他的长孙林丹汗继位。林丹汗即位后，在巴林部境内的阿巴嘎哈喇山修建了瓦察尔图察汉浩特（城）作为整个蒙古的政治、军事、经济、文化中心。

16世纪出，后金在东北崛起，意欲兼并蒙古。而此时的蒙古却四分五裂，漠南蒙古、漠西卫拉特蒙古与漠北喀尔喀蒙古互不统属，蒙古各部内部也纷争不已，蒙古大汗林丹汗能统辖的只有他的直属领地—漠南的察哈尔部。林丹汗为重新统一蒙古、对抗后金，进行了几十年的努力。

林丹汗生逢末世，蒙古各部的分裂割据年深日久，加上他决策的失误，他统一蒙古、振兴蒙古的政治理想终归失败。

魅力草原

■ 乌素图召

乌素图，是蒙古语，意为"有水的地方"。该召坐落在大青山南麓，呼和浩特市郊区攸攸板乡乌素图村西沟口的台地上，距市区西北13千米处。以村名命名召名为乌素图。乌素图召依山傍水，山沟杏柳成荫。春则花鸟争妍，夏则桑麻竞秀，秋看黄叶，冬赏雪峰。一年四季都有随时变幻的浓装淡抹之美。呼和浩特旧八景有"红杏遗村"，就是指乌素图召，素有"杏坞翻红"的美称。召后有东西横亘的赵长城遗迹，地表有突起的夯土成墙，登临长城眺望，俯仰山川，广袤无际。放眼远眺，青城在云烟缭绕之中，大黑河犹如一条巨龙向西奔流汇入黄河，火车在原野上飞掠而过，土默川山河构成一幅又一幅美丽的画卷，尽映眼帘。乌素图召现已成为游览胜地。

● 乌素图召旗杆

乌素图召，实际上是指当地旧有的七座寺庙的总称。因它们相距不远，毗邻相连，又地处乌素图村旁，所以都统称乌素图召，乌素图召依山而建，这里过去曾有七座召庙，以庆缘寺为中心。东有长寿寺、西有茶坊庙，东北有法禧寺、西北有药王庙。正北有罗汉寺，再往北还有一座法成广寿寺，共同组成一个寺庙群体。乌素图召相继建于明清两代。寺庙建筑揉合蒙古、藏、汉艺术于一体。但从建筑形式和构造特点上看，同中有异，各具特色，形成了每座寺庙自身的独特风格。

朝代更替，岁月流逝，如今只有庆缘寺、法禧寺、长寿寺和罗汉寺完整地保存下来。这四座寺庙中，以庆缘寺最为著名，规模最大，也为乌素图诸召的主寺，是呼和浩特著名的"八小召"之一。

● 乌审草原

第二节 满蒙联姻

中国历史上最后一个封建王朝是由女真（满）民族建立的清朝。讲清朝的历史，不能离开两位女性，一位是孝庄文皇后，另一位是慈禧太后。而本篇讲到的是清初两朝兴国太后——孝庄。这位蒙古科尔沁部出身的杰出女性，曾和朝臣们一起把刚刚建立的清朝推向鼎盛，为康乾盛世奠定了强有力的基础。

孝庄文皇后的闺名布木布泰，是蒙古科尔沁部贵族寨桑贝勒的次女。1625年，年仅13岁的布木布泰，远嫁到辽东后金国的营地，成为努尔哈赤的皇子皇太极的侧福晋。

科尔沁部是元太祖成吉思汗二弟哈撒尔后裔所属的部落。哈撒尔在成吉思汗时代为蒙古汗国建立过卓著功勋，在蒙古汗国内拥有显赫地位。有元一代，哈撒尔的后裔也曾多次在蒙古正统大汗危难之际挺身而出，力挽狂澜。因此，成吉思汗的后裔大汗们一直对科尔沁部很重视。16世纪初，当达延汗重新划分领地时，保留了科尔沁部，使其成为六万户以外的蒙古集团。当时科尔沁部也分左右两翼，左翼包括7个鄂托克，右翼包括6个鄂托克。16世纪30年代，科尔沁部迁居到大兴安岭以东的嫩江流域。蒙古文献中有时称科尔沁部为"20万科尔沁"，言其人数众多。

16世纪末，后金努尔哈赤统一建州女真，开始向女真海东三部和海西四部用兵。女真诸部的南、西、北三面都与蒙古诸部毗邻，与蒙古族有着

● 科尔沁草原

久远的历史联系。其中海西女真的叶赫部、辉发部、哈达部及乌喇部,都与蒙古族有较近的血缘亲属关系。1593年,当努尔哈赤向西征伐海西女真诸部时,蒙古诸部与努尔哈赤的武装冲突便不可避免。1593年九月,以海西女真叶赫部首领布察为首,与蒙古科尔沁诸部结成九部联军,向努尔哈赤发起攻击。当时,联军三万人,分三路进军,企图消灭努尔哈赤。努尔哈赤亲督大军,战于浑河岸古埒山。结果,努尔哈赤打败了九部联军,确立了对女真诸部的霸权。在这场战役中,蒙古科尔沁部惨败。

努尔哈赤抓住机遇,利用与蒙古诸部地理毗邻、风俗习惯相近等优势,迅速以和亲手段拉拢科尔沁部诸台吉。1594年正月,蒙古科尔沁部首领明安遣使与努尔哈赤通好。这是邻边蒙古逐渐认识到努尔哈赤实力的体现,也是蒙古各部与建州女真部友好交往的开端。为了借助成吉思汗黄金家庭的血统提高在女真各部的威望,也为充分建立女真族与蒙古族的亲善关系,努尔哈赤首先向科尔沁部提出结亲。1612年,努尔哈赤娶科尔沁部首领明安之女为妻;1614年,努尔哈赤之子皇太极娶科尔沁部首领莽古思之女为妻。后金皇族迎娶蒙古诸部婚礼仪式也很隆重,每有婚娶,女真贵族必"以礼亲迎,大宴成婚",其婚礼仪式与女真同族间所行完全相同。与此同时,努尔哈赤也以女真贵族之女许配给蒙古各部贵族,并把嫁娶笼络的重点放在科尔沁等邻近的蒙古部落上。

由于特定历史形成的机缘,使蒙古科尔沁部与清朝皇室之间形成了这样一种关系:有清一代,从科尔沁草原曾先后走出30多位蒙古族姑娘,成为大清的皇后王妃。第一位皇后是孝庄文皇后,最杰出的女性就是孝庄文皇后(太后、太皇太后)。而从努尔哈赤到乾隆皇帝,他们的后妃中都有科尔沁蒙古女性。在科尔沁草原上,婚礼歌叫"图润朵",大意是朝廷之歌、国政之歌。把姑娘出嫁与国家、朝廷联系起来,这是只有科尔沁草原才有的庄严联想。

彩绘雕饰人物故事蒙古筝(清代)

第十三章 后金崛起

● 錾花"公侯万代"铜盆（清代）

● 猫眼石金簪（清代）

● 锡呼图库伦扎萨克达喇嘛印（清代）

● 荣宪公主水晶印（清代）

同时期中国境内

◆ 1639年，徐光启的《农政全书》刊刻。

◆ 1644年，崇祯十七年，李自成攻占北京，崇祯帝自缢死，明亡。

同时期全球视野

◆ 1637年，法国笛卡尔的《几何学》出版，创立解析几何学。法国费马提出"费马定理"。

- 1640年,英国资产阶级革命开始。
- 1648年,西班牙承认荷兰独立。
- 1656年,脱帽致意的习俗从法国传播开来。

历史百科

◇ 哈撒儿祭奠堂

哈撒儿祭奠堂坐落查干敖包西2.5公里处的低洼之地。这里群山环绕,山势陡峭,层次分明,成奇特叠状,苔藓斑驳,形态各异。哈撒儿,意为"猛兽"。

哈撒儿是成吉思汗的弟弟,他很小的时候就跟随成吉思汗征伐一个又一个的部落,立下了汗马功劳。成吉思汗建立蒙古汗国后,封4000户属民及领地给哈撒儿,后来演变为若干个部落,茂明安便是其中的一个。这个部落一直沿袭着守护和祭祀哈撒儿的传统习惯。清初,茂明安部落迁到阴山后,哈撒尔祭奠堂也随之迁到这里。

魅力草原

■ 乌科尔沁婚礼宴歌

● 科尔沁婚礼

这是圣主成吉思汗定下的规矩,
按照程序一项一项完成,
这是一对新人的婚礼,
共同举杯畅饮欢庆!
这是圣主成吉思汗的遗训,
毫无差错地一步步完成。
这是婚礼喜庆的盛宴,
共同围坐畅饮欢庆!
在辽阔的牧场上
骆驼群正在吃草牧放。
在年轻人的婚礼宴席上,
我们开怀畅饮歌唱。
在北河沿的牧场上,
马群正在吃草牧放。
在两位青年人的婚宴上,
我们畅饮,喜气洋洋。

第三节　会盟编旗

1632年四月，后金天聪汗皇太极开始发动对林丹汗的远征。此前的1628年，后金已经消灭了林丹汗留守在大凌河流域的察哈尔属部。此后经过充分准备，向西进军。后金军队和喀喇沁、土默特、扎鲁特、敖汉、奈曼、科尔沁及阿鲁蒙古各部军队组成联军，从西拉木伦河向西挺进。林丹汗得报后，仓促撤退，渡黄河西走。后金及其联军一路尾追，攻克呼和浩特城，收取察哈尔余众。

林丹汗在西逃的过程中，曾裹胁了鄂尔多斯部济农及其核心部分向西，活动在甘、凉边外，约当今内蒙古阿拉善左、右旗境内。这时，林丹汗麾下的兵力主要是察哈尔和鄂尔多斯部众。1634年初，林丹汗联合青海的绰克图洪台吉、西藏统治者藏巴汗及康区白利土司栋月多尔济建立了反格鲁派联盟，意在利用联盟力量建立青海根据地，以便东山再起。然而，1634年八月，林丹汗病故于甘肃大草滩，部众分崩离析。林丹汗死后，在后金军队的强大声势影响下，察哈尔部众开始东返。1634年年底，林丹汗的长子额哲随其母亲苏泰太后一起回到了鄂尔多斯之地。1635年四月苏泰夫人与儿子额哲汗一起归降了后金。察哈尔部是达延汗统一漠南蒙古时期的宗主部落。察哈尔的归降是一个标志，标志着蒙古左、右翼的大部分归附了后金。

1636年四月，后金可汗皇太极改国号为清，称皇帝。已经归附了后金的蒙古诸部参加了在盛京（今辽宁沈阳市）召开的清朝开国大典。在这次大会上，清朝皇帝分叙外藩蒙古贵族军功，封授爵号，授予各部首领以札萨克之权，让其继续管领各自部落。清廷为蒙古贵族赐封和硕亲王、多罗郡王、多罗达尔汉、多罗杜棱、多罗贝勒等爵号的同时，这些蒙古贵族原有的汗、济农等称号一并被取消。

1636年十月，清廷再派蒙古衙门官员分赴蒙古各地，组织蒙古诸部贵族会盟，清点壮丁数字，统一编制牛录，建立蒙古旗。包括：科尔沁部10旗；翁牛特部2旗；巴林部2旗；阿鲁科尔沁部1旗；四子部落1旗；扎鲁特部

2旗；乌拉特部3旗；敖汉部1旗；奈曼部1旗；共23个札萨克旗。另加额哲所领察哈尔1旗、喀喇沁1旗、土默特（东）2旗，共27个旗。

1638年，清廷将归化（呼和浩特）土默特编为左右2旗，为都统旗。

1641年，将察哈尔所属苏尼特部编为1旗；次年，又增1旗。将察哈尔部所属乌珠穆沁部编为1旗；1646年又增1旗。将阿巴噶部编为1旗；1651年又增1旗。

1646年，将浩齐特部编为1旗；1653年又增1旗。

1649—1650年，将鄂尔多斯部编为6旗。

1652年，将察哈尔部所属克什克腾部编为1旗。

1664年，将茂明安部编为1旗。

1665年，将阿巴哈纳尔部编为1旗；次年又增1旗。

到1670年为止，清廷在漠南蒙古地区设49个旗，史称"南四十九旗"。这些蒙古旗名到今天仍保留着大部分。

此外，另有锡埒图库伦旗为喇嘛旗。内属蒙古的察哈尔游牧八旗和呼伦贝尔八旗。

在蒙古地区推行旗制的过程中，清朝政府于1653年设立了专门处理蒙古事务的中央机构——蒙古衙门，其地位与六部平行，位列其后。主要官员分承政、参政两级，下设有启心郎等若干办事人员，多以满蒙籍官员充任。1638年六月，将蒙古衙门更名为理藩院，同年铸造了理藩院印信，次年又增设了分管各旗的章京若干名。

清廷在编定蒙古札萨克旗的同时，还组织了直属清朝中央的蒙古八旗，分别为蒙古两黄旗、两红旗、两白旗和两蓝旗。其人员组成以原喀喇沁人为主体，编入早期归附后金的所谓"旧蒙古"。蒙古八旗为军队编制，与八旗满洲并列，内部机构也与八旗满洲相同。其政治地位低于满洲而高于汉军。清军入关后，蒙八旗随同满八旗、绿营一起驻防在京师和全国各地。

"世守漠南"寿山石印（清代）

"世守漠南"寿山石印（印底）（清代）

同时期中国境内

◆ 1662年，郑成功收复台湾。

同时期全球视野

◆ 1632年，伽利略出版《关于托勒密和哥白尼两大世界体系的对话》，论证了哥白尼"太阳中心说"。
◆ 1655年，德国柏林出现定期发行的报纸。
◆ 1672年，法国德米阿神父在里昂创办历史上第一所教师培训学校，开近代师范教育的先声。
◆ 1689年，《权利法案》发布，英国君主立宪制政体建立。

历史百科

◇ 八旗制度

八旗制度是清朝的一种社会组织形式，旗，满语为gusa（汉译固山）。

努尔哈赤从前车之鉴和征战之需，利用旧的牛录制度，改进发展，创立了八旗制度。牛录原意为"大披箭"。很久以来，女真人遇逢出征行围，不论人之多寡，照依族寨而行，各出箭一枝。十人中立一首领，指挥九人而行，此首领称牛录额真，这是以族寨为基础凑编而成的临时性武装组织，兵列完毕即行解散。

努尔哈赤在统一女真各部的战争中，取得节节胜利。随着势力扩大，人口增多，他于1601年建立黄、白、红、蓝四旗，称为正黄、正白、正红、正蓝，旗皆纯色。1615年，努尔哈赤在原有的四旗之外，增编镶黄、镶白、镶红、镶蓝四旗（镶，俗写亦作厢）。旗帜除四正色旗外，黄、白、蓝均镶以红，红镶以白。把后金管辖下的所有人都编在旗内。其制规定：每300人为1牛录，设牛录额真1人；5牛录为1甲喇，设甲喇额真1人；5甲喇为1固山，设固山额真1人。当时编有满洲牛录308个，蒙古牛录76个，汉军牛录16个，共400个。此时所编设的八旗，即后来的满洲八旗。清太宗时，又建立蒙古八旗和汉军八旗。八旗由皇帝、诸王、贝勒控制，旗制终清未改。

八旗初建时兵民合一，全民皆兵，凡满洲成员皆隶于满洲八旗之下。旗的组织具有军事、行政和生产等多方面职能。入关前，八旗兵丁平时从事生产劳动，战时荷戈从征，军械粮草自备。入关以后，为了巩固满族贵族的统治，加强对全国各族人民的控制，同时为了解除八旗官兵的后顾之忧，更好地为清王朝效命，建立了八旗常备兵制和兵饷制度，与绿营共同构成清朝统治全国的强有力的军事工具，八旗兵从而成了职业兵。八旗兵无论满洲、蒙古或汉军，均以营为单位，由都统及副都统率领，称做骁骑营，用于驻防或征战。并有炮营、枪营、护炮藤牌营，附属于汉军骁骑营。

◇ 札萨克

札萨克，官名，蒙古语"执政官"的意思，一般称为"王爷"。

札萨克是清朝时的对蒙古族和满族人授予的军事、政治官职。札萨克是朝廷册封的，有爵位，一般可世袭。

清廷将蒙古族居住地区分为若干旗，每旗置札萨克1人，以蒙古贵族充任。掌一旗政令，受理藩院节制。并置协理台吉2人或4人，赞襄旗务。属官有管旗章京、副章京、参领、佐领、骁骑校等。

在札萨克的封地内，山川、河流、山林、牧地、田产均归其所有，且不向政府担负任何徭役、税赋。人民统归其管辖并交纳赋税，承担徭役，而且札萨克对他们有生杀予夺之权。

◇ 平定三藩

"藩"指的是封建王朝的属地。"三藩"指的是当时驻守在云南、贵州的平西王吴三桂、驻守在福建的靖南王耿精忠和驻守在广东的平南王尚可喜这三个藩王。三藩之乱是清朝初期由三个藩镇王发起的叛乱事件。

清廷入关后，需要对付李自成起义的力量和南明政府的反抗，明朝的降官是可以借

第十三章 后金崛起

助的力量。但20年后，南方驻云南的吴三桂、驻广东的尚可喜、驻福建的耿精忠等藩王已经形成很大的势力，与清廷分庭抗礼。其中吴三桂势力最大，不仅在经济上是中央政府沉重的负担，而且威胁到清政权的统治。1673年春，康熙皇帝决定撤藩。吴三桂首先于这年十一月杀云南巡抚朱国治，自称天下都招讨兵马大元帅，提出"兴明讨虏"，将矛头指向朝廷。吴三桂军由云、贵而开进湖南，几乎占据湖南全省。进而进犯四川，四川官员纷纷投降。福建、广东、广西、陕西、湖北、河南等地都有藩王或将领响应。

吴三桂在湖南沿江布置防御工事，康熙帝抓住机会调整战略、安排兵力。他首先坚决打击吴三桂，而对其他的叛变者却实行招抚，通过分化反叛力量而孤立吴三桂。在耿精忠、尚之信归顺清廷之后，吴三桂于1678年在衡州称帝，立国号周，建元昭武，大封诸将。他以衡阳为首都，匆匆忙忙地举行了登基典礼。当了不到五个月的皇帝便积郁而死。

吴三桂一死，局势完全被清军掌握。清军势如破竹，紧紧追赶，相继收复了湖南、广西、四川。1681年冬，清军进入云贵，吴三桂的孙子吴世璠自杀，各地吴军全部投降。长达八年之久的"三藩"叛乱，被平息了。平定三藩是完成统一、确立稳定的皇朝统治的标志，为"康乾盛世"创造了条件。

乌兰察布盟盟长银印

克什克腾旗扎萨克银印

乌珠穆沁右旗扎萨克银印

伊克昭盟盟长银印

鄂尔多斯右翼中旗扎萨克令牌

扎萨克印及盒

乌兰察布盟盟长贝子乘马牌

魅力草原

阿拉善王府

贺兰山西麓的巴彦浩特自古以来就被视为"关中屏障，河陇咽喉"。康熙二十五年（1686年），康熙皇帝将这块土地封给了在"平准"战争中屡建奇功的蒙古族将军和罗理。和罗理死后，其子阿宝继位。清政府在此设定远营城，派军驻守，故巴彦浩特又称"定远营"。不久后，阿宝被招为清廷驸马，清廷遂将定远营赐给阿宝。此后，阿宝在定远营城内建起了具有北京宫殿风格的阿拉善王府，成为历代阿拉善旗王的官署和住

所。阿拉善王府的建筑大多数是红墙及灰筒瓦卷棚顶，少有棱角，感觉十分和顺。府内回廊曲折，雕刻彩绘，别具一格，阑额上绘有金龙，斗拱纤细，具有明清时代北京四合院式建筑群体以及颐和园的园林寺院风格，故阿拉善王府有"小北京"之称。

阿拉善王府现已被开发为阿拉善盟的主要旅游景点，称"阿拉善博物馆"。现在该王府博物馆已经成为进行爱国主义教育、宣传阿拉善的窗口。

喀喇沁王府

喀喇沁王府位于内蒙古赤峰市喀喇沁旗王府镇，东北距赤峰70千米，是内蒙古保存最完整的一座王爷府第。王府占地30余亩，前后共五进院落，在中轴线上有大堂、二堂、信门、大厅和承庆楼等建筑，东西两侧是跨院。跨院内分别是生活区和议事区，西边有庙宇、祠堂、客厅、议事厅、书斋、练武场建筑；东侧有戏楼、王爷和福晋的卧室、膳房等。院内苍松翠柏，幽雅恬静，楼阁殿堂相映成辉，前后共有十二代王爷在此袭政。

第十四章　大清一统

　　真正实现满清王朝对于蒙古草原的控制，是在17世纪末，康熙征服噶尔丹之后。康熙皇帝的御驾亲征，在蒙古草原和塞外青城留下了深深的印痕。随着清朝军队的开进，内地商旅也开进了草原……

第十四章 大清一统

第一节 乌兰布统之战

内蒙古赤峰市克什克腾旗的西南,浑善达克沙地南缘,有一处风光旖旎的山地草原。满目青山与起伏的草原连成一体,山上是墨绿森森的杉树林,缓坡下是绿波无边的草地,丛丛艳丽的野花傲放,闪烁在绿草丛中……一耸高峰,兀自挺立;一带清流,环山而绕;一汪湖水,裹着妖娆的金莲花,放射出夺目的光芒。乌兰布统,曾经是一处万马嘶鸣的古战场。

山美水丰的乌兰布统草原

1690年三月,西部蒙古卫拉特军在准噶尔汗噶尔丹的率领下,向东抄掠,击败喀尔喀拖多额尔德尼台吉,到达克鲁伦河地带。然后顺流而下,往掠喀尔喀博硕克图部众;继续向东南深入,进入当时的清朝防线。清廷派大臣阿尔尼等率军到达乌珠穆沁。五月,清军与噶尔丹军在乌珠穆沁乌尔会河大战,卫拉特兵分两翼,以优势火器击乱清军密集队形;然后从山上绕出,从侧翼猛击,清军溃败。噶尔丹轻取阿尔尼所率的清军后,有恃无恐,长驱直入,一直到达浑善达克山地南的乌兰布统地方。京师戒严,满朝慌恐。

清朝康熙皇帝刚刚完成了平定三藩之乱的大业,踌躇满志,面对卫拉特兵的突进,康熙似乎胸有成竹。他一面派出使臣告诉噶尔丹说:阿尔尼没有得到我的指令,擅自出兵,并非朝廷的意思。同时迅速集结兵力。七月初二,康熙皇帝命和硕裕亲王福全为抚远大将军,组成一路大军出古北口;命和硕恭亲王常宁为安北大将军,组成另一路大军出喜峰口。内大臣佟国纲、佟国维、索额图、明珠等均参赞军务。七月初六,两路大军10万人先后出发。七月十四日,康熙皇帝也启程北上,亲征噶尔丹。后来因为生病,只好半路返回。清军分路前进,于七月底到达目的地。噶尔丹知道清军的用意,扬言"圣上君南方,我长北方",公开与清廷分庭抗礼。为了争取时间完成对噶尔丹的包围,以防止噶尔丹过早退逃,康熙皇帝尽力加以羁縻,对噶尔丹提出的任何非理要求,都答应可以谈判。噶尔丹发觉了清军意图,便集结于山林深堑,凭借有利地形等待来敌。七月二十九日,清军也集结整列完毕,向乌兰布统的噶尔丹军逼近。八月初一日黎明开始出击,拉开了乌兰布统之战的序幕。

噶尔丹军共2万余人,依山傍水,隔河据高岸结阵迎敌。他们将大量骆驼横卧于地,驼背上架箱,其上加盖湿毡,以防清军炮火,而他们则从阵中发枪射矢,顽强抵抗。清军利用火炮优势猛轰"驼阵",终于炸开。噶尔丹兵遂退入山林,倚险抵抗。傍晚,清军左翼由山腰绕到噶尔丹军的背后攻击,噶尔丹溃退;右翼则被河崖、沼泽阻挡,退回原地,双方都有伤亡,清廷内大臣、都统、火枪营统领、国舅佟国纲战死。由于昏夜地险,

● 鸟羽式萨满服(清代)

第十四章 大清一统

清军只好收兵。八月初二日，清军追击，噶尔丹据险坚守；初四日，抚远大将军福全建议暂缓追击，噶尔丹夜渡西拉木伦河逃走。十五日，噶尔丹又派人发出请罪誓书，顶佛起誓，永不犯边。噶尔丹遭到清军重创，沿途又遭瘟疫。当他退回科布多时，仅剩数千人。

乌兰布统战役，挫伤了噶尔丹的锐气，但没有彻底消灭噶尔丹，经过近5年的休整，噶尔丹再一次积蓄好力量，向克鲁伦河方向移牧，洗劫居住在那里的喀尔喀部人畜，从而取得资养，意图同清朝进行持久的斗争。

同时期中国境内

◆ 1689年，清圣祖康熙二十八年，中俄《尼布楚条约》签订。

同时期全球视野

◆ 1789年，5月，法国国王路易十六被迫召集三级会议，继而改为国民议会和制宪议会。8月26日制宪会议通过《人权与公民权宣言》（简称《人权宣言》）。

历史百科

◇ 多伦诺尔会盟

康熙二十七年（1688年），准噶尔汗国噶尔丹汗率兵攻掠喀尔喀蒙古，喀尔喀三部数十万众投清。清政府为加强对喀尔喀蒙古的统一管理和北部边防的巩固，1691年在多伦诺尔举行了会盟。会盟上正式宣布喀尔喀诸部归附清朝，从此漠北喀尔喀地区成为清王朝的一个组成部分。该会盟在调解喀尔喀内部关系、改革喀尔喀蒙古行政制度、实行盟旗制度、抵御外来侵略、巩固清朝北部边防方面都起到了重要作用。

参加会盟的有喀尔喀土谢图汗察珲多尔济、喀尔喀蒙古宗教领袖哲布尊丹巴、札萨克图汗策旺扎卜、车臣汗乌默客以及善巴等35名喀尔喀贵族，共553人。

◇ 喜峰口驿站

喜峰口驿站是清廷规定的卓索图盟和昭乌达盟王公入京朝觐、年班的必经路线，也是连接北京到内蒙古东部各盟旗的主要通道。该路从北京开始，经遵化到喜峰口，然后从喜峰口经卓索图盟各旗，昭乌达盟各旗直到哲里木盟各旗。从北京到喜峰口6站，约400余里；从喜峰口到扎赉特旗18站，约1700余里，总长2100余里，共经24站。清代许多紧急奏折都经此路传递，故此也被称为递折路。

◇ 古北口路驿站

康熙为征准噶尔，于三十一年（1692）设立喜峰口和杀虎口驿站。三十二年设古北口、独石口和张家口三路驿站。此路从北京出发，经顺义、密云到古北口，然后从古北口经昭乌达盟西部几个旗，抵达乌珠穆沁右、左二旗。共19站，1160余里。此路驿站最初为征伐准噶尔而设立，后来成为内蒙古最主要的商路之一。

◇ 独石口路驿站

独石口路驿站是从北京到浩齐特部的驿站，锡林郭勒盟部分札萨克王公进京的主要通道。该路从北京起始，经过昌平、居庸关、赤城到独石口，然后从独石口经察哈尔左翼和昭乌达盟的克什克腾旗，再进入锡林郭勒盟的阿巴噶左、右旗，阿巴哈纳尔左、右旗，最后到达浩齐特左、右旗。驿道设15站，全长1180余里。

延伸阅读

● 土尔扈特东归

土尔扈特是我国蒙古族中一个古老的部落。早在明朝末年（公元1628年），土尔扈特人为了寻找新的生存环境，部族中的大部分人离开新疆塔尔巴哈台故土，越过哈萨克草原，渡过乌拉尔河，来到了当时尚未被沙皇俄国占领的伏尔加河下游、里海之滨。在这片人烟稀少的草原上，他们开拓家园，劳动生息，建立起游牧民族的封建政权土尔扈特汗国。

到17世纪60年代，土尔扈特部在伏尔加河流域发展、壮大起来，引起了俄国沙皇政府的重视。俄国为了巩固其在喀山和阿斯特拉罕两个汗国的统治，继续向伏尔加河与顿河流域扩张，企图迫使土尔扈特人臣属自己，却遭到土尔扈特人的反抗和抵制。18世纪初，土尔扈特同清朝的关系得到了发展。1703年，土尔扈特使者阿喇布珠尔从西藏到北京谒见康熙皇帝，1709年又有萨穆坦为首的使团到清朝。1714年康熙皇帝派遣图理琛使团抵达伏尔加河，双方就土尔扈特东返的问题进行了谈判,这次谈判大大加强了土尔扈特与清朝的相互了解。

18世纪60年代,俄国对土尔扈特的控制进一步加强,从1767年开始,经过近4年的准备,到了1771年1月,渥巴锡率领土尔扈特蒙古族17万人奔向东方故土。他们克服重重困难,关山万里,回到了祖国的怀抱。返回新疆时,仅剩4万余众。清朝廷将回归的土尔扈特人分为新旧两部,各设札萨克,异地而牧。

1703年到北京谒见康熙皇帝的土尔扈特使者阿喇布珠尔没有再回伏尔加河流域。1704年被封为固山贝子,安置在嘉峪关外色尔腾之地,后于1731年移迁至额济纳河流域,建额济纳土尔扈特旗。

魅力草原

■ 绥远城将军衙署

在塞外青城呼和浩特市新城西街,坐落着一处古老的建筑群,它就是闻名遐迩的清代"绥远城将军衙署"。清雍正年间,清王朝为巩固西北边防,在呼和浩特旧城东北2.5千米处另筑新城一座,驻屯满洲八旗官兵。乾隆二年(1737年)动工兴建,乾隆四年(1739年)建成,命名为绥远城,设绥远将军统领,并管辖归化城土默特旗、乌兰察布盟、伊克昭盟蒙古王公及节制大同、宣化绿旗兵事务。将军衙署和绥远城同时建成。绥远城将军衙署是目前全国仅存的两处边陲将军府第之一。

从乾隆二年(1737年)首任王昌至宣统三年(1912年)末任坤岫,共有79人先后任绥远城将军。清廷覆灭后,将军衙署曾经先后被各类行政部门占用。新中国成立后,绥远省人民政府、内蒙古自治区文化厅、内蒙古自治区高级人民法院先后在这里办公。现将军衙署已翻修复原,专供游人参观,可供参观游览的有折房、文秘处、官房、印房、大堂、二堂、客厅、箭亭、佛堂、西厢等10个展厅。1986年,绥远城将军衙署被列为内蒙古自治区第二批重点文物保护单位和旅游涉外单位。现为国家重点文物保护单位。

第二节 康熙的足迹

1695年初,清廷得到了噶尔丹再图东进的消息。夏天,康熙皇帝任命费扬古将军在归化城(今呼和浩特)待命,侦伺噶尔丹的动向。十一月,费扬古建议,应立即向噶尔丹进兵,康熙皇帝命令,在全国范围内开始大规模的战争准备,其中兵源战马和粮草的大部分从内蒙古各旗征调。

康熙三十五年(1696年)二月三十日,康熙皇帝亲率中路大军离开北京,御驾亲征。经过98天时间,行程4000华里后,清军在昭莫多消灭了噶尔丹的主力,迫使噶尔丹逃到塔米尔河流域。康熙皇帝为了彻底消灭噶尔丹,于1696年九月十九日前往土默特,在土默特和鄂尔多斯地区,继续指挥远在漠北的军事行动,迫使噶尔丹于1697年三月十三日仓惶而亡。

康熙皇帝亲征噶尔丹后期,曾经在内蒙古西部的土默特和鄂尔多斯地区驻跸,留下了许多遗迹和传说。在归化城的大召前,有一眼清泉,称为"九边第一泉"。传说康熙皇帝亲征噶尔丹,途经归化城,当时正值炎炎夏日,康熙皇帝所率部属都口渴难耐,周边也一时找不到解渴的水源。困渴之际,康熙皇帝的坐骑突然振鬃长鸣,奋蹄刨地,顿时一股清泉奔涌而出,解了大军困渴之急。这样的传说,在内蒙古地区还有很多。

黄河托克托县段

第十四章 大清一统

　　1696年康熙皇帝除了驻跸归化城外,还在今托克托县南黄河岸边的湖滩河溯较长时间停留。1697年早春,康熙皇帝从鄂尔多斯南部的长城边上,沿长城西行,经鄂尔多斯南部乌审旗、鄂托克旗南(今鄂托克前旗境)西渡黄河进入宁夏,然后乘木制龙舟顺黄河东下,至湖滩河溯。也就在这一年,康熙皇帝把自己疼爱的六公主恪靖公主下嫁给蒙古土谢图汗部世子敦多布多尔济。因为当时漠北尚有战乱,所以康熙皇帝让公主和额附(驸马)暂住京城。康熙四十二年(1703年),又迁至归化城居住,今天在呼和浩特市区还有公主府的遗存。

　　康熙皇帝平定噶尔丹的两次战役,第一次发生在内蒙古境内;第二次虽然在遥远的漠北,但许多战役准备工作都在内蒙古进行。到了后期,康熙皇帝驻跸在归化土默特和鄂尔多斯,督运粮草,指挥战争。清朝对于噶尔丹的征战,进一步控制了蒙古各部,给蒙古草原留下了深深的印痕。

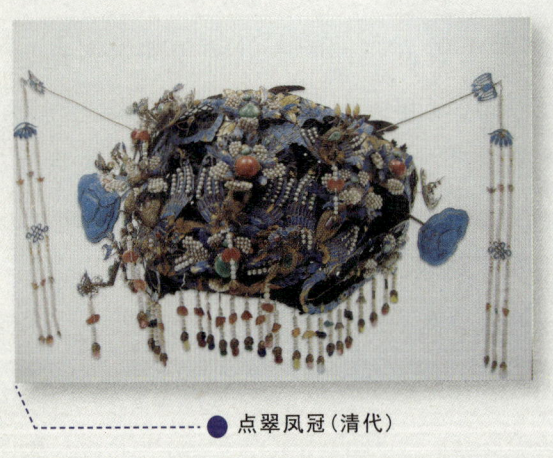
● 点翠凤冠(清代)

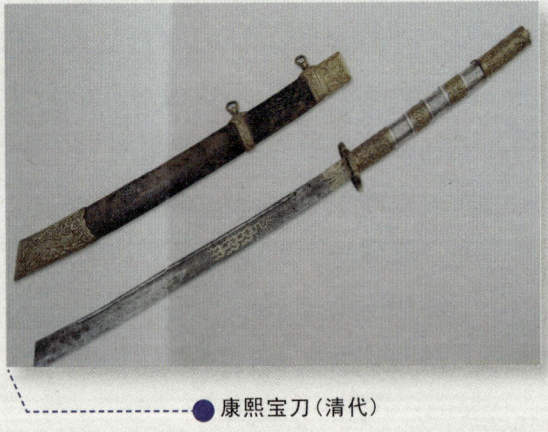
● 康熙宝刀(清代)

同时期中国境内

◆ 1685年,康熙二十四年起,先后开馆编纂《明史》、《康熙字典》、《佩文韵府》、《古今图书集成》等书。

◆ 1703年,清朝在承德建热河行宫。

◆ 1773年,清高宗乾隆三十八年,开《四库全书》馆。

同时期全球视野

◆ 1756 – 1763年，七年战争结束，英国取得了最终胜利，确立了其全球的海上霸主的地位，日不落帝国建立。

人物故事

◇ 康熙皇帝

康熙帝，姓爱新觉罗，名玄烨。清圣祖仁皇帝，清朝第四位皇帝、清定都北京后第二位皇帝。年号康熙：康，安宁；熙，兴盛——取万民康宁、天下熙盛的意思。8岁登基，在位61年，是中国历史上在位时间最长的君主。

康熙帝是一位伟大的皇帝。他初步奠定了中国的版图。探索康熙帝开疆扩土、奠定中国版图的轨迹，大体可分为六步走。

第一步，智擒鳌拜，收回皇权。第二步，裁撤三藩，剪除后患。第三步，统一台湾，稳定江南。第四步，打败沙俄，签订和约。第五步，征服蒙古，满蒙联盟。第六步，用兵西藏，安定西南。

康熙帝初步奠定了中国的版图。后来，经过雍正帝、乾隆帝的努力，中国的版图最后底定。清初我国的疆域十分辽阔。

◇ 噶尔丹

噶尔丹（1644—1697年），清代厄鲁特蒙古准噶尔部首领，巴图尔珲台吉第六子。早年赴西藏当喇嘛。1670年，其兄僧格在准噶尔贵族内讧中被杀。次年，噶尔丹自西藏返回，击败政敌，夺得准噶尔部统治权。1676年，噶尔丹俘获其叔父楚琥布乌巴什，次年击败和硕特部首领鄂齐尔图汗，实力大增。随后又占据南疆，势力扩至天山南北。1679年，达赖喇嘛赠以其博硕克图汗称号。1680年，在沙俄的怂恿和支持下，进攻喀尔喀蒙古土谢图汗部，继而进军内蒙古乌珠穆沁地区，威逼北京。为确保边疆安定，康熙帝曾3次亲征。1690年乌兰布统（今内蒙古克什克腾南）之战，噶尔丹败退至科布多。1696年昭莫多（今内蒙古肯特山南）之战，噶尔丹主力军被清军击溃，部众叛离。1697年三月卒于科布多。

延伸阅读

● 康熙吟诗归化城

　　康熙，清圣祖爱新觉罗·玄烨的年号。他8岁登基，在位61年。通观其一生，在政治、军事、经济、文化诸方面都作出了重大贡献，他是中国封建社会最后一个盛世——康乾盛世的开创者。

　　康熙不但是一位具有雄才大略的封建帝王，而且也是一位博学多才的学者和才气纵横的诗人。刊行于世的康熙诗词计有1100多首（阕），其中在归化城（今呼和浩特市）地区吟诗11首。康熙是什么时间、什么背景下在归化城吟诗的呢？

　　康熙吟诗归化城就发生在康熙第二次亲征葛尔丹途经归化城时。

　　康熙三十五年（1696年）秋，康熙以巡视塞外为名开始第二次亲征。九月十九日出居庸关，经张家口，到归化城，进入鄂尔多斯河套地区。

　　据《圣祖御制文集二集》记载，康熙于10月12日立冬日"驻跸于白塔之前"，即事吟成《塞外初冬》一诗："阴山南去雁行多，渺渺沙原六御过。报是初冬新律改，依然霜晓气暄和。"第二天，康熙驻跸归化城小召，有诗《驻跸归化城》为证："一片孤城古塞西，霜寒木落驻旌霓。恩施域外心无倦，威慑荒遐化欲齐。归戍健儿欣日暖，放闲战马就风嘶。五原旧是烽烟地，亭障安恬静鼓鼙。"

　　其后在《归化城夜月》诗中写到："此际殊方月，关山远近看。清辉临玉帐，皎色耀金盘。烟野照逾阔，霜空夜未寒。坐消行漏永，沙塞绝风湍。"在《塞外寒夜书怀》中写到："帐殿深沉夜未眠，静思筹略听羌弦。金瓯更辟千千里，瀚海无波万万年。露冷宵寒凝翠幕，塞高风定歇征鞯。旁人莫道行兵远，自有单于首到边。"十一月三日，康熙在今托克托县附近的黄河中泛舟时吟道："黄涛何汹汹，寒至始流凌。解缆风犹紧，移舟浪不兴。威行宜气肃，恩布觉阳升。化理应多洽，嚣氛顷刻澄。"这些诗作除了生动描述了塞外初冬时节的自然风光外，再次表达了康熙恩威并施的安边思想和平叛卫国的坚定信心。

　　康熙来到归化城后，曾在归化城赐宴蒙古上层贵族，并且写有《赐宴诸蒙古》以纪其事："羽林列队宴行宫，内外绥怀一体中。霜仗辉煌明塞日，晴旂宛转卷边风。人沾桐酒群情洽，乐合羌笳率舞同。弁服绒裘无老幼，欢然尽识化钧公。"

　　在驻跸归化城期间，康熙在席力图召观看了傩舞，写下了"登临纵遐瞩，紫塞接岩嵷"（《古寺》）的诗句；在游览昭君墓时，写下了"开诚示异族，布化越荒途"（《昭君墓》）的诗句；在湖滩河朔（今托克托县）黄河之岸临流抒怀："殊方亦苍赤，咸施沐浴恩"（《黄河》）；在视察军粮储备基地脱脱城时，在《脱脱城》诗中写道："土墉四面筑何坚，地压长河尚屹然。国计思清荒服外，早将粮粟实穷边。"在这些游览诗中，同样表达了对荒途殊方的异族苍赤要开诚布公、内外一体的民族团结思想和"思清荒服外"

的战略目标。

康熙于十一月六日从脱脱城附近渡黄河西去鄂尔多斯,并且有诗记其行《冰渡》:"云深卓万骑,风动响千旗。半夜河冰合,安然过六师。"

● 呼和浩特市新城满族

"新城"建于清代时期,迄今已有260余年的历史。1953年定名新城区,现辖8个街道办事处、一个镇,面积700平方公里,总人口42万人。有蒙古、汉、满、回等30个民族,是满族聚居区。

据有关资料记载,最早来呼和浩特居住的满族人是在清太宗皇太极派驻的八旗兵。乾隆四年(1739年),绥远城筑成,即呼和浩特新城。乾隆皇帝将驻防在山西右玉的"建威将军"调任"绥远将军",同时将原来驻扎右玉的满族八旗官兵调来绥远驻防,以后清廷又准许官兵携家带口,因此满族人便在呼和浩特定居,较为集中地居住在绥远城内。相对于归化城,当地人称绥远城为新城,称在城内居住的满族为"新城满族"。

呼和浩特满族由于与蒙古、汉、回等各族人民长期和睦相处,所以吸收了各族的饮食特点,逐渐形成了独特的饮食习惯。满族特别是老年人,早晚有喝茶的习惯。筵席则十分讲究,先有"八大碗"的满洲席,后有"二十四样"的满汉席。一般家宴也有"四拼八样",有"先凉后热、先小后大"之分。

满族原来信奉萨满教,后来信奉藏传佛教。不少满族人还信奉关羽和观音菩萨。满族讲信义,待人热情、真诚,有"邻里相处、有难必帮"的古朴民风。

魅力草原

■ 公主府

位于呼和浩特市新城区。清康熙三十六年,康熙帝将六女恪靖公主嫁给土谢图汗札萨克葛勒旦多尔济长子敦多布多尔济,1703年迁府于此。满蒙联姻是清政府巩固北方统治的国策,因而不断有公主远嫁。公主府按皇族品级营造,占地40余公顷,院落五重,前有影壁,殿堂三进。寝殿两面建花园、马场,其后为禁卫房和园林,园林内池、山、楼、塔诸景齐备。民国时,公主府几经改建,但主体建筑尚保存完好。现辟为呼和浩特市博物馆。

第三节 旅蒙行商

渐渐地,在清朝中叶以后出现了一些商人、商号和商帮,他们活跃于中国北部蒙古高原地区从事贸易。这些人被通称为旅蒙商。

仍然是16世纪兴起的那座草原召城——呼和浩特,吸引了旅蒙商的注意。随着旅蒙商号的增多,贸易范围的扩大,呼和浩特(归化城)很快就发展成草原上著名的商业城市。在这个城市里,居民稠密,商户众多,一切外来货物先汇集到此囤积,然后陆续分拨各处售卖。归化城里有中国近代商业史上最大的旅蒙商号——大盛魁。

● 归化驼商

● 走河道的旅蒙商

● 黄河码头

大盛魁商号是由山西太谷人王相卿和祁县人史大学、张杰三人共同创办的。起初,三个人都是清朝军队里的随军小贩。清军击溃噶尔丹后,主力移住阴山中段,军需供应须经山西右玉的杀虎口,王、史、张三人便在杀虎口开了一个小商号,称吉盛堂。康熙末年,改名大盛魁,总号初设在外蒙古的乌里雅苏台,大约在雍正初年,将总号迁回归化城。人们说,大盛魁把桃园刘、关、张三人的画像作为财神来供奉,既表示大盛魁崇拜"义气",又标榜其三人创业的企业形象。在大盛魁的财神座前,陈列着扁担一条、木箱子两个、石头一块、宝盒子一个。陈列扁担是为了纪念它的创始人是以肩挑贸易起家的;木箱子两个则表示创始人作肩挑小贩时所担的货箱;石头一块,当为创始人当年肩挑小贩时,用做称量银子的衡器的。还有宝盒子，是一种赌具，喻示商业创业的投机性质。关于大盛魁的传说很多，还有关于信狗的传说等等。总之，大盛魁商号在19世纪中叶达到了极盛，其时商号有员工6000余人，商队骆驼近20000头，商业活动区域包括整个蒙古高原（内、外蒙古地区）、新疆、俄罗斯等地。

● 旧包头复盛公遗址

同样受到康熙平定噶尔丹的影响，包头地区开始有了商业活动。由于包头地区移民垦荒，对农用手工业要求很高。康熙中期，山西定襄铁匠梁如月来到包头东河打造农牧铁器，兼制铁马掌，修理箭头，以换取邻近地区蒙古牧民的皮张、鹿茸、雕翎，再运回山西出售。雍正初期，开设"如月号"店庄。18世纪中叶，另有山西定襄智姓和梁姓合伙开设"永合成号"，经营米面、粮食、布匹、砖茶等，以货物换取蒙古牧民的皮毛和牲畜。永合成号兼营农业开发，是一个规模适中的旅蒙商号。而同期进入包头的另一家商号"复盛公"则在后期创造了商业辉煌。"复盛公"号的创始人是山西祁县乔家堡的乔贵发，他随一个秦姓亲戚出走包头，开始在萨拉齐"合成当铺"当店佣，稍有积蓄，便转移到包头西脑包开小铺，经营豆腐、豆芽之类零星杂货；后又兼营首饰楼，做银活。最终以经营粮食起家，创号"复盛公"。旅蒙商业迅速发展，包头地区的皮毛业兴旺起来。复盛公除了经营皮毛以外，同时兼办钱庄票号和典当行，给其他旅蒙商提供金融服务，也极速发展起来，成为山西祁县"乔家大院"的财富源泉。

旅蒙商以山西商人为多，对内蒙古地区草原商业繁荣作出了贡献。此外，从清朝中叶以来陆续定居呼和浩特和包头两座城市的回族商人，也为草原城市的繁荣作出了贡献。

● 黑缎商会首领袍

第十四章 大清一统

同时期中国境内

- 1782年,清高宗乾隆四十七年,《四库全书》修成。
- 1791年,清乾隆五十六年,《新镌全部绣像红楼梦》一百廿回,(北京)萃文书屋木活字本出版(简称"程甲本")。
- 1839年,清宣宗道光十九年,林则徐在虎门销毁收缴的鸦片。

同时期全球视野

- 1776年,英国经济学家亚当·斯密的《国民财富的性质和原因的研究》出版,创立了古典政治经济学理论体系。
- 1789年,3月4日,美国宪法正式生效。4月30日,美国联邦政府成立,乔治·华盛顿就任第一届美国总统。
- 1789年,法兰西大革命爆发。
- 1792年,9月,法兰西第一共和国成立。
- 1804年,拿破仑废除法兰西第一共和国,建立法兰西第一帝国。
- 1801年,大不列颠王国合并爱尔兰,大不列颠及爱尔兰联合王国成立。
- 1802年,19世纪法国浪漫主义文学运动领袖雨果出生。
- 1760－1830年,英国工业革命。
- 1836－1848年,英国宪章运动。
- 1848年,《共产党宣言》发表。

"凭帖取钱"铜钞版

尹湛纳希用虎形铜镇纸

尹湛纳希石枕

历史百科

◇ 张家口驿站

从北京开始，经过怀来、宣化到张家口，过长城后一路向西到归化城，又一路向西北到乌兰察布盟四子部落旗。此路从北京到张家口约430余里，从张家口到归化城经6站，约600余里，此路可连接察哈尔右翼诸旗及归化城土默特左、右二旗。从北京去阿拉善盟额鲁特旗和额济纳土尔扈特旗的官方人员也走这条道路。

1728年（雍正六年），由于准格尔战争形势的变化，清朝政府下令拆除了张家口到归化的驿路，将原来张家口驿站的两路合并为一路。

◇ 杀虎口路驿站

杀虎口亦称做西口，位于山西省西北端、右玉县城西北三十五公里处，与内蒙古和林格尔、凉城两县接壤，北距凉城县城三十公里。杀虎口是"走西口"的重要通道，是山西中、北部（不含晋西北）的贫苦农民和商贾"走西口"的必经之地。康熙年间，出于对准噶尔军事战争和加强对内外蒙古联系的需要，清廷决定在汉、蒙民族交界地区设立驿道，分为喜峰口、古北口、独石口、张家口、杀虎口五路，总称为"口外五路驿站"。

延伸阅读

● 恰克图

恰克图，俄语意为"有茶的地方"。清代中俄边境重镇。南通库伦（今蒙古乌兰巴托），北达上乌丁斯克（今西伯利亚乌兰乌德）。1727年中俄订《恰克图条约》于此，原本全在我国境内。订约后，以旧市街归俄，今仍名恰克图；旧市街以南新建之城，清代称买卖城，今属蒙古国，名阿尔丹布拉克。

恰克图中俄贸易，在乾隆二十年（1755年）以后开始兴盛，交易额直线上升，到乾隆四十二年（1777年），俄国输入为1484712卢布，输出则为1383621卢布，合计2868333卢布。同年，恰克图的进出口贸易平均每年达800万卢布，恰克图对外贸易关税收入竟占俄国全部关税收入的38.5%，在俄国对外贸易中占很重要的地位。广州与恰克图，一南一北遥遥相望，并列为我国对外贸易水陆两大码头。

● 茶叶之路

"茶叶之路"兴起于清初,是继"丝绸之路"之后又一条重要的国际贸易线路。

中国是茶叶的原产国,早在公元16世纪,我国已有茶叶出口的历史记载。随着中俄贸易的发展,出口到俄国的茶叶逐渐增多。到了17世纪,中国的砖茶(主要是红茶)在俄国和欧洲已经培养起了一个固定而庞大的消费群体,尤其是在西伯利亚一带以肉奶为主食的游牧民族,到了"宁可一日无食,不可一日无茶"的地步。茶叶需求量的增加和高额的利润,促进了中俄茶叶贸易的进一步发展。康熙十八年(1679年),中俄两国签订了关于俄国从中国长期进口茶叶的协定。中俄商人从茶叶贸易中获得巨大的商业利益,茶叶逐渐成为中俄贸易中最主要的大宗商品。从公元1689年正式成为一条商路,当年中国商人从南方采购茶叶汇集到归化(今呼和浩特),然后以骆驼为运输工具,途经乌兰巴托、恰克图、科布多,或走多伦、经棚、赤峰、二连等地,终点站是俄国贝加尔湖一带乃至圣彼得堡。

茶叶之路的繁荣极大地促进了我国北方与俄国西伯利亚地区经济文化的发展,同时也培育了沿边城镇的纷纷出现和迅速成熟。

魅力草原

■ 塞外商埠——归化城

归化城,即今呼和浩特市旧城,是一座有430多年历史的塞外名城。1575年,该城基本建成。应阿勒坦汗之请,明朝赐城名为"归化"。清康熙初年到中叶,归化城渐成为塞外用兵的军事重镇。归化城经过清圣祖1691年的增筑后,逐渐形成了内外两城的形制。以城中心鼓楼为界,内城里面多为衙署、议事厅等官府机构的所在地;外城则主要是蒙古官吏的居住区;一般平民百姓的住宅多散居在外城城墙的周围,尤以南门外一带最为集中。汉族商贾们在南门外大道两侧竞相占据地盘,租赁或兴建房舍,开设买卖字号,逐渐形成了城外最繁华的街道。这就是今天大南街的雏形。

归化城从事商业活动的主要以山西商人为主,他们的商业活动区主要在漠北蒙古、漠南蒙古和新疆地区,但赴这些地区从事商贸时,需在归化城有关衙署领办照票。归化城商人的经营方法极有特色,"行商坐贾相辅而行"。专做新疆生意者称为"西庄业",专做漠北和漠南蒙古生意者称为"通译业"(或称通事行)。他们每年初从归化城携货起程,物资五花八门,应有尽有,民间俗称:"上至绸缎,下至葱蒜。"

由于归化城商品种类繁多,商贸区域辽阔,货物又多销往漠北和新疆地区,其银钱往来数目较大,多不便携带,因此除本地的商品贸易外,还出现了许多相关的行业,如货栈、驼运、煤炭、餐饮、钱庄、票号等。商品交易又以代表农产品的粮食买卖和代表畜产品的牲畜与皮毛买卖最为重要。在归化城就设有牲畜交易场所："马桥驼市"设在绥远城西门外，"驼桥牛市"设在归化城副都统衙署旁侧，"牛桥羊市"设在归化城北门外，"羊桥市"设在北茶坊外。

在归化城，除官署统治势力外，工商业界是最重要的社会势力。为方便官方和商界的联系与沟通，同行业的商家组成了同业团体——"社"和"行"。清代及民国年间归化城最著名的大行（社）有15家，小行（社）有30家，这还不包括钱庄、票号金融业中的行与社。

成百上千家商店齐聚一地，给归化城的商业经济带来异常繁荣。正如《古丰识略》所云："归化仅弹丸之地，戏楼酒肆大小数十百区……"在归化城丰富的商业活动中，逐渐出现了一些大商号，他们都是由旅蒙商起家的，大盛魁、元盛德、天义德就是其典型代表。

民国初年，特别是1921年京绥铁路的通行，原来的城区和街道已不适应城市经济的发展。1922年，绥远都统马福祥下令拆除归化城东、南、西三面城墙和城门，只留下北门城楼作为归化城的象征（1958年也被拆除）。从此，大南街与大北街在大什字处沟通，成为北门里的一条主干大街。由于城墙的拆除，已无内城外城的界线，一些晋、京、津等地的商人们看准这一机遇，纷纷涌入大北街，在路两旁兴建店面。自此，大北街、大南街成为归化城最繁华的商业大街。到抗日战争爆发前，这条商业大街已空前繁华，路两旁商号林立，百业俱兴，成为归化城的商业闹市。

归化城的另一商业闹市在大召（无量寺）一带。明清以来，大召东西两侧及前面的街道两旁，市井繁华，店铺林立，销售的货物琳琅满目，五花八门，商贩的叫卖声与艺人们的锣鼓声此起彼伏，不绝于耳。各家商号还经常举办大型庆贺活动，唱戏敬神，庙会连台；届时，广场上人山人海，热闹非凡。历数百年变迁，如今大召一带的街市风韵犹存，这里是全市惟一保留旧貌的传统商业区，被誉为"明清一条街"。

●老归化城大召前遗址

呼和浩特清真大寺

呼和浩特清真大寺位于呼和浩特市旧城通道南街东侧。它是呼和浩特市原有八座清真寺中，建筑年代最早、规模最大的一座，所以得名清真大寺。

呼和浩特清真大寺建于1693年。初建时较为简陋。到1789年曾重修。1923年回族群众又募捐再度重修后，便成为现在的规模。全寺占地面积约4000平方米。重修时大殿增高1.7米，扩大了7间，南北讲堂展后5米，增高0.66米。寺的总面积扩大了数十平方米。

清真大寺座东向西，中间为朱红色正门。门上楣有"清真寺"匾额及"国泰"、"民安"四个字。寺门前原有影壁，高丈余，现已拆除。大殿的外墙后壁正对正门。正门南北两侧各有旁门，两边是蓝色的墙面。大门内正面是庄严肃穆的圣殿，除圣殿外还有讲堂、穆斯林浴室、望月楼、教长办公室、乡老会议室、海里翻学经堂等建筑。入寺门后，大殿南北两侧有甬道通往寺院内。大殿南侧有碑亭1座，存碑6面，其中以"清重刻洪武御制回辉教百字号碑"和"重修绥远清真大寺碑"有较大研究价值。

大殿是寺院内主体建筑，造型别致，殿门朝东，是三开拱形门。上楣刻有精细的阿拉伯文，意译为"安拉是天地间的光辉"。大殿前有"月台"，登上月台可进入大殿。大殿内可容500多人聚礼。大殿房顶上有5座六角顶楼。殿前寺院两侧建有南北讲堂。大殿正东有过厅，厅内壁上绘有麦加的大清真寺和"天房图"。经过厅可通往后院。院内正北有沐浴室。穆斯林沐浴净身后方可入殿礼拜。

最引人注目的一幢伟丽建筑物便是这座大寺东南侧的望月楼。它拔地凌空，秀出云表。登楼远眺，可以把城郊山川物景一一收入眼底。它建于1933年，楼高33米，平面六角形，六角攒尖顶。每逢"斋月"穆斯林在楼上望月。望见初月后封斋或开斋，故名望月楼。楼分两层，形如竹节，成六棱体。楼内有78级螺旋木梯道盘旋环绕而上。进入凉亭，凭栏远眺，整个青城尽收眼底。它与城内的蒙汉藏各式建筑，荟萃在一起，衬托出呼和浩特这座多民族城市的庄严、绮丽，更有力说明呼和浩特是明末清初以来，蒙古、汉、藏、回、满等各兄弟民族人民共同劳动和精心结构出来的一座城市，它本身就象征着国内各族人民兄弟般的团结。

清真寺望月楼全景

乌兰布统草原

参考文献

1. 郝维民、齐木德道尔吉主编：《内蒙古通史纲要》，人民出版社，2006年。
2. 曹永年主编：《内蒙古通史》，内蒙古大学出版社，2007年。
3. 林幹主编：《中华地域文化大系·塞北文化》，内蒙古教育出版社，2006年。
4. 林幹：《中国古代北方民族通论》，内蒙古人民出版社，2007年。
5. 林幹：《中国古代北方民族史新论》，内蒙古人民出版社，2007年。
6. 田继周、白翠琴、卢勋、陈佳华、罗贤佑、杨绍猷、杨学琛等：《中国历代民族史》，社会科学文献出版社，2007年。
7. 周清澍主编：《内蒙古历史地理》，内蒙古大学出版社，1994年。
8. 叶新民、薄音湖、宝日吉根：《简明古代蒙古史》，内蒙古大学出版社，1990年。
9. 曹永年：《蒙古民族通史》（第三卷），内蒙古大学出版社，2002年。
10. 乌云毕力格、成崇德、张永江：《蒙古民族通史》（第四卷），内蒙古大学出版社，2002年。
11. 白拉都格其、金海、赛航：《蒙古民族通史》（第五卷），内蒙古大学出版社，2002年。
12. 金海、齐木德道尔吉、胡日查、哈斯巴根主编：《清代蒙古志》，内蒙古人民出版社，2009年。
13. 薄音湖主编：《蒙古史词典》（古代卷），内蒙古大学出版社，2010年。
14. 文精主编：《蒙古族大辞典》，内蒙古人民出版社，2004年。
15. 达力扎布编：《蒙古史纲要》，中央民族大学出版社，2006年。
16. 达力扎布：《明代漠南蒙古历史研究》，内蒙古文化出版社，1998年。
17. 达力扎布：《明清蒙古史论稿》，民族出版社，2003年。
18. 乌兰：《蒙古源流研究》，辽宁民族出版社，2000年。
19. 苏赫、赵永铣等主编：《蒙古族文学史》，内蒙古人民出版社，2000年。
20. 陈得芝：《蒙元史研究丛稿》，人民出版社，2005年。
21. 韩儒林：《元朝史》，人民出版社，1986年。
22. 李桂芝：《辽金简史》，福建人民出版社，1996年。
23. 李蔚：《简明西夏史》，宁夏人民出版社，1985年。
24. 林幹：《匈奴史》，内蒙古人民出版社，2007年。
25. 林幹：《东胡史》，内蒙古人民出版社，1989年。
26. 林幹：《突厥史》，内蒙古人民出版社，1988年。
27. 戴均良、刘保全、邹逸麟、王文楚、张晓敏主编：《中国古今地名大词典》，上海辞书出版社，2005年。

28. 王勇强、史卫民、谢建猷主编：《中国少数民族文化史图典》（北方卷、东北卷），广西教育出版社，1999年。

29. 刘兆和主编：《草原宝藏——内蒙古重大文物考古发现纪实》，内蒙古大学出版社，2005年。

30. 翦伯赞主编：《中外历史年表》，中华书局，1961年。

31. 林言椒、何承伟主编：《中外文明同时空》（6卷本），上海锦绣文章出版社，2009年。

32. 龚书铎、刘德麟主编：《图说天下·中国历史系列》，吉林出版集团有限责任公司，2006年。

33. 吴团英、马永真、包双龙主编：《文化内蒙古》，内蒙古教育出版社，2006年。

34. 田余庆、戴逸、彭明主编：《中国大百科全书·中国历史》，中国大百科全书出版社，2010年。

35. 李逸友主编：《内蒙古文物考古文集》第一辑，中国大百科全书出版社，1994年。

36. 魏坚主编：《内蒙古文物考古文集》第二辑，中国大百科全书出版社，1997年。

37. 伊克昭盟地方志编纂委员会编：《伊克昭盟志》，现代出版社，1994年、1996年、1997年、2005年。

38. 乌海市志编纂委员会编：《乌海市志》，内蒙古人民出版社，1996年。

39. 锡林郭勒志编纂委员会编：《锡林郭勒盟志》，内蒙古人民出版社，1996年。

40. 赤峰市地方志编纂委员会编：《赤峰市志》，内蒙古人民出版社，1996年。

41. 巴彦淖尔盟志编纂委员会编：《巴彦淖尔盟志》，内蒙古人民出版社，1997年。

42. 兴安盟志编纂委员会编：《兴安盟志》，内蒙古人民出版社，1997年。

43. 阿拉善盟地方志编纂委员会编：《阿拉善盟志》，方志出版社，1998年。

44. 呼伦贝尔盟史志编纂委员会编：《呼伦贝尔盟志》，内蒙古文化出版社，1999年。

45. 包头市地方志纂编委员会编：《包头市志》，远方出版社，2001年。

46. 乌兰察布盟地方志编纂委员会编：《乌兰察布盟志》，内蒙古文化出版社，2004年。

47. 哲里木盟志编纂委员会编：《哲里木盟志》，方志出版社，2004年。

48. 呼和浩特市地方志编修办编：《呼和浩特市志》，内蒙古人民出版社，2005年。